高职高专创新人才培养规划教材

连锁经营管理

连锁经营原理与实务

（第二版）

赵明晓　邱　云　主　编

李　为　蒋　霞　梁彩花　副主编

本教材力求与行业发展同步，以新修订的《零售业态分类》为基准，链接2017年之后的行业发展资讯，体现全渠道、移动支付、超级物种、无人便利店等新技术、新零售、新体验、体系完整，能够充分满足初学者行业认知需求。

东北财经大学出版社
Dongbei University of Finance & Economics Press
大连

图书在版编目（CIP）数据

连锁经营原理与实务 / 赵明晓，邱云主编. —2版. —大连：东北财经大学出版社，2018.1（2018.8重印）

（高职高专创新人才培养规划教材·连锁经营管理）

ISBN 978-7-5654-3006-0

Ⅰ. 连…　Ⅱ. ①赵…②邱…　Ⅲ. 连锁经营　Ⅳ. F717.6

中国版本图书馆CIP数据核字（2017）第301066号

东北财经大学出版社出版

（大连市黑石礁尖山街217号　邮政编码　116025）

网　　址：http://www.dufep.cn

读者信箱：dufep@dufe.edu.cn

大连天骄彩色印刷有限公司印刷　　东北财经大学出版社发行

幅面尺寸：185mm×260mm　字数：256千字　印张：11.25　插页：1

2018年1月第2版　　　　　　　　　　2018年8月第3次印刷

责任编辑：郭海雷　宋雪凌　徐　群　　责任校对：王　娟

封面设计：冀贵收　　　　　　　　　　版式设计：钟福建

定价：30.00元

第二版前言

《国务院办公厅关于推动实体零售创新转型的意见》（国办发〔2016〕78号）指出，实体零售是商品流通的重要基础，是引导生产、扩大消费的重要载体，是繁荣市场、保障就业的重要渠道。当前要牢固树立创新、协调、绿色、开放、共享的发展理念，着力加强供给侧结构性改革，以体制机制改革构筑发展新环境，以信息技术应用激发转型新动能，推动实体零售由销售商品向引导生产和创新生活方式转变，由粗放式发展向注重质量效益转变，由分散独立的竞争主体向融合协同新生态转变，进一步降低流通成本、提高流通效率，更好地适应经济社会发展的新要求。

中国连锁企业的迅速发展，带来了对连锁经营人才的大量需求，推动了职业教育领域连锁经营管理专业的教学改革步伐，专业建设取得了长足进步。连锁经营管理专业国家教学资源库2017年顺利通过验收，福建、江苏、重庆等多省市将"连锁经营管理专业"确立为"现代学徒制试点专业""省级示范专业"。尽管连锁经营管理专业的发展得到了各级教育部门的重视，但与其他成熟专业相比，本专业的教材建设还很薄弱。这主要因为连锁企业创新发展太快，教材的更新速度跟不上；同时，作为年轻专业，连锁经营管理专业师资相对薄弱。

为了更好地提升教材的质量，适应职业教育"连锁经营管理专业"与时俱进的发展需要，我们联合了国内多家优秀职业院校连锁经营管理专业的系主任对教材进行了修订。这些作者大多主持完成过相关专业标准的修订，参与过连锁经营管理专业国家教学资源库建设，对本专业的发展和课程内容有着深刻的认识和精准的把握。本次修订主要体现了两大主要变化：一是将"互联网+"背景下的连锁行业、企业的发展趋势补充到教材内；二是所有章节配套的"引例""小资料""精选案例""知识拓展""案例分析"都是最新的连锁行业、企业发展资料，具有一定的代表性。同时，为了能让初学者更好地了解"连锁行业"的优秀企业，产生专业自豪感，作者在资料选择上力图更多地展示近年来我国涌现出的优秀连锁企业，突出这些优秀企业的经营特色。

本教材共包括7章，从"零售与连锁经营"基础认知开始，过渡到"连锁经营模式"和"连锁企业业态"的连锁行业介绍，再衔接"连锁企业组织与职业发展""连锁企业战略管理""连锁企业商品管理""连锁企业运营管理"等核心知识内容，循序渐进，层次分明。本教材可作为高等职业院校、普通本科院校的教学用书，也可作为连锁行业的从业人员的入门学习资料。

本教材由大连职业技术学院赵明晓老师担任主编。具体分工如下：赵明晓老师负责全书体系的设计和第1章第1节、第2章、第5章，以及所有章节"小资料""精选案例""知识拓展"栏目的编写；重庆城市管理职业学院邱云老师负责第1章第2节、第4章的编写；杨凌职业技术学院蒋霞老师负责第3章的编写；河南经贸职业学院李为老师负责第6章、第7章的编写；山西省财政税务专科学校梁彩花老师负责第1章第3节的编写；赵彦军同志帮助完成了大量资料的搜集、整理，以及教材的校对等工作。

本教材在编写过程中参考了大量的文献资料，借鉴和吸收了国内外众多学者的研究成果，在此对相关文献的作者表示诚挚的感谢。由于连锁经营管理专业在我国正处在高速发展阶段，连锁企业的创新发展也在不断提升中，又因作者水平有限，书中难免出现一些缺点和不足，恳请各界同仁、广大读者批评指正。

编　者

2017 年 10 月

目　录

主要参考文献及主要参考网站 / 161

附　录 / 162

第 1 章

零售与连锁经营

教学指导

学习目标

1. 了解零售业的内涵和特点；

2. 熟知零售行业的 5 次变革；

3. 掌握零售业发展的趋势；

4. 掌握连锁经营的内涵；

5. 了解连锁经营在欧美和我国的发展；

6. 理解连锁经营的优势；

7. 掌握"互联网+"背景下连锁企业的发展特征。

技能要点

1. 提高对零售业的认识水平；

2. 提高对连锁经营模式的认识水平。

提高学生对行业企业的认识水平，是提升学生专业归属感和认同感的重要途径，这就要求学生充分认识零售业和连锁经营商业模式的内涵与特点。零售业是连接生产和消费的纽带，是拉动国民经济增长的重要力量。连锁经营给零售业规模化、标准化和网络化发展提供了一种全新的经营模式，带来了零售业发展方式的变革。

【引例】 2016年中国连锁百强出炉

中国连锁经营协会 2017 年 5 月 16 日发布"2016 年中国连锁百强"名单。2016 年中国连锁百强销售规模 2.1 万亿元，同比增长 3.5%。门店总数 11.4 万余个，同比增长 5.9%。百强企业销售规模占社会消费品零售总额的 6.4%。百强企业共经营超市和大型超市 1.1 万余个、便利店 7.1 万余个、百货店及购物中心 1 200 余个、专业店和专卖店 2.2 万余个、餐饮等其他门店 9 000 余个。

2016 年连锁百强企业呈现出以下几个特点：

一、销售增幅持续下降，小型店铺销售、门店双增长，国有企业面临较大压力

2016 年，百强企业销售规模同比增长 3.5%，为有统计以来最低的一年。销售负增长企业 34 家，比上一年增加 3 家。各业态销售增幅差异明显：便利店增幅最高，达到 16.7%，专业店和专卖店为 6.5%，购物中心为 1.6%，超市和大型超市为 1.5%，百货店为 −2.5%。

2016 年，百强企业门店总数增长近 6 400 个，其中门店数量净增长过百的企业 15 家，主要是便利店和专业店，门店净增长 6 900 余个。百货、大型超市新开门店整体减少，存量门店调整加快。

百强企业中，国有控股、民营和外资分别为29家、55家和16家。其中国有企业2016年销售同比增长为-0.5%，15家企业出现负增长，门店同比增长1.0%。民营企业销售和门店增长率分别为5.1%和11.4%。外资企业销售和门店增长率分别为6.3%和10.6%。

二、通过关闭低效门店，减员增效，改进商品经营，创新服务，百强企业运营质量逐步改善

2016年，有36家百强企业门店数量比上一年有所减少，通过关闭低效门店，企业经营质量得到改善：其中，租金支出总额同比下降0.5%，租金占销售额比重2.4%，下降了0.1个百分点。2016年，百强企业总用工人数下降5%，70%的企业单店平均用工人数有所下降，其中一半的企业减少用工10%以上。

2016年，开发自有品牌的百强企业超过80家，自有品牌单品数平均为1 200个，销售占比接近5%。同时，通过跨境电商直接采购进口产品的百强企业有28家，比上一年增加了10家。2016年，移动支付金额平均占到门店总销售额的16.0%。百强企业更加关注会员服务体系的建设，会员销售额占总销售的比重由上一年的51.8%增加到54.5%。

三、继续开展网络营销，为顾客提供全渠道服务

2016年，百强企业网上销售额接近1 200亿元，比上年增长69%，占企业销售总额的5.7%。其中，移动端的销售额占到网上销售的56.7%，比上年提高了16.1个百分点。百强企业网上零售的客单价平均为280余元，其中快消品企业的网上零售客单价约为80元。网上零售商品中，生鲜食品占比普遍低于20%。

百强企业的网上销售以自营商品为主，平台销售为辅。有近一半的企业，其网上销售额全部来源于自营。负责线上营运的员工人数普遍在50人以下。

四、政策利好显现，企业利润改善

2016年，营改增政策全面落实，企业税负有所减轻。调查显示，有近60%的百强企业税负有不同程度的下降，40%的企业没有变化或略有增加。

企业通过优化管理，创新经营，并受益于政策的不断改善，2016年，百强企业净利润率约为2.4%，比上年提高0.5个百分点。

中国连锁经营协会每年年初会发布上一年"连锁百强名单"，该榜单在一定程度上代表了我国连锁行业一年的发展态势。2016年，中国零售行业面临空前挑战，但是在中国消费升级的大背景下，对于那些勇于创新和尝试的零售企业来说，又面临极大的机遇。尽管实体门店普遍遭遇客流量下降，销售增幅减缓，但O2O全渠道大行其道，互联网业务再创新高，这样的分级变化表示行业正在发生深刻的变化，传统零售正在融入网络化、数据化的大潮。未来是智慧零售和新消费时代。

资料来源　CCFA.2016年中国连锁百强出炉［EB/OL］．［2017-05-16］．http：//www.ccfa.org.cn/portal/cn/view.jsp？lt=31&id=430426．

1.1 零售业的发展

1.1.1 零售业的含义

零售业是指从事零售活动的行业。"零售"一词源自法语动词"Retailer"，意思是"切碎（Cut Up）"，是指通过店铺或非店铺方式，以相对较小的数量，向最终消费者（包括个人和社会集团）提供所需商品及其附带服务的活动。美国零售专家麦克尔·利维和巴特·A.韦茨认为，零售（Retail）是将产品和劳务出售给消费者，供其个人或家庭使用，从而增加产品和服务价值的一种商业活动。

"零售"是与"批发"相对而言的，批发是指专门从事大宗商品交易的商业活动，是商品流通中不可缺少的一个环节。

与批发活动相比较，零售活动具有如下特点：

（1）每笔商品交易的数量比较少，交易次数频繁。

（2）出售的商品是消费资料，个人或社会团体购买后用于生活消费，交易结束后商品即离开流通领域，进入消费领域。

（3）零售交易中消费者表现出一定的随机性。

（4）零售活动受业态及商圈的影响较大。

零售业伴随商业的发展而发展，它的发展与人们的生活有着密切的关系，它的每一次变革和进步，都带来了人们生活质量的提高，甚至引发了一种新的生活方式。

1.1.2 零售业的作用

零售业上接生产、下连消费，是国民经济的重要先导产业之一，直接影响和带动经济总量的增长与产业结构优化，关系着人民群众生活品质的高低。改革开放以来，零售业走过了具有跨越性和巨变性的发展历程，无论是在行业规模、发展速度，还是组织业态创新、现代化水平提升以及对国民经济贡献等方面都发生了深刻变化。特别是近10年来，随着国家扩大内需、转变经济发展方式等系列政策的实施，供给侧改革步伐的加快，互联网技术的广泛应用，互联网金融的发展，零售业取得变革性发展，其在引导生产、促进消费、扩大就业方面的作用日益突出，已经成为推动经济社会发展的一支重要力量。

1.零售业是促进国民经济增长的主要动力

投资、消费、出口，被称为拉动一个国家和地区经济增长的"三驾马车"，除消费需要直接通过零售业实现以外，投资额中的约60%会逐步转为消费额，直接或间接通过零售业实现。发达国家批发和零售业占国民经济的比重一般在12%~14%，美国为22%，日本为21%。改革开放以来，我国经济增长一直处于高速发展状态，强劲的经济增长及人均GDP提高，改善了人们的生活水平，使人们消费能力持续上升（如图1-1所示）。根据国家统计局数据，2017年1—7月份，社会消费品零售总额为201 978亿元，同比增长10.4%。其中，限额以上单位消费品零售额为89 821亿元，增长8.7%。

图1-1 社会消费品零售总额占GDP比例

2. 零售业是连接生产和消费的中介

零售业是连接生产与消费的中介，是国民经济各部门的桥梁和纽带，最终关系着所有部门和行业的运行。零售业既制约着生产的起点，又影响着生产的归宿——价值的实现。零售业可以把亿万人民的分散需求汇集成为巨大的消费需求，从而带动大规模的现代化生产，其最主要的作用就是主导供应链的上下游。零售业主导供应链的上下游是指零售业在商品从生产商到顾客之间的链条移动过程中发挥着主导作用。在上游密切加强与生产商的关系，强化实施对生产领域的控制；在下游以顾客为中心，引导顾客需求并做好顾客服务，以达到以销定产、以产代销、降低成本、扩大利润从而提高竞争力的目的。零售业担当主导角色源于市场环境的变化，消费者成了市场的主人。零售业最贴近消费者，在了解消费者需求状况方面相比生产商有着天然的优势。生产商也认识到零售业在流通领域中的地位日益重要，因而愿意和零售商合作，寻求自身运作成本的最小化。

3. 零售业是居民的生活需求保障

零售业通过自身的商业活动在全社会范围内为广大消费者提供生活用品，与广大群众建立最广泛、最直接、最密切的经济联系，是一项社会性、全民性的经济活动。它的商品、服务以及网点分布涉及千家万户，是其他任何一个行业都无法比拟的。不管是零售业态的选择还是零售形态的塑造，实际上都是在营造生活的市场环境，直接关系到市场的繁荣、居民生活的质量、消费观念的更新和消费方式的改变。没有现代零售业，就没有现代化的生活，也就难以构建和谐社会。

1.1.3 零售革命

零售革命是零售业发展过程中新旧形式换位变化及内在动力的扩张与延伸过程。零售革命是一个国家和地区社会发展、经济增长、技术与生活方式变革的必然产物。零售革命不是一种零售形式对另一种形式的替代，而是新的零售形式对旧的零售形式的冲击。每次零售革命所诞生的并取得支配地位的零售形式，都对当时的零售业和生活方式具有很强的冲击力，具有影响面大、持续时间长的显著特征，零售革命包括零售业态革命和零售管理革命。有些零售革命是以零售业态变革为主要标志，有些零售革命则是以管理变革为主要标志的。

1.第一次零售革命——百货商店的产生

零售业的第一次重大变革是以具有现代意义的百货商店的诞生为标志的。

世界上第一家百货商店诞生于1852年，是由阿里斯蒂德·布西科与合伙人在法国巴黎创办的邦·马尔谢（Bon Marche）商店。第一家百货商店诞生后，迅速被各国所效仿，美国梅西百货店，德国尔拉海姆、黑尔曼和奇茨百货店，英国哈罗德百货店相继开业，在全世界掀起了百货商店的高潮。

百货商店的诞生与第一次工业革命的爆发密切相连。第一次工业革命带来了丰富的商品和更加便利的交通运输条件，使得开设综合性商店成为可能；城市化进程的加快，八小时工作制的实行，使得人们购买力集中，购物休闲时间大大增加。这些条件带来了人们对百货商店这种新型业态的需求，并使其得以在最早爆发工业革命的国家和地区迅速扩展，并迅速取得主导地位。

百货商店与传统的店铺相比，具有很大的创新性，其在很多方面的创新奠定了现代零售业的基础。百货商店的创新点主要表现在：

（1）由单项经营变为综合经营。传统店铺多为单向经营，如布料店、鞋店、饰品店等；即使在一些杂货店里，品种也非常有限。而百货商店将多种日用品汇集一店，实行综合经营和大量经营。百货商店中商品种类繁多，设置了若干不同的商品部，即把许多商品按商品类别分成部门，并由部门来负责组织进货和销售。部门化的管理和销售方式是百货商店与单体店的最大区别。

（2）由单纯购物场所变为休闲场所。传统店铺只限购物者进入，而百货商店欢迎顾客自由参观、购物，宽敞舒适的购物环境，琳琅满目的商品，一时被誉为"免费博物馆"，成为人们休闲娱乐的场所。

（3）由议价销售变为明码标价销售。传统店铺以讨价还价的方式进行销售，价格具有弹性，一客一价，因人而异，带有随意性、欺骗性。百货商店采取明码标价的固定价格策略，一视同仁，使得不会议价的消费者也能放心购物。

（4）由不退换商品变为自由退换商品。在传统店铺，顾客常常收到"售出商品概不退换"的提示。百货商店实行商品自由退换制度，只要是顾客不满意的商品一般都可以进行退换。

（5）由高价销售变为低价销售。传统店铺实行高价格、低周转的策略。百货商店采取低价格、高周转的策略。最早的邦·马尔谢百货商店在法文中就是廉价的意思，这是百货商店在零售业中势力迅速扩张的关键之处。当然到今天，百货商店经过160多年的漫长生命历程，以及在与新兴业态不断竞争的态势下，已逐渐转移自己的市场定位，购物环境越来越舒适，附加服务越来越多，商品从日用品走向高档商品，价格也越来越高。

可见，百货商店规模大、品种全、设施好、定时定位、系列服务和明码标价的经营方式，改变了历史上传统小商贩摆摊设点或走街串巷、讨价还价、一物多价、没有固定时间和地点的经营方式，标志着零售经营由"贱买贵卖""掠夺产销"的封建小商人经营，转变为以大生产为基础的、依附于生产、实行等价交换的大商人经营。百货商店当之无愧称为零售业的第一次革命。

2.第二次零售革命——连锁商店的出现

世界上最早的连锁商店产生于19世纪中叶。1859年乔治·吉尔曼和乔治·哈特福德在纽约开办了大美国茶叶公司，由于价格较低、促销有力，形成廉价的连锁系统，使店铺数量迅速增加，取得极大成功。后来，伍尔沃思兄弟开办了廉价杂货商店，巴尔的摩杂货批发公司、曼哈顿药品联合公司、辛辛那提杂货批发公司等连锁商店相继创建，连锁企业在美国得到迅速发展。同时，欧洲各国也先后产生了一大批连锁商店，形成了世界范围的连锁革命。

连锁商店革命的爆发，从根本上讲，也是工业革命的必然产物。从零售业发展角度看，它是零售商之间竞争不断加剧、零售企业集中化程度提高的必然结果。

连锁商店一般是在同一总部的指导和管理下，经营同类商品，使用统一商号，采取统一采购配送，实现规模化经营。连锁商店的经营形式适应了社会化大生产的需要，既能够批量吞入商品，又能分散吐出，最佳地解决了产、销矛盾。连锁商店革命所带来的零售业创新，主要表现在零售组织方面：

（1）实现了统一管理和标准化运作。连锁商店经营方式实际上是工业标准化流水线作业方式在零售业的延续。由于实现了统一管理，强化了商品进销、价格、服务以及形象等方面的标准化，所以大大降低了成本，扩展了市场，产生了规模效应。

（2）创造了一种新的商业循环。通过大量开店，实现规模经营，压低进货价格，进而实现较低售价，再用较低售价取得竞争力，扩大市场份额和经营规模。连锁商店的最大优势就是规模效应。

（3）更加便利了消费者的购买。由于连锁商店主要经营的是大众化商品，店铺又多数开在交通便捷之地或居民社区附近，缩短了消费者购物的空间距离和所用时间，方便了人们的购买。

连锁商店经过100多年的发展，不断完善并成熟起来。它已成为零售企业最主要的经营方式，逐渐形成正规连锁、自由连锁和特许连锁三种形式，连锁商店所涉及的业态、业种也在不断增多。连锁商店革命的影响是巨大的，它不仅为大零售集团的形成创造了条件，推动了工农业生产的标准化，而且促进了社会服务业的发展和人们生活方式的变革。

3.第三次零售革命——超级市场的诞生

超级市场诞生于20世纪30年代，美国金·卡伦超级市场是今天超级市场的先驱。30年代以后超级市场在美国得到发展，第二次世界大战以后，超级市场迅速在欧洲和日本等地蔓延，标志着世界性的超级市场革命的爆发。

超级市场革命与信息革命相连，也是第二次零售业革命的延续。超级市场出现后，借助连锁和IT技术的帮助，迅速扩张成了百货商店的最大挑战者，并逐渐扩大市场份额，如今已经成为世界零售业的主导业态。超级市场革命所推动的零售创新主要表现在：

（1）自我服务。超级市场一改过去由营业员提供服务的状况，开创了开架销售、自我服务的销售方式。顾客成为商店的主人，直接接触商品，任意挑选，自主决策。这种销售方式不仅提升了顾客的地位，满足了顾客的消费心理，方便了顾客购买，而且大大节省了商店的人力成本，使得价格更加低廉，竞争力更强。

（2）一次满足。超级市场经营的食品和日用品品牌、品种齐全，能够满足人们居家生活各个方面的基本需求。所以超级市场出现后，实现了家庭主妇一次性购足货物的愿望，即只要进入一家店铺，就能买全日常生活所需商品，不必分头采购。这样，节省了消费者的购物时间，适应了当时人们生活节奏加快的趋势。

（3）零售现代化。超级市场应用了现代电脑化的收银系统、订货系统、核算系统，科学地管理经营各个环节，同时应用了现代化的交通手段，使流通速度和周转效率大为提高。因此，超级市场革命不仅是一场零售革命，也是一场电脑技术在流通领域应用的革命。

（4）店址边缘化。在超级市场出现之前，传统店铺多是围绕城市中心设置，城与市一体。第二次世界大战后，随着住宅向城郊发展，不少超级市场也远离城市中心，向城郊居民区渗透，冲破了传统城与市一体化的格局，创造了新的郊区商业格局。超级市场边缘化的成功，也带动了其他业态城郊化的热潮。

超级市场出现后，一直处于不断变化和完善的过程中，其演变轨迹呈现为：经营的商品由食品走向综合日用品，规模由小到大，服务也由一元走向多元。

超级市场革命本质上是一场售货方式的变革，它使开架销售流行，使整洁和舒适的购物环境得以普及，同时促进了商品包装的变革，对零售业的变革与发展具有深远的影响。

4.第四次零售革命——购物中心崛起

1920年，杰西·尼克尔斯在美国堪萨斯创建的乡村俱乐部广场，被认为是购物中心时代的开端，但购物中心的快速发展是在第二次世界大战以后，因此，人们普遍认为购物中心革命是20世纪50年代爆发的。

购物中心革命的原因，主要是由于消费水平的提高，中产阶级离开城市中心区到郊区居住，家庭轿车的普及为他们的生活和购物提供了便利；同时，城市中心区地价昂贵且市场萧条，使零售商难以发展，因此郊区大型购物中心应运而生。

购物中心不是一种零售业态，它是若干零售商店聚集在一起经营的零售场所。美国国际购物中心协会认为，购物中心具有统一产权、统一组织体系、能使顾客一次购足、拥有足够数量的停车场、有更新或创造商圈的贡献等特征。

购物中心革命所带来的零售创新主要表现在：

（1）综合购物功能。购物中心将百货商店、超级市场、各类专业店汇聚在一个建筑物内，集合几乎所有品牌、品类、品种的高、中、低档次商品，这种综合性的商品经营，使每一位顾客在其中均能买到所需商品，即实现真正意义上的"一次购足"——不仅包括食品和日常用品，也包括选择性、耐用性商品和高级消费品的"一次购足"。

（2）创新生活服务功能。购物中心不仅是购物场所，也是生活化场所。它创新性地设置了很多餐饮、休闲、娱乐和运动设施，举办音乐、戏剧表演和艺术展览等文化活动，使人们享受全方位的生活乐趣。因此，购物中心也是顾客实现"一次性消费满足"的现代生活之城。

（3）统一管理功能。购物中心对汇聚其中的各类店铺实行统一的物业管理，采取统一形象宣传和联合促销活动。这不仅克服了单体商店实行独立物业管理分散精力、因财力有限不能进行大规模宣传和促销的局限性，而且节省了大量广告促销及其他费用，对消费者的吸引力也相当大。

购物中心在发展中也出现了多种形式，如社区型、市区型和郊区型等，但影响最大的还是郊区型 Shopping Mall。Shopping Mall 的出现，不仅创造了新的商业空间，促进了零售业的现代化，推动了城市外延的扩展，更为明显的是丰富了人们的生活，提升了人们的生活品质。

@ 小资料1-1

2017年度全球零售商百强榜单发布

美国零售行业杂志 STORES 联合德勤公布了 2017 年度全球 250 强零售商排行榜，采用企业公布的 2015 年度公开数据（截至 2016 年 6 月的公司财务年度）。本次排行榜前十名中，美国企业包揽前三并占据六席席位，第一名沃尔玛营收 4 821.3 亿美元，好市多和克罗格分列第二、三名。除了美国企业，德国的阿尔迪和 Schwarz 集团、法国家乐福、英国特易购也进入前十名。值得注意的是，前十名中只有美国亚马逊是电商企业，其他企业仍是以线下商店为主。本次百强榜单中国有 6 家企业上榜，其中包括京东、苏宁、华润万家、国美、屈臣氏（中国香港）、牛奶国际（中国香港）6 家零售企业。其中排名最靠前的是第 36 名的京东，营收 269.91 亿美元。

资料来源　中国经济网. 中国六企业入围 2017 年度全球零售商百强排行榜　京东领衔［EB/OL］. ［2017-01-24］. http：//finance.ce.cn/rolling/201701/24/t20170124_19842562.shtml.

5. 第五次零售革命——无店铺销售流行

无店铺销售包括访问推销、邮政销售、电话销售、自动售货机销售、网上商店销售等，其中网上商店的出现，被认为是最具代表性的无店铺销售方式，也是第五次零售革命的主要标志。

网上商店诞生于 1994 年的美国，如维切葡萄酒公司的维杜勒葡萄园、领先旅游公司等率先采用网上销售方式。在这场零售革命爆发时，最著名的当属杰弗瑞·贝索斯于 1995 年开设的亚马逊网上公司。之后随着互联网的发展，网上商店也在全球得到迅速发展。网上商店是信息革命带来的产物，是互联网应用于商业领域的直接结果。

网上商店把店铺销售和无店铺销售的优点结合在一起，使人们进入一个全新的购物境界。这次零售革命的主要创新之处在于：

（1）交易过程高效化。在网上商店，零售商无需店铺，无需库存；消费者也无需到店铺现场选购，只需根据网页上的商品目录和图片，轻轻按动鼠标实现购买。这种高效化的销售方式，既可以降低零售商的分销成本，也可以节省消费者购买商品的时间成本。

（2）零售商与顾客的互动性。在网络环境下，零售商可以以极低的成本，在营销全过程中发布供应信息并搜集消费者的需求信息；消费者则有机会对从产品设计到定价及服务等一系列问题发表意见。这种互动的沟通方式提高了消费者的参与性，更重要的是它能使企业的营销决策有的放矢，从根本上提高了消费者的满意度。

（3）销售活动无空间限制。网上商店依赖于互联网，电脑屏幕就等于商店卖场，顾客与商店零距离，只要能够上网，就可以在全世界任何国家的网上商店漫游和购物。对于零售商来讲，只要把商品目录和图片挂到网上商店，就有可能在瞬间进入全球所有网上消费者的视野，从而创造了低成本推销的最好形式。尤其是网络虚拟中心（Cyber Mall）的形成，能够把多家网上商店集合在一起，使顾客在网上实现"一次性购足"的愿望。

（4）营业无时间限制。网上商店从根本上打破了传统商店有固定营业时间的销售方式，顾客想购物的时间就是网上商店的营业时间。顾客可以在一天24小时内，随时上网购物，营业时间由顾客掌控，而不是由商店掌控，体现了顾客的主动地位。

网上商店的发展对流通业的影响是深远的，它为零售商开辟了新的销售通路，扩大了市场空间，为消费者提供了时间成本低、购物更加便利的消费方式，因此几年间就发展成为零售业的新宠。

综观上述五次大的零售革命，其爆发的时间与地点均与社会生产的发展程度及信息技术的发展状况息息相关。在五次大的零售革命中，除百货商店革命出现在工业革命最早发源地——欧洲以外，其他四次均首发于美国，这与美国强大的经济及信息技术实力分不开。

1.1.4 我国零售业的发展

零售作为商品从流通领域进入到消费领域的最后一道环节，有其自身的内涵、特点和功能。我国改革开放以后，经济飞速发展，零售业也经历了开放、发展、创新的历程。

中国零售业的发展，如果以业态的发展为标志，可以划分为四个阶段：20世纪90年代中期以前以国有大型百货业态为主体的单一业态阶段；1996年以来以连锁超市为主的多业态并存阶段；2003年以后网上商店业态高速发展阶段；2012年以来"互联网"发展促成的全渠道和新零售阶段。

1. 大型百货业态为主体的单一业态阶段

从1978年党的十一届三中全会召开到80年代中期，是中国经济体制改革的起步阶段，这时，大型商业零售业还没有成为我国流通规模扩张的主导型商业形态。1984年10月，党的十二届三中全会以后，以城市为重点的经济体制改革全面展开，全国形成了兴建大型商厦的热潮。不仅商业系统，许多国营单位、地方政府以及各行业部门也纷纷立项上马，仅从1986年到1990年，我国新建的大型零售商场就相当于前35年建设的总和。到了90年代初期，大型商场的发展速度更是惊人。

据有关资料统计，年销售额在1.2亿元以上的大型百货商场，1991年只有94家，1992年增加到150家，1993年达到291家，1994年和1995年分别达到488家和624家，年销售额在10亿元以上的大型百货商场，1992—1995年分别是2家、7家、10家、21家，仅5年时间内大型商场的数量增加了5倍多。在这个阶段，百货商店在我国零售市场上得到空前发展，成为绝对的霸主，也从根本上改变了消费者的生活方式。

2. 以连锁超市为主体的多业态并存阶段

20世纪80年代中后期，超市在我国出现，其原始形态是大中型百货商场设立的自选商场或自选柜台以及城市小商品批发市场里的自选摊位。从其产生到90年代中期的一段时间里，超市在城市零售市场里并未占什么重要地位。然而自20世纪90年代后期尤其是近几年来，大中型连锁超市企业的销售规模逐年递增，销售增长明显高于社会商品零售总额的增长与传统百货商店的增长。

据中国连锁经营协会提供的资料，1998年，以"超市"命名的年销售额超过1亿元的超市公司就有22家之多，它们共拥有门店数1 530个，每家超市平均拥有门店数69.55个，平均每个门店的年销售额为 1 192 万元。1999 年，联华超市的销售额达到 73 亿元，利润达到 5 333 万元；2000 年销售额首次突破百亿元，比 1999 年增长 53%。上海连锁业"三巨头"——联华、华联和农工商超市分列全国零售业十强的第一、第五和第八位。2001 年，连锁十强榜单中前四强均被超市业态霸占，分别为联华超市股份有限公司（上海）、华联超市股份有限公司（上海）、北京华联综合超市有限公司和上海农工商超市有限公司。

进入 21 世纪，传统大型综合百货商店经历了十几年的发展已经处于饱和和分化状态。此时购物中心的出现以更强的综合经营能力和商圈辐射力来争夺市场。与百货商店相比，购物中心在经营上专业分工特点体现十分突出，经营项目更加多元化并专业化。由于经营体量较大能够提供一站式购买体验，集购物、娱乐、餐饮于一体，其集客能力比百货商店单一的形式更加强大。在 2003—2009 年期间，购物中心销售获得了 3 倍的增长，在社会消费品零售总额的占比由 0.3% 提升至 1%，其生命力和市场竞争力已经得到初步显现。

3.网上商店逐渐成为实体零售的强有力竞争者

自第一家电子商务企业诞生以来，网上商店在零售业中的地位节节攀升。据国家统计局统计数据，2016 年中国网上零售交易额达 5.16 万亿元，同比增长 26.2%，网购销量在社会消费品零售总额中占比 12.6%。中国电子商务总交易量增长速度更是惊人，2011 年达到 74%，即使是 2017 年增速放缓，也预计达到 19%。

（1）1999—2002 年初创阶段。1999 年 3 月 8848 等 B2C 网站正式开通，标志着我国网上购物进入实际应用阶段。1999—2002 年是电子商务的初步发展阶段，但其发展因为网民消费者和消费市场都不成熟，还处在困难期。

（2）2003—2006 年高速增长阶段。在这一阶段，当当、卓越、阿里巴巴、慧聪、全球采购、淘宝，这几个响当当的名字成了互联网江湖里的热点。这些生在网络长在网络的企业，在短短的数年内崛起，和网游、SP 企业等一起搅翻了整个通信和网络世界。这个阶段对电子商务来说最大的变化有三个：

①大批的网民逐步接受了网络购物的生活方式，而且这个规模还在高速扩张。

②众多的中小型企业从 B2B 电子商务中获得了订单，获得了销售机会的"网商"概念深入商家之心。

③电子商务基础环境不断成熟，物流、支付、诚信瓶颈得到基本解决。在 B2B、B2C、C2C 领域里，都有不少网络商家迅速地成长，积累了大量的电子商务运营管理经验和资金。

④电子商务发展的政策出台。这一阶段支撑电子商务发展的一些基础设施和政策也在这期间发展起来。阿里巴巴先后建立"淘宝网"并推出"支付宝"。国家也先后出台了一些促进电子商务发展的重要措施，《国务院办公厅关于加快电子商务发展的若干意见》《电子商务发展"十一五"规划》等接连落地，从政策层面为电子商务发展指明了方向。

（3）2007 年以后电子商务纵深发展阶段。2007 年以后电子商务最明显的特征就是，电子商务已经不仅仅是互联网企业的天下。数不清的传统企业和资金流入电子商务领域，使得电子商务世界变得异彩纷呈。B2B 领域的阿里巴巴上市标志着电子商务步入了规范化、稳步发展的阶段；淘宝的战略调整、百度的试水意味着 C2C 市场的不断优化和细分；PPG、红孩子、京东商城的火爆，不仅引爆了整个 B2C 领域，更让众多传统商家纷纷跟进。

特别是2009年11月11日开始的"网购狂欢节"消费数字的节节攀升，更使互联网经济成为"实体零售"的强劲竞争者。这段时期的特点是，我国电子商务初步形成了具有中国特色的网络交易方式，网民数量和物流快递行业都快速增长，电子商务企业竞争激烈，平台化局面初步成型。

4.线上线下融合的新零售创新发展阶段

纯电商渠道思维运营的红利在成熟的市场环境下逐渐消失，融合线上、线下、供应链的新零售成为零售商探索和未来发展的主流。

2012年提出的全渠道零售（Omni-Channel Retailing），就是新零售的初级阶段。企业为了满足消费者任何时候、任何地点、任何方式购买的需求，采取实体渠道、电子商务渠道和移动电子商务渠道整合方式销售商品或服务，提供给顾客无差别的购买体验。社交网络风生水起，移动4G风起云涌，互联网飞入千家万户，这让"寄生"在这些通信方式上工作和生活的庞大群体迅速形成，用户的购物消费场景也发生了巨大变化，商家接触消费者的地点越来越不固定，与消费者接触的时间也越来越频繁。最终，这种碎片化的购物趋势导致了一个全新的、多方位的B2C消费渠道的崛起——B2C全渠道零售。

2015年阿里巴巴开始强调全渠道的概念，主张将线上线下相结合。随后在2016年云栖大会上，马云提出的"电商即将消失，新零售即将来临"的观点让新零售被越来越多的人所关注。

新零售下我国零售业呈现六大发展趋势：

（1）零售业将加快适应市场变化。为应对快速变化的市场，商业正从产品渠道为王向消费者为王的发展思路转变，零售业将更具自我学习和自我适应的特征：一是商业发展重心将从城市中心区域转向居民社区，满足社区消费者需求的服务业态将更加丰富，传统百货业态占比则逐渐降低；二是消费品市场将出现更多具有城市特色和区域特征的零售品牌，改变过去"千店一面、千店同品"的现象，零售业的发展将更加多元化，更接地气。

（2）科技、时尚与生活方式相融合。未来零售业将发挥传播科技、引领时尚、描绘生活的综合作用：一是零售商利用数字标牌、电子试衣间、智能定位、自助终端和VR展示等一系列智能应用，带给消费者智能化和场景化的购物新体验；二是产品功能将保持快速迭代，接触科技含量高的产品成为消费者获取知识、彰显个性的新途径；三是零售品牌将更清晰地向消费者传达品牌文化和品牌定位，商品陈列以生活方式展示为目的，单个门店中的商品品类更加丰富。

（3）高品质商品、服务与文化相融合。我国正从世界工厂转型为世界市场，消费品市场仍具有较大增长潜力，我国的品牌商和零售商将抓住国内市场的发展机遇，从三个方面树立消费者对本土品牌、本土零售企业的信心：一是坚持文化自信，深耕国内市场，创新出更多具有中国传统文化、符合中国人消费习惯的商品、服务和业态；二是净化市场环境，构建诚信零售体系，生产企业要提供信得过的产品，零售商应本着诚信经营的原则，公平对待消费者和供应商；三是回归工匠精神，重视国内消费者的实际需求，研究消费升级特点，为消费品市场提供更多高质量、高性价比、体验型的商品和服务。

（4）线上和线下进一步融合。随着移动互联网的快速普及，我国网民增速呈放缓趋势，电商下一步竞争重点将从吸引流量转向挖掘客户消费潜力：一是提升商品和服务质量，减少差评率，提高用户忠诚度；二是积极布局线下，通过开设母婴体验店、跨境电商体验馆、淘品牌集合店等实体展示店，让消费者直观感受其品牌文化，提升品牌形象；三是通过并购、交叉持股等方式，电商与实体店利益捆绑，线上线下融合进入双赢阶段。

（5）多种业态将呈聚合式、生态化发展。未来的商业环境将继续朝着聚合式、生态化的方向发展：一是围绕社区消费需求，聚合百货、超市、便利店、家政服务、美容美发等一批丰富的零售和服务业态；二是围绕服务消费需求，大型商业综合体将聚合教育、亲子、医疗、健身、旅游、商务等更加多样的服务业态，从商品购物中心逐渐转型为服务体验中心，为消费者提供一站式的服务体验；三是围绕零售巨头的业务需求，金融、物流、咨询等一批功能更加细分、专业性更强的生产服务型企业将呈生态化发展，提高大型零售企业的经营效率，提升居民消费质量。

（6）零售业社交化特征将更加明显。信息时代，商家和消费者所掌握的信息差距逐步缩小，以广告为主的单向传播方式效果不断衰减，口碑、信任成为零售品牌得到消费者认可的重要因素。因此，零售商将不断提高自身的社交属性：一是利用微信、微博、大众点评等主流社交平台，开展营销、会员、销售、支付等诸多环节的服务；二是通过与消费者保持高频次的互动，了解消费痛点，填补品牌短板；三是构建消费圈层，将有着同样兴趣爱好的消费者聚集在商家平台，帮助他们实现分享、沟通与讨论，提高消费者对品牌的社交心理依赖。

为更好地应对我国零售业的发展变化，中国商业联合会、中华全国商业信息中心建议：零售商将来一是应对消费升级趋势，增加多样化的服务业态，提供更多高质量的刚需商品；二是针对消费圈层化特征，明确品牌定位，培育忠实的消费群体；三是积极利用科技，带给消费者新的体验，提升企业运营效率；四是坚持文化自信，将商圈文化、区域文化和中国传统文化融入商品及商业场景中，打造更具中国特色的世界级零售品牌。

1.2　连锁经营的内涵

1.2.1　连锁经营的含义

所谓连锁经营，是指经营同类商品或服务的若干个门店，通过一定的联结纽带，按照一定的规则，组合成一个联合体，在整体规划下进行专业化分工，并在此基础上实施集中化管理和标准化运作，最终使复杂的商业活动简单化，以提高经营效益，谋取规模效益的一种经营方式。

伴随着全球经济一体化的发展，连锁经营这种商业模式越来越被重视，已被很多经济发达国家作为向外扩张、发展的战略手段。连锁经营这种商业模式，作为零售业的第二次革命，改变了世界零售业的经营观念和面貌，并经过多年的发展，已形成了世界范围的连锁经营潮流。当今世界，连锁经营方式已在现代零售业和服务业中占据主导地位。连锁经营已成为当今世界最富有活力、发展最迅速的一种经营方式。

1.2.2　连锁经营的发展历程

连锁经营是近代产业革命所带来的经济高速发展和社会化大生产的产物。在产业革命所带来的经济高速增长的推动下，连锁经营作为一种现代流通业新的企业组织形式和经营方式，产生于美国，由于它不受国家、地区、文化传统、民族、商业习惯、行业、零售业态等的限制，所以很快传遍了世界，在一切具备条件的地方和领域都产生了连锁经营。

1. 美国连锁经营的发展

从全球范围来看，美国连锁经营的发展始终充当着"领头羊"的角色，迄今为止，美国仍是世界上最发达的连锁经营大国。连锁经营在美国的发展过程大致经历了五个阶段：

（1）萌芽期。1859 年，美国诞生了世界上最早的一家连锁店，它就是由两个美国人乔治·吉尔曼和乔治·哈特福德在美国纽约创办的"大美国茶叶公司"，10 年后该公司更名为"大西洋和太平洋茶叶公司"。当时美国基本上已完成了全国范围的铁路网和通信网络建设，为连锁经营的发展创造了良好的外在环境和必要条件。他们可以与更远的供货商建立密切的业务联系，实行集中进货，以大批量的进货数量和品种获得较高的商品价格折扣，从而降低了进货成本；可以用新的运输工具和通信设施为其他地区的零售店集中配送；最终可以以较低的价格（低于其他同类茶叶公司 1/3 的价格）将商品提供给消费者，获得有利的竞争优势。

（2）传统连锁经营创立期。连锁经营机制的建立与健全使大美国茶叶公司赢得了对单个零售店的竞争优势。1865 年，该公司已拥有 25 家门店，全部在百老汇大街和华尔街一带，并且专营茶叶。1880 年，该公司发展到 100 家门店，1900 年猛增到 200 家门店，年销售额达 560 万美元，经营品种扩大到咖啡、可可茶、糖和各种浓缩果汁等。这家茶叶公司由于是以同一资本开办门店，进行连锁经营，其形式后来被称为直营连锁。

1865 年，美国南北战争结束，国内统一市场进一步形成，美国胜家缝纫机公司为了在全国进一步扩大产品的推销，在全美各地设置了有销售权的特约经销店，公司凭借其产品特许经营权，把一批商店组织起来，实行连锁经营，这就是世界第一家特许连锁店。

1887 年，美国又有 130 多家独立的食品零售商，自愿联合，共同投资开办了一个共同进货的食品批发公司，对参加者实行联购分销，成为美国的第一家自由连锁店。

在这一时期，美国相继于 1879 年由伍尔沃兹兄弟开办了廉价杂货连锁店；1887 年开办了巴尔的摩杂货批发公司和纽约曼哈顿药品联合公司连锁店；1898 年开办了辛辛那提杂货批发公司等一批连锁店。到 1900 年，全美连锁企业已发展到 58 家，完成了美国传统连锁经营的创立期。

（3）超级市场导入期。1930 年 8 月在美国经济危机中，具有几十年经营食品经验的美国人迈克尔·库仑在美国纽约长岛的牙买加开设了世界上第一家超级市场。以开架自选、价格低廉为特征的第一家超级市场诞生后，到 1939 年美国的超级市场已发展到 5 000 多家，销售额占到食品杂货类销售额的 20% 以上，许多一般商店和大型商场都开设超级市场。同时，连锁经营很快与超级市场相结合，形成并扩展为遍布美国各地区、各行业的连锁超级市场和连锁大型综合超市、连锁仓储式商场。连锁经营与超级市场如同一对天然的孪生兄弟，携手并进，共同发展。因此，连锁经营与超级市场的结合，是这一时期美国连锁店发展最显著的特征。

（4）现代连锁。20世纪50年代，美国战后经济的重建和繁荣，人口的增长以及城市人口向郊区的迁移，给连锁经营的发展带来了新的契机。此时，连锁集团下各公司的经营逐渐趋于规范化、统一化、标准化，不仅强调销售方式的统一，而且所有门店开始使用统一的公司名称和商标，严格执行总部的全套标准化管理制度：如统一进货、地点选择、店面设置、人员培训、广告促销、销售标准、融资等。1954年，今日麦当劳的真正缔造人克罗克得到了为麦当劳发展连锁店的权利，从此麦当劳呈现出高速、高效的发展势头，在全世界开展了一场商业革命。同时自由连锁、特许连锁等形式在这段时期也有了一定的发展，连锁经营逐步进入成熟、规范的轨道。

（5）全面国际化连锁期。20世纪80年代，连锁经营进入了一个全面国际化连锁时期。相对于20世纪30年代以前的"传统连锁"和20世纪50年代流行的"现代速食连锁"，20世纪80年代的连锁业可以说是迈入了新的"连锁加盟时期"。其特点就是经营手法多样化，已不再局限于速食餐馆等少数特定行业，而扩充到非食品零售业、酒店业、不动产业、商业服务业等各个领域。在这一时期，服务业开始崭露头角，针对消费者和企业的各项需要应运而生的服务业，成为这一时期加盟连锁的生力军。

从20世纪90年代后期开始，连锁的国际化成为一大潮流。世界经济国际化的要求，带动了连锁业在世界范围的发展。通信手段的现代化、科技的发展，无疑为连锁业国际化发展注入了一针强心剂。美国的连锁企业在雄心勃勃地开拓海外市场的同时，也注意协调国际化与本土化的关系，使美国的连锁业在国际化发展中逐步走向成熟。美国连锁企业的国际化不仅为世界各国带去商品，推动了商业经营的技术进步，而且在全世界范围内传播消费文化，推动了世界文明的发展。

2.欧洲连锁经营的发展

欧洲连锁经营的发展比起美国毫不逊色，带有浓厚的欧洲文化、经济色彩，其中英国、法国和德国最具代表性。

（1）英国连锁经营。1862年伦敦建立起欧洲第一家连锁企业——无酵母面包公司。第二次世界大战以后，连锁商店在英国迅速发展起来，尤其是在20世纪六七十年代，连锁经营发展很快，整个零售商业结构是以连锁商店为主的。1977年，虽然独家零售商店有职工293万人，而连锁店职工只有151.2万人，但连锁商店的销售额要占到零售业总额的2/3。到1984年，拥有10家以上门店的大型连锁企业有1 200家，其营业额占整个零售业的69%。

特易购（TESCO）公司成立于1932年，是英国最大的零售公司，主要以大卖场和超市为主，2017年全球零售商百强排行榜第9位。马莎公司是英国最大的百货连锁商店，成立于1894年，其创始人米高·马格斯刚开始只是走街串巷摆小货摊，但他凭借自身丰富的阅历和对普通顾客的理解，探索出了一套发展业务的新方法，2017年全球零售商百强排行榜第58位。英国翠峰集团（Kingfisher Group）总部位于伦敦，是欧洲最大、世界领先的建材家居零售集团，2017年全球零售商百强排行榜第59位。

（2）德国连锁经营。德国连锁系统风格独特，在世界连锁发展历史中占有重要地位，德国连锁企业规模越来越大。麦德龙是德国最大的零售连锁企业之一，全球现购自运领域的领导者，其经营业态有现购自运、百货店、电器专卖店、大卖场、超级商店等，2017

年麦德龙位居世界零售百强第13位。

"奥乐齐"连锁商店（ALDI）是德国最大的连锁超市。它的前身是1948年阿尔布莱希特兄弟接管其母亲在德国埃森市郊矿区开办的食品零售店。1962年该店进行了改组，第一家以奥乐齐命名的食品超市在多特蒙德诞生。40年后，奥乐齐在国内外市场上迅速扩张，目前在全球已拥有6 800多家分店。其中，德国分店为4 000家，其余的分布在美国、英国、法国、澳大利亚等11个国家。2003年，奥乐齐实现销售额370亿欧元，利润超过11亿欧元。2005年，在全球富豪榜上，奥乐齐的老板阿尔布莱希特兄弟仅次于比尔·盖茨和沃伦·巴菲特。2015年奥乐齐以营业收入821.64亿美元高居世界零售百强第8位。

（3）法国连锁经营。在法国，连锁经营从结构上说有两大特色：一是中小型连锁店众多；二是大型连锁店在总营业额中占较大比重。

在法国，最知名的连锁企业分别是1961年诞生的欧尚和1963年成立的家乐福。欧尚在经营中首次将"自选、廉价、服务"三者融为一体。由此，欧尚成为世界超市经营先驱者之一。而家乐福在问世之初，就以一种新的零售业态——高级大型综合百货超市面对消费者，受到广泛的瞩目和青睐。目前，在2017年全球零售百强中欧尚位居16位，家乐福位居第7位。值得一提的是，这两家企业都已拓展到中国，近年来业绩表现不俗，根据中国连锁经营协会发布的2017年连锁百强报告，家乐福位居中国连锁百强第11位，也是最知名的外资零售品牌之一。

3.中国连锁经营的发展

连锁经营在我国的发展历程，大体可分为四个阶段：

（1）我国连锁经营发展的导入期。第一阶段为我国连锁经营发展的导入期，时间大约在20世纪90年代初期至中期。

我国出现最早的连锁企业是1986年由天津立达集团公司创办的天津立达国际商场。但由于百货店是当时零售商业的主导形式，其利润和成长性都非常好，因此，连锁还只是个别现象，没有普遍意义。连锁经营在我国的真正发展是在20世纪90年代。1990年，广东省东莞市烟酒公司创办了"美佳"连锁超级商场；1991年上海市出现了第一家连锁企业——联华超市商业公司；两年后，上海另一家大型连锁企业华联超市公司的6家分店同时开业；1992年1月，北京西城区副食品公司创办了"希福"连锁店，到1994年，分店发展到30家以上，年销售额达1.25亿元。随后，"希福"连锁店加盟"好邻居"，开创了我国连锁企业间的兼并先河。

1993年初，粮食企业加快改革步伐，也开始了连锁经营的试点。如北京市崇文区粮食局创办的"良苑"便利连锁店、上海市虹口区粮食局成立的"宏良"便利连锁经营公司、广州南市区粮食局的"八字店"等。到1995年6月，粮食部门在国内12个大中城市开办的各种形式连锁店达到1 166个，为粮食系统全面推广连锁经营做好了前期准备。

在餐饮行业，我国第一家快餐连锁企业是1991年由上海新亚集团创办的上海新亚快餐食品股份有限公司，该企业是我国第一家上市的连锁企业。同期，一些名牌老店也加入连锁行列，如"全聚德"烤鸭店、"狗不理"包子店、"荣华鸡"快餐店等，国际上知名的连锁集团也大举进入中国市场，在北京、上海、广州等大城市，相继出现了"麦当劳""肯德基""必胜客""马克西姆""加州牛肉面"等洋快餐的连锁店。这些连锁店的出现及初期运作的极大成功，带动了我国各地特别是沿海开放城市的商业、服务业连锁经营的全面推广。

尽管在一些大城市不同的业态出现了一些有代表性的连锁企业，但由于缺乏经验，缺少样板，这一阶段我国连锁经营的发展还是比较缓慢的，主要呈现以下特征：

第一，企业规模小，经营优势不显著。连锁经营具有效益"后发性"的特点，即初期投入大，随规模扩大效益递增。但如果达不到相应的规模，企业很可能亏损。1972年，美国连锁企业的最佳规模为50～100店，而我国除"联华""华联""希福"等少数几家大企业外，连锁企业的平均店数不到10个。以广州为例，全市共有25家连锁企业，店铺总量190个，每家企业平均拥有店铺7.6个，达不到国际上公认的14个店铺的平均水平。

第二，连锁业态形式比较单一。一般局限在便民连锁、超市连锁等与群众日常生活消费密切相关的商品经营上，在百货、专卖、服务等业态尚未形成规模。

第三，经营档次低，管理不规范。许多连锁企业由于资金、规模的限制，缺乏连锁经营必要的设施配备，如商品配送中心、电子信息查询系统、电子结算系统等。所以，多是在连锁门面上做些文章。据不完全统计，1994年，我国在超市经营的商品，实行条码化的不到40%。

第四，连锁企业尚未形成核心竞争力。连锁对我们来讲是一种新生事物，它的许多优越性很难在它的成长初期充分发挥出来。比如，连锁分店在10个与100个之间，所拥有的规模优势显然是不同的。特别是我们的许多企业走入连锁的行列是出于多种原因，如企业改制的需要，主管部门的行政命令，争取政府的优惠政策等，这些都会影响连锁企业的运作与发展。

（2）我国连锁经营发展的成长期。我国连锁经营发展的第二阶段，即成长期，在时间上可以从1995年算起。

1995年3月，国务院在上海召开了全国部分省市连锁商业座谈会，时任国务院副总理李岚清同志到会作了重要讲话，讲话指出：连锁经营是我国流通领域的一场革命，发展连锁经营在我国社会主义市场经济体制下具有重要意义和广阔前景。同年6月，原国内贸易部在成立全国连锁店指导小组的基础上，颁布全国连锁经营发展规划，加大政府扶持力度和宏观指导。这标志着我国连锁经营的发展进入了一个新的阶段，这一时期，连锁经营的发展具有以下特点：

第一，在与百姓日常消费密切相关的零售业态，如超级市场、便民店，连锁已成为主导形式。1998年，我国超市、便利店、仓储商场的销售额为600亿元，占连锁企业交易额的60%以上，全国上千家连锁企业，数万个连锁网点，多数为超市和便民店这类连锁企业。

第二，作为零售企业机制转换的重要形式，全国粮食系统全面推广连锁经营，并取得了显著成效。以上海为例，1990—1992年，全市粮油销售亏损2 500余万元，国有粮食商业市场占有率仅为35%，到1995年6月，上海市800家粮食零售网点已全部转为便民连锁店，商品销售额平均增长50%以上，为1992年的26倍，国有商业市场占有率平均上升到90%。

第三，连锁业态类型增多，连锁业种扩大。连锁经营不仅出现在传统的餐饮、零售店，还发展到了许多新兴的业态形式上，如折扣店、邮购、专卖店等，有些很有声势。如连邦软件专卖店，5年间在全国145座城市建有256家专卖店，1998年销售额为3.5亿元。连锁业种扩大表现为由零售业、餐饮业扩大到服务业、修理业、咨询业、旅店业，并显示出方兴未艾的发展势头。美国在连锁经营发展的成熟期，连锁的范围已扩大到19个业种。

第四，连锁企业成长迅速，已由企业规模优势向产业规模优势转化。如上海的"联华"超市连锁企业已发展为分店在600个以上，年销售额70亿元的大型连锁集团，"华联"的店铺规模也在500家以上，销售达40亿元。1999年，在我国零售业十强的企业排名中，第一、三、五、八、九名都是连锁超市公司。

第五，连锁经营本身也向多样化发展。连锁经营有三种形式，即正规连锁、特许连锁和自由连锁。在我国连锁经营的发展初期，90%以上是正规连锁，但随着这种经营方式的日益推广，特许连锁发展迅速，显示出更大的灵活性和优越性。根据发达国家连锁经营发展的经验，特许连锁是最有发展潜力的形式，一般要占到全部连锁企业的2/3以上。

（3）我国连锁经营的快速发展期。21世纪的前十年是我国连锁经营的快速发展期。

2001—2006年，连锁企业总销售规模年增幅超过30%，随着规模的扩大，规范程度的提高，业种的增多，业态的逐步完善，中国连锁商业呈现出持续高速增长、行业集中度加强、外资商业增速明显、购并兼并成为扩张的重要方式以及向多行业、多业态方向发展的特征，中国连锁商业企业日趋走向成熟。

2008年和2009年受全球市场环境变化及金融危机的影响，我国连锁企业开店渐趋谨慎，整体增速趋稳，二三线城市连锁企业的发展开始赶超一线城市，以拉动内需、促进消费成为新的经济增长点，也成为国家"促消费保增长"的关键力量。两年的发展速度趋稳成为近几年企业持续快速发展后的一个调整过程。

2010年，我国连锁企业又呈现了一个快速增长态势，尽管开店数量下降，但销售规模上升，连锁零售企业转型提升的步伐在加快。据中国连锁经营协会发布的"2010年中国连锁百强"信息显示，2010年中国连锁百强销售规模达到1.66万亿元，同比增长21.2%，增幅高出社会消费品零售总额2.8个百分点。百强企业门店总数达到15万个，同比增长9.8%，呈现出销售规模快速增长的特点，网上零售初具规模，同时，百强企业也开始出现经营成本提高的最大困难。

2011年，拉动内需、促进消费的政策导向促使更多流通业扶持政策出台，包括国内贸易"十二五"发展规划，这些政策的出台有力地推动了连锁经营业更好更快发展。

（4）我国连锁经营的转型升级创新发展期。近十年来，我国连锁企业一直在转型创新中发展。

2012年后，一方面，受国内外经济环境变化影响，连锁实体企业普遍出现明显的销售增长乏力甚至负增长现象，同时人工和房租等成本继续大幅上涨，企业利润空间不断被压缩，多家企业出现盈利警告，开店速度明显减缓，资本市场也频频跳水。而另一方面，消费者消费习惯正在悄然发展改变，便利、感性、参与性消费需求越来越明显，实体店消费市场整体偏弱、渠道竞争加剧、消费热点缺乏所导致的传统连锁企业销售额增长压力较大的局面仍在继续。

与此同时，电子商务、全渠道、超级物种、无人便利店等利用互联网科技的连锁业态不断创新发展，连锁企业新兴零售模式得到快速发展和扩张，行业竞争格局不断变化，一批优秀的连锁企业在转型期抓住机遇，取得长足进步。那些突出特色，重视消费体验，营造消费场景的连锁企业较早地迎来了自己的春天。

1.2.3　连锁经营的特征

连锁经营其本质上是一种经营模式或者商业模式。连锁经营的实质是把现代化大生产的原理应用到传统商业中，改变传统商业中购销一体、柜台服务、单店核算、主要依赖经营者个人经验和技巧来决定销售的小商业模式，从而实现了在店名、店貌、商品方面的标准化，在商品购销、信息采集、管理规范、广告宣传和员工培训方面的统一化，把复杂的商业活动分解为像工业生产流水线那样相对简单的一个个环节，提高经营效率，实现规模效益。连锁经营的特征主要表现在规模化的经营方式、网络化的组织形式和规范化的管理方式等三个方面。

1.核心内容——规模化的经营方式

连锁企业店面数量多、分布广，具有大批量销售、大批量采购的价格优势，迎合了消费者分散性和就近购物的消费习惯，增强了消费者与连锁企业之间的感情联系，有效解决了传统经营中追求规模效益与消费分散性之间的矛盾。

（1）采购的规模优势。采购权的集中使连锁门店在对外采购时变成集中采购，采购的数量大，总部可以以较强的议价能力与供应商讨价还价，获得低价进货的优势；同时，由于集中采购，较之单店独立采购可以减少采购人员、采购次数，降低采购的间接成本。比较典型的规模采购，如沃尔玛向可口可乐、宝洁的全球采购，使得沃尔玛在这两家公司商品的采购价格上低于竞争对手，从而取得竞争优势。

（2）物流的规模优势。在集中采购的基础上，连锁企业统一设置仓库比单店独立存储更节省仓储面积，总部可以根据各店的销售情况，实现合理库存；总部还可以通过集中配送选择最有利的运输路线，充分利用运输交通工具，及时运送，以免门店商品库存过多或出现短缺现象。

（3）促销的规模优势。由于连锁门店遍布一个区域或者全国甚至全球，因此连锁企业总部可以利用电台、电视台、报刊、网络进行强大的宣传攻势，而广告费用可以分摊到各个门店上，每家门店的平均广告费用并不高，但是对于单个商店来说以一己之力进行广泛宣传是难以做到的。

（4）研发和培训的规模优势。连锁企业开发的软件、硬件技术可以在整个体系内推广，建立自己的专职培训部门，研究、开发和培训的费用均可以由多家门店承担，因而享有研发的规模优势；另外，一家店的成功经验也可以在整个连锁体系内推广，通过复制成功的经验，实现连锁企业的高质量快速扩张。

@精选案例1-1

沃尔玛全球采购：成就"天天平价"

沃尔玛超市的口号是"天天平价"，这得益于其全球化集中采购模式。

1.采购网络布局合理。沃尔玛在全球28个国家和地区都有门店，主要设立四个采购大区：大中华及北亚区、美洲区、欧洲中东及非洲区、东南亚及印度次大陆区。采购网络遍布全球且布局合理，有效保证了物流配送的高效率，并做到了资源的优化配置。

2.严格控制采购成本。沃尔玛非常重视控制成本，主要通过以下方法和措施严格控制采购成本：（1）追求总成本最低，而不是追求单一商品的价格最低；（2）绕开中间环节，集中统一从制造商处直接采购；（3）透明报价，以量制价，促使供应商降低产品成本；（4）缩短交货期，降低库存，严格控制物流成本；（5）细分并规范采购流程，实现标准化的供应链管理。这些措施使得沃尔玛能够从供应商那里为顾客争取到更多的利益，做到"天天平价"，得到"贫民超市"的美誉。

3.建立和维护供应商战略合作伙伴关系。沃尔玛通过直接与供应商签订协议，确立长期采购关系，省去以往多级代理商的环节，大大降低了流通费用，有效降低了成本，从而使消费者受益。同时，沃尔玛采取"买断销售，定期结算"的方式，使得供应商受益，而不是采用代销模式将经营风险完全转嫁给供应商。不仅如此，沃尔玛也积极帮助供应商改善管理，持续提高其自身管理水平，使整个供应链从上游开始优化，形成供应链管理的良性循环。

4.高效迅捷的物流配送中心和运输系统。与集中统一配送的运营原则相匹配，沃尔玛始终坚持在先建设好物流配送中心后，再在其周围进行门店的扩张，从而进行统一配送，形成规模优势。同时，沃尔玛的配送中心具有高度现代化的机械设施，可以大大减少人工处理商品的费用，其高效率的机动运输车队可以在全美范围内快速地输送货物，使各分店即使只维持极少存货也能保持正常销售，大大节省了存贮空间和存货成本。

5.根据顾客需求的采购管理。沃尔玛将"顾客满意是我们未来成功与成长的最好投资"作为公司的经营理念，通过多种途径去了解顾客需求，在与供应商进行谈判时，沃尔玛也始终以顾客需求为出发点，不仅关注商品的采购价格，更关注商品的品质、用途以及与顾客需求的契合度。此外，沃尔玛为顾客购物中提供的服务以及在购物后提供的售后服务均是以满足顾客需求这个基本点展开的。

资料来源 雷辉. 沃尔玛全球采购：成就500强之首［EB/OL］.［2017-08-21］. http：//blog.sina.com.cn/s/blog_690daa180100lbjb.html.

2.前提条件——网络化的组织形式

连锁经营既是一种经营方式，又是一种组织形式。连锁企业通过对上游企业的控制建立供货网络，通过门店扩张控制最终市场，并通过信息网络把二者有机地连接起来。

（1）销售网络化。首先，为实现连锁经营的盈亏平衡，必然要求构成销售网络的连锁门店的数量达到一定的规模，否则，连锁经营就无任何优势可言；其次，连锁企业的形象对吸引消费者具有极为重要的作用，而树立企业形象的基本途径则是通过门店的销售服务，门店越多，形象的影响力就越强；最后，门店数量越多，网点越多，销售量也可能越大，对上游企业的吸引力也就越强，就越能获得上游企业的支持，充分发挥组织结构的网络化优势从而实现盈利。

（2）供货网络化。构成供货网络的基本要素是：统一采购、集货、加工、补货管理及配送，这些活动不仅仅是为了确保商品质量和持续不断的商品供应，同时还能创造利润。首先，集中统一进货能避免或减少分散采购时普遍存在的不经济行为，以降低进货成本。

其次，以大规模的销售网络为交易条件，可以获得巨额的"通道利润"，如上架费、广告费、促销费、堆头费等。实行产销一体化或定牌监制，能在维持低销售的前提下实现高毛利与高利润。通过提高供货网络的效率，能减少商品库存，加快商品周转，提高现金流量的利用效率，为连锁企业带来丰厚的利润。

（3）信息网络化。信息网络化是确保销售网络与供货网络协调与平衡的关键。供货网络的一切活动都必须以高效率的销售网络的信息反馈为导向，否则就会降低供货网络的效率，即以信息流指导商流与物流。管理大规模的供货网络和销售网络必须采用现代化的信息技术，否则就难以实现高效率的信息反馈。另外，原始的信息必须经过系统分析才能有效地发挥其应有的作用。

3.基本保证——规范化的管理方式

（1）简单化（Simplification）。简单化意味着一个从繁到简的过程，彻底排除浪费部分、过分部分、不适部分，去掉不必要的环节，使各个环节包括财务、采购、物流、信息等工作尽量简化，提高工作效率。

（2）专业化（Specialization）。连锁企业的专业化表现在总部和门店的分工上。总部负责企业战略管理、经营技巧研究、形象设计、门店开发、卖场布局、商品采购与配送、人员培训、营销策划、财务管理等等；门店则根据总部的总体部署和统一安排，集中精力做好商品销售工作，负责商品陈列、客户服务等直接面对消费者的经营活动。此外，专业化还表现在各个部门、岗位、员工之间的职责分工上。连锁企业的这种专业化分工配合极具竞争力。

（3）标准化（Standardization）。标准化在一定程度上是专业化与简单化的体现，因为连锁经营的特征之一就是可复制性，只有标准化的东西才有可能得到快速复制和推广，连锁企业具有企业识别系统、商品和服务、经营管理、经营理念四个方面的统一（如图1-2所示），在此前提下形成专业管理及集中规划的经营组织网络，利用协同效应的原理，使企业资金周转加快、议价能力加强、物流综合配套，从而取得规模效益，形成较强的市场竞争力，促进企业的快速发展。

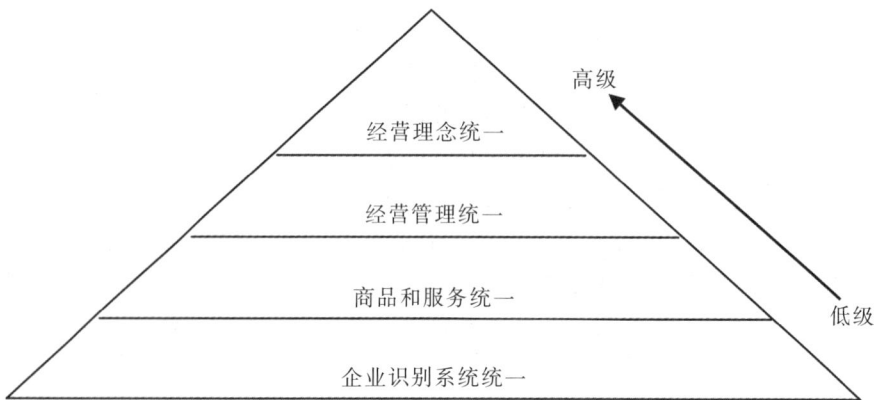

图1-2　连锁经营的四个统一性

①企业识别系统统一。企业识别系统及商标是企业的外在形象，是指连锁企业给公众的直接印象，包括连锁企业的招牌、标志、商标、标准色、标准字、装潢、外观、卖场布

局、商品陈列、包装材料、员工服装、识别卡等，它的作用在于不仅有利于识别，更重要的是在于消费者的认同，对企业产生很深的印象。

②商品和服务的统一。这是连锁企业经营内容的统一，是满足同一目标顾客的营销方式的统一，具体表现在：连锁企业各门店所经营的商品都是经过总部精心策划和挑选的，是按照消费者需求做出的最佳的商品组合，并不断更新换代，所提供的服务也是统一规划的，无论到任何地方任何一家门店，服务都是统一的、规范的，从而增强顾客的忠诚度。

③经营管理统一。这是企业内部管理模式的统一，是制度层面的统一。连锁企业必须在经营战略、经营策略上实行集中管理，即由总部统一规划，制定规范化的经营管理标准，并下达给各门店认真执行，各门店必须遵从总部所颁布的规章制度，一切标准化、制度化、系统化。目前，对于连锁企业而言，经营管理的统一性最集中地体现在连锁企业的营运手册上。许多连锁企业都开发了自己的营运手册，并据此构成了其统一经营管理的连锁体系。

④经营理念统一。这是企业全体员工的观念与行为的统一，是文化层面的统一。连锁企业的理念是企业的经营宗旨、经营哲学、价值观念、企业定位和中长期战略的综合，是其全部经营管理活动的依据。连锁企业无论拥有多少门店，都必须持有共同的经营理念，只有经营理念真正统一，连锁企业才能将各门店锁在一起，无限发展，永续经营。

连锁经营的四个层次的统一是由低向高相互衔接在一起的。只有店名和店貌的统一而没有服务和商品的统一，那就只有连锁企业的"形"，而无连锁企业的"神"；如果没有经营管理的统一，那就会虽然门面相同，但各自为政，结果是无法做到商品和服务的统一，即使有统一也是短暂的。只有经营理念的统一，才会将企业的经营战略完全贯彻下去，形成企业的长期经营特色。

1.2.4　连锁经营的优势

1.规模扩张优势

企业在规模效益的驱动下不断追求规模扩张，而连锁经营模式极有利于迅速实现资本的大量集聚。一是采取投资自建、兼并、收购、租赁等形式大力发展直营店；二是采取发展加盟店的形式，在无需投资的情况下，在短时间内大幅增加门店数量；三是通过协商达成合作契约，实行大范围的自愿连锁。

2.市场拓展优势

连锁经营网点多、分布广、市场占有率高。伴随连锁企业门店数量的不断增加，市场空间范围的不断扩大，其市场份额也相应迅速而大幅度地集中。世界各国的零售巨头，如美国的沃尔玛、法国的家乐福、英国的乐购、日本的伊藤洋华堂、泰国的卜蜂莲花等，无一不是连锁企业，美国连锁百强企业的市场份额占全美年零售总额的1/3。上海联华超市公司于1999年以73亿元的销售业绩彻底改写了长期以来单体百货店称霸中国零售业的历史。以此为开端，10多年来雄居我国零售业领先地位的均为大型连锁集团。

3.成本控制优势

连锁经营将规模化经营与集约化管理有机结合，有利于降低成本、提高经济效益。连锁企业在大规模经营的基础上统筹利用人财物、信息及技术等资源，分摊进货、销售、管理和财务成本，大大节约了各项费用。如前面提到的规模采购、配送、促销等成本控制优势；连锁企业在经营理念、市场营销技术、服务技术、商品配置及陈列技术、业务流程及操作技术等方面的研发成果，可由众多门店共享，节约了管理成本；连锁经营的科学管理也在促进高质量、高效率的同时，有效地减少了损失浪费。对同种业态、同类规模的门店进行的调查显示，连锁经营的费用成本与传统经营相比较，一般低 10～12 个百分点。

4.品牌成长优势

连锁经营高度集中的经营决策和高度统一的 CIS 企业识别系统运作，有利于内强素质、外塑形象，提升企业品牌价值。连锁经营突出强调"四个统一"的运营模式，使所有门店的商号、门面及店堂设计、商品组合、商品价格、商品陈列、服务设施和服务项目、促销措施、广告宣传、服务规程和业务流程等严格保持一致，形成了统一的经营特色及风格，维护了统一的服务质量和经营管理水平，从而树立起鲜明、独特的企业形象，达到深入人心和深得人心的制胜效果。

同时，连锁经营的跨地域扩张也为扩大企业知名度和美誉度创造了有利契机。如世界知名连锁品牌麦当劳、肯德基、麦德龙、百安居等零售（快餐）商，因国际化的连锁经营，使之成为了几乎"地球人"都熟悉和信赖的知名品牌。

另外，连锁经营还十分有利于开发自有品牌（PB）。连锁企业可利用自身的企业品牌价值和声望优势开发定制产品品牌，并借助于自身跨地域扩张的市场优势迅速扩大销售，获得较高的利润。目前，世界上声名显赫的大型连锁零售商都热衷于实施自有品牌战略，所开发自有品牌的种类由食品、杂品、日用品、厨房用品和服装扩展到小家电、电脑及配件等。

5.科技化和现代化优势

连锁经营就其实质而言，属于先进的经营方式和组织形式，它是流通方式现代化的重要标志之一，体现了现代流通业发展的必然趋势。连锁经营大大提高了流通业的组织化程度和产业集中度，造就出一个又一个在社会经济生活中产生重要影响的商业巨头，有效地改善了传统经营时代流通主体小、散、差，不适应现代化大市场、大流通的落后状态，为政府产业政策的制定及其指导作用的发挥以及市场经济条件下商业企业竞争公平性、有序性的实现创造了基础条件，对于引导和促进流通业健康发展具有重大意义。

连锁经营的现代化取向还表现为对现代科学技术的迫切需求。就运行条件和运作手段来看，连锁经营必须依赖现代化的管理思想、方法和技术才能得以生存和发展，包括现代经营理念、现代管理原理、现代企业制度、标准化管理方法、计算机技术、网络技术、现代通信技术、现代物流技术、现代营销技术等；否则，根本无法保证机构庞大且门店分散的经营组织正常运转。其中信息技术的引入则标志着连锁经营进入了高科技时代，率先实施信息化战略的沃尔玛正是借此实现了其全球零售业霸主地位。今天的"新零售"也是智能化、信息化等先进技术在零售领域的应用体现。

6.商业贡献优势

（1）连锁经营促进了社会再生产的顺利运行。连锁经营集中采购与分散销售相结合的运营模式，有效地化解了生产的集中化、大批量、少品种与消费的分散化、少数量、多品种之间的矛盾，真正起到了衔接生产和消费的作用。

（2）连锁经营促进了流通产业优化。一是连锁经营规模化与集约化相结合的本质特点，有利于协调平衡投入与产出之间、数量与质量之间、速度与效率效益之间的关系，有力地推动流通产业经济增长方式的转变。二是连锁经营所形成的独特而显著的规模效应，大大提升了商品交换的功能和效率：拓宽了商品流通渠道，减少了流通环节，加快了流通速度，扩大了流通规模，节约了全社会的流通成本，提高了流通效能。三是连锁经营所具有的规模扩张和规模效益优势，大大增强了商品流通的组织化程度和产业集中度，从而为政府宏观决策和市场竞争向有序化发展提供了有力支持。

（3）连锁经营促进了生产企业发展。连锁企业商品采购的大订单，引导和扶持了一大批生产企业及其商品生产。国内外许多生产企业正是依靠大型连锁企业的大额订单从小做大的，一旦失去了订单即将面临倒闭的危险，从而有力地证实了买方市场条件下交换决定生产的新观点。

（4）连锁经营促进了消费水平提高。连锁经营的低成本带来的低价格给广大消费者带来了实惠，星罗棋布的连锁网点又为消费者就近购物提供了极大便利，到连锁超市和家电专业店购买食品、日常生活用品和家电商品已成为消费者的首选和习惯。

（5）连锁经营促进了劳动就业扩大。连锁企业的快速扩张为社会提供了大量工作岗位，其中加盟连锁形式为自主创业提供了更多机会。

（6）连锁经营促进了财政收入增长。大型连锁企业良好的经营业绩使其成为各地的纳税大户，为增加国家和地方的财政收入做出了突出贡献。

1.3　"互联网+"背景下的连锁企业发展

"互联网+"是指以互联网为主的一整套信息技术在经济、社会各个部门的扩散，本质在于传统行业的在线化和数据化。2015年李克强总理在政府工作报告中提出"互联网+"行动计划，推动移动互联网、云计算、大数据、物联网等与现代制造业结合，促进电子商务、工业互联网和互联网金融健康发展，引导互联网企业拓展国际市场，并正式将"互联网+"纳入国家顶层设计，提升至国家战略层面。

"互联网+"深刻影响着连锁零售和服务业的发展，电子商务、移动支付、无人便利店等，无不带来了连锁企业经营方式的变革。

1.3.1　网络化

1.商务活动电子化发展

连锁企业的发展是以商务活动电子化改造、信息处理效率提高为前提的。一是经营与配送网点网络化，扩大服务范围，提高配送速度，同时降低物流成本；二是连锁经营系统的计算机通信网络化，包括外部网、内部网和互联网。连锁企业的自动化主要是把先进的技术、设备和计算机管理系统相结合，运用计算机管理和控制各种作业全过程，实现信息的实时采集与追踪，并提高系统的管理和监控水平。

互联网背景下的电子商务的发展是以实体性物流配送体系的发展为依托的。电子商务与连锁经营的虚与实的完美结合，形成了一个立体、多维的网络系统，使网络的多种优势更加凸显，既有效解决了B2C的物流瓶颈问题，又改善了连锁经营的现状。

2. 网上商店迅速发展

连锁企业网络化的典型业态是"网上商店"的迅速发展,网上购物因其"便捷、实惠"而被广大消费者认可,逐渐演化为消费者购物的首选,加之网络金融和快递物流的支撑作用越来越强,使网上购物变成一种习惯、一种不可替代的消费方式。每年"双十一"不断刷新的消费纪录标志着商业活动网络化的飞速发展。

3. O2O 全渠道发展

以淘宝网、京东商城为代表的电商企业迅速抢占市场,与之对应的是实体企业的"关店潮"。连锁企业在转型中发展,努力探索着"线上线下融合"。

连锁企业先是用自媒体运营、移动支付、网上商城、体验式消费等尝试拉开"互联网+"的大幕;更多企业几年内完成了线上线下融合的 O2O 发展模式,一家企业兼备网上商城及线下实体店,线上与线下之间的支付能力实现无障碍衔接,形成全渠道的购物途径将是连锁企业近几年发展的主要方向。

"虹领巾"是天虹全渠道全新打造的基于移动端的本地生活服务平台,一边连接顾客,一边连接后台,统领会员中心、营销中心、大数据中心、流量中心,导出四大核心功能——购物平台、营销中心、会员联盟、本地生活,为消费者聚焦天虹所在的每个城市和商圈,连接精彩生活。一轻食品旗下北冰洋的冷饮雪糕,已经通过天猫超市实现"一小时达",未来将与天猫联合首发老北京瓷瓶酸奶等定制化新品。北冰洋只是众多拥抱新零售的老字号之一。数据显示,国家商务部认定的 2 000 家左右中华老字号中,超过半数已经在天猫上销售。依据 2016 年度全国老字号品牌在阿里零售平台销售额的统计,恒源祥、回力和茅台名列老字号电商排行榜前三。

1.3.2 便利化

互联网的发展使得传统零售正承受着巨大的转型压力,但由于非标准化的产品与服务,加上线上企业难以触及的最后一千米阵地,在这场碰撞中,小而美的业态店异军突起,O2O 概念引来的资本热潮,又进一步带动了小业态的发展。

便利店是小业态店的代表,它并非在此时应运而生,只是迎合了时代趋势获得了快速发展的机遇,这个趋势的核心,是便利性需求的高速增长,国内消费市场升级(居民收入水平的提升淡化了价格敏感度),人口结构的变迁,80后、90后年轻群体工作生活节奏加快,催生了对品质和便利的需求,使得便利店在日渐下滑的实体零售行业中增加了些抵抗力。

电商通过快递对接消费者,而便利店直接贴近消费者,在消费者身边提供 24 小时的多功能服务。便利店在发展中突出自己的便利功能特性,不断改变落后的管理方式,升级"互联网+便利店"的经营模式,架起便利店与电商互通互合的桥梁,并有效解决电商最后一千米的难题。

1. 坚守便利性是便利店生存的基础

便利店对应的是一种新的城市消费生活,用新鲜的、优质的商品与服务,创造新的生活体验。随着个人可支配所得的增加,现代人对便利、精致、个性的商品和服务的需求越来越高,为便利店发展创造了更多的商业机会。便利店在为消费者提供便利的同时,好的服务和商品更是关键,消费者体验的好坏,直接影响一家便利店的存亡。因此,便利店只有做好"本业"，提供更多的贴近消费者需求的创新商品和服务，才能面对未来，不惧任何情势的挑战。

2.用互联网思维进行系统化升级改造，提供精准服务

IT系统智能化、互联网化，将线上流量与线下客流形成互补，利用互联网技术提高商品采购、店铺订购、物流配送及周转速率，为便利店管理者提供信息化工具和手段，完成对消费者的精准服务。

3.线上线下互动，搭建会员服务系统

通过线下便利店和线上商城（O2O电商平台等）双重升级，将线下便利店用户导入线上APP，完成会员系统搭建。通过APP增强会员黏性、实现数据的收集和整理，最终成为线上电商与生活服务O2O的提供商。线上下单，线下提货。比如，A先生在上海长城大厦办公，楼下就有一家全家便利店，一瓶冷藏鲜榨味全果汁在店内销售7元，但他通过APP下单，一次买5瓶每瓶只需6.5元。那么周一至周五，他可以每天到店出示手机相关条码领取1瓶。当然，APP上会有库存管理，他也可以在任何时间到任何全家便利店领取他的库存商品，非常方便。

4.通过与互联网、电商平台的合作，弥补自身的短板

便利店的人力配备有限，增加人手送外卖，并非一项划算的买卖。但与京东到家、百度外卖、美团外卖、饿了么等平台合作，可以将店铺的外送优势商品放到合作方的平台上。顾客通过合作方平台下单，外送人员到店提货，送到消费者手中，享受双方平台的促销活动。

未来互联网将有更多意想不到的创意创新，便利店作为传统零售的线下入口，努力拥抱互联网，可以用"互联网+便利店"的经营模式创造新的实体零售亮点。

1.3.3 体验化

在"互联网+"的时代背景下，消费者开始主导零售话语权，其关注点从单一交易转向全渠道体验。"体验化"消费是实体企业对抗"电子商务"的创新工具，并带来新一轮"连锁行业"的创新发展。在"互联网+"的时代下，随着人们生活方式和消费形态的变革，各种极具创造力与感召力的新型渠道业态不断萌生，快速创造终端竞争优势，并进一步彰显品牌活力。与此同时，在"得渠道者得天下"和"得用户者得天下"并行的今天，连锁企业越来越重视以消费者体验为中心，进行渠道重构。

1.体验式营销理念已经建立

购物环境是消费者的第一体验。卖场环境除了要保证卫生、明亮、关注细节、不留死角外，个性化装饰必不可少。很多实体店内有店中店，各种主题购物区域成为门店的亮点，吸引了众多消费者的光顾。乐城超市总是在不断改进购物环境，力求实现社区超市+公园的购物场景，并满足消费者品质购物的需求，而不仅仅是传统的"一站式购齐"。超市内特有的街区街景化的设计，欧洲小镇的品牌布局，搭配大量的园艺和卡通造型，一步一景，让消费者购物的同时身心娱乐。

2.体验性营销正由个别变成普及

购物中心成为实体店的主力市场，究其原因是众多购物中心能不断创新其经营内容，将其业态优势即娱乐、餐饮和家庭聚会等体验消费融合在卖场内，并发挥得淋漓尽致，产生了网购无法替代的体验优势，取得了骄人的销售业绩。

3.体验感的零售技术正在得到尝试和应用

在 VR/AR 技术大行其道之后，线下零售企业也纷纷试水实体店虚拟体验服务，以增加消费者的关联和互动。例如，周生生在西安开展集尖端科技与虚拟珠宝试戴于一身的 Omni Channel 全渠道顾客体验内地首秀。结合英特尔最新的 RealSenceTM Technology 实感计算技术，推出可供消费者实现虚拟试戴珠宝的智能体验服务。体验的消费者只要站在设备之前，虚拟珠宝试戴设备 Magic Mirror 能自动识别试戴者试戴部位的位置，只需轻触屏幕，心仪的项链就会立即"戴"在脖子上，这种极具视觉吸引力和互动性的设备能最大限度地模拟消费者真实的珠宝试戴效果。该系统最大的优势在于可以实时与社交平台进行联动，消费者可通过设备拍照和上传功能，以扫描二维码的形式，实时分享至社交平台并集赞或听取网友意见，带给消费者极好的消费体验。

@ **精选案例 1-2**

"盒马鲜生"与"超级物种"的新零售

2016 年 1 月，阿里巴巴的自营生鲜类商超"盒马鲜生"在上海金桥广场开设了第一家门店，面积达 4 500 平方米，成绩斐然，年坪效高达 5 万元，是传统超市的 3～5 倍。在随后的一年多时间里，上海的门店数量迅速增至 7 家，并已经成功扩张至宁波。

"盒马鲜生"是一家只做"吃"这个大品类的全渠道体验店。整个门店完全按全渠道经营的理念来设计，完美实现了线上和线下的全渠道整合，不到半年，每天的线上订单数就达到 4 000 份，目前已经超过线下订单。每件商品都有电子标签，可通过 APP 扫码获取商品信息并在线上下单，无需按传统门店设计复杂的动线。物流仓储作业前置到门店，和门店共享库存和物流基础设施，店内部署了自动化物流设备进行自动分拣，效率很高，基本能达到 5 千米内 29 分半钟送达的及时配送承诺。

商品是王道。"盒马鲜生"商品，品类丰富，来自全球 103 个国家超过 3 000 种商品（其中 80% 是食品，20% 是生鲜产品，后者未来可能发展到 30%），包括肉类、水产、水果、南北干货、米面油粮、烘焙、熟食、烧烤以及日式料理等。体验为王，"盒马鲜生"学习了意大利的 Eataly，门店内设餐厅，盒马鲜生的牛排、海鲜及熟食餐厅区占地 200 平方米左右，里面设置了五张四方桌子。顾客在店内选购了海鲜等食材之后还可以即买即烹，直接加工，现场制作，门店会提供厨房给消费者使用。这个做法，深受消费者欢迎，提升了到店客流的转化率和线下体验，也带动了整个客流的高速增长。

电商系以阿里旗下的"盒马鲜生"（盒马集市）领跑，传统系则以永辉旗下的"超级物种"带动节奏。

"超级物种"的诞生是永辉 16 年来不断孵化与进化的产物。为什么取名"超级物种"，永辉相关负责人给出解释："超级物种"就是未来超市＋餐饮，让消费者更能寻味未来生活。"超级物种"融合了永辉目前孵化的 8 个产物：鲑鱼工坊、波龙工坊、盒牛工坊、麦子工坊、咏悦汇、生活厨房、健康生活有机馆、静候花开花艺馆。这种未来超市＋餐饮的全新业态是互联网化和全球化的结果，是体验消费发展的必然选择，而永辉的全球商品供应链优势和生鲜管控的水平则使其业态的蝶变成为必然。

1.3.4　数字化

经历了基于用户数量、销量的时代，目前"互联网+"背景下市场交易已是基于数据的时代，电子商务的竞争在很大程度上就是大数据的竞争。由于平台所产生的巨大信息量以及其所收集到的用户信息具有真实性、确定性和对应性，电子商务具有了利用大数据的天然优势。大数据的应用将贯穿整个"互联网+"背景下的企业业务流程，成为公司的核心竞争力。

1. 大数据预测实现消费者的精准服务

对大数据进行分析的核心目的是预测顾客的下一步需求，基于海量数据结构化分析，通过各种算法进行预测并做出相应决策，进而创造更优的顾客体验、更多的交易、更多的业务创新，释放储存于数据之中的能量。

大数据预测的目的其实是更加精准地服务消费者，而这种精准的服务是建立在和消费者大量持续的互动基础之上的，一方面是让消费者产生更多更好的数据，另一方面是令产品和服务可被持续优化和迭代，这也是让消费者在海量信息选择中享受到和自己更加匹配适合的产品和服务，同时也成为零售商提升利润、降低成本的重要方法。

2. 大数据营销实现消费者的个性化体验

新时代下，零售商充分挖掘大数据的商业力量来提高商品的转化率。"互联网+"背景下，用户的每一步行为都会留下大量的信息，通常各种类型的数据会混杂在一起。针对这些数据，连锁企业充分将数据结构化并进行大数据挖掘，从而提供"千人千面"的个性化购买建议和促销信息，提供全渠道的客户购买体验，激发他们的情感连接。

每一个零售企业，每天都掌握着每个供应商以及顾客们海量、真实的交易数据，零售企业可以根据这些大数据分析了解消费者购买的关注点，开发很多创新业务，进行商业模式、产品和服务的创新，打开消费新市场。

3. 大数据驱动商业仿真辅助智能决策

大数据智能时代为我们带来决策和管理的新方式，零售企业的决策者们需要习惯数据驱动的实验和测试，对任何重要项目进行小规模但系统的验证实验，使得制定出的决策更加可靠。比如运用大数据仿真实验室，通过仿真模型来研究不同地区、不同消费社群的不同促销方案，比较哪种最有效，哪种投入回报最高。通过全真模拟供应链中的真实情景，事先预知各种决策可能的结果，提高决策的准确性。

4. 大数据开发与共享实现数据服务

零售企业通过持续不断地推动数据开放和共享，建立各种社交媒体、跨界合作伙伴联盟，与自己现有的和潜在的供应商、第三方软件开发商、第三方卖家平台、银行等形成数据合作，确立科学的数据标准和应用程序调用接口，以保证数据质量和可用性。比如"智能补货"的应用，这不仅极大地减少门店断货的现象，更关键的是可以大规模减少整体供应链的总库存水平，提高整个供应链条和零售生态系统的投资回报率，创造非常好的商业价值。还有挖掘消费者数据价值，与广告商进行合作，精准广告投放与营销等，都是数据服务的缩影。

1.3.5　移动化

移动化是指通过移动通信网络进行数据传输并且利用移动终端开展各种商业经营活动

的一种新电子商务模式，移动商务下消费者使用手机、PDA 等移动设备，随时随地浏览网上商务，开展消费活动。由于移动通信的实时性，移动商务用户可以通过移动通信终端在第一时间准确地与商家进行沟通，与商务信息数据中心进行交互，使用户摆脱固定的设备和网络环境的束缚，最大限度地驰骋于自由的商务空间。

智能手机的广泛使用，无处不在的移动网络和商家开发的方便快捷的 APP，以及支付宝、微信移动支付工具的支持，让移动商务也成为连锁企业必争之地。

与传统的商务活动相比，移动商务具有如下几个特点：

1.更具开放性、包容性

移动商务因为接入方式无线化，使得任何人都更容易进入网络世界，从而使网络范围延伸更广阔、更开放；同时，使网络虚拟功能更带有现实性，因而更具有包容性。

2.具有无处不在、随时随地的特点

移动商务的最大特点是"自由"和"个性化"。传统商务已经使人们感受到了网络所带来的便利和快乐，但它的局限性在于必须有线接入，而移动电子商务则可以弥补传统电子商务的这种缺憾，可以让人们随时随地结账、订票或者购物，感受独特的商务体验。

3.用户规模大

与传统通过电脑（台式 PC、笔记本电脑）平台开展的电子商务相比，移动商务拥有更为广泛的用户基础。无论是在大街上、餐厅里还是地铁中，如今，人们"勤奋"地刷着手机的景象随处可见。第 40 次《中国互联网络发展状况统计报告》显示，截至 2017 年 6 月，我国网民规模达到 7.51 亿，半年共计新增网民 1 992 万人，占全球网民总数的 1/5。我国手机网民规模达 7.24 亿，手机网民占比达 96.3%。手机成为网民上网不可或缺的设备。

2016 年，百强企业网上销售额接近 1 200 亿元，比上年增长 69%，占到企业销售总额的 5.7%。其中，移动端的销售额占到网上销售额的 56.7%，比上年提高了 16.1 个百分点。

4.营销更精准

移动商务有较好的身份认证基础。对于传统电子商务而言，用户的消费信誉成为最大的问题，而移动电子商务手机号码具有唯一性，手机 SIM 卡上存储的用户信息就具有这一优势。与传统营销相比，移动互联网的优势能够帮助企业低成本地进行营业推广、市场调查和舆论监控等活动。特别是在做精准广告投放的时候更具有精准度，包括人群定向、网站定向、关键词定向、行为定向等。移动互联网营销有成本低、服务个性化、受众范围广、传播效率高等特点。而 APP、二维码等全新的营销方式更具有灵活性、互动性、目标受众准确的特点。

5.消费内容更丰富

利用移动终端，消费者除了上网、购物、看剧、听歌外，越来越多的人开始使用手机理财、缴费、叫外卖、骑单车；另外，移动互联网营销渠道多种多样，像微博营销、SNS 等社交网络营销、微信营销、应用商店及广告宣传，都是企业可以选择的营销方式。

（1）手机线下支付，让无现金支付成为现实。在商场、餐厅、超市，甚至是报摊、菜场，人们只需要掏出手机扫二维码就可以付款。这种无现金支付的方式免去了出门带钱带卡的烦琐，给人们生活带来了极大便利。

（2）手机外卖用户大军达2.74亿。据统计，截至2017年6月，我国网上外卖用户规模达到2.95亿，其中，我国手机网上外卖用户规模达到2.74亿。除了送餐以外，现在的外卖平台也开始利用外卖物流系统提供配送日用百货、鲜花蛋糕以及送药、跑腿代办等生活服务。

（3）共享单车解决出行"最后一千米"难题。从2016年下半年开始，共享单车行业实现了快速发展。截至2017年6月，共享单车用户规模已达1.06亿，占网民总体的14.1%，业务覆盖范围也由北上广深等一二线城市向三四线城市渗透，有些共享单车品牌更是开始走向国际。

中国互联网络信息中心分析师郭悦认为，共享单车的蓬勃发展，正是基于移动上网设备的普及和移动网络环境的改善。"公共交通+共享单车"让百姓出行更简单、经济、高效，这正是互联网服务在线下惠及民生的生动表现。

（4）在线教育风生水起。截至2017年6月，中国在线教育用户规模达1.44亿，较2016年年底增加662万人，半年增长率为4.8%。其中，手机在线教育用户规模为1.20亿，与2016年年底相比增长2 192万人，增长率为22.4%；手机在线教育用户使用率为16.6%，相比2016年年底增长2.5个百分点。

1.3.6 智能化

在"互联网+"的影响下，连锁企业发生了翻天覆地的变化，特别是在门店设备上，更加趋向于智能化、一体化。还记得那笨重又迟缓的POS机吗？还记得散装食品复杂的购买流程吗？还记得投入大量人力摸黑一晚换好的纸质标签吗？这一切已经成为过去。

1.一体化的PC智能收银秤应用已经越来越普遍

以前在水果、零食店，顾客购买商品需要称秤后再到收银机上付款，过程长且体验差，现在有了PC智能秤，顾客可以随意挑选，一起称重结算，大大增强了客户的便利性，同时提升了员工工作效率。

2.自助消费在更多的消费场景中得到应用

2017年3月，日本罗森已与松下电器联合推出了全自动收银台技术，消费者可以凭借智能购物篮完成自助结账；此外，自助贩卖机、自助迷你KTV、自助橙汁机、自助娃娃机、自助照相机等一系列自助设备得到了更多使用，这类零售业态的共同特点是，通过微信或者支付宝，消费者可以根据机器的提示完全实现自助消费，操作便捷，价格不高。

3.无人便利店将智能化应用推向高潮

2017年上半年以"缤果盒子"等"无人便利店"为代表的第五代便利店站在了风口浪尖，所谓"无人便利店"就是指利用"职能化设备"替代人工服务，在店内无销售人员时，自主完成货物选取、下单、结算等销售过程。

无人便利店无疑是科技和智能的巨大成功：无人导购收银、自助取货、人脸识别、自动扫码、手机支付等科学技术是有效解决"人工成本上涨"的最好办法，同时也可以在一定程度上缓解"高峰期排队"问题。尽管无人便利店作为新生事物，对其未来发展褒贬不一，但其在一定程度上反映了便利店"智能化"的发展趋势，未来智能收银台、自动售货机无疑会有更大的发展空间。

@ 精选案例 1-3

天虹无人便利店让工人变为人工智能

无人便利店就像雨后春笋，接踵而来。从天虹无人便利店到 Bingo Box 再到 Well Go，中间短短几个月时间，就有十几种"无人"便利店落地。这些无人便利店让工人变为人工智能。

天虹无人便利店以会员专属形式运营，连接虹领巾 APP，采用 RFID 射频识别、智能监控、云客服、在线支付等技术手段，通过快速收银、无感核验、实时连接等服务，提升智能化购买体验。

用户进入前，需要先完成会员身份的识别，天虹会员可直接通过"虹领巾 APP"扫码进入，新用户则需要通过微信扫码关注天虹官方服务号"天虹"，进行手机号注册验证后，方可进入。店内共摆放了 6 组货架和 1 个风幕柜、1 台咖啡机，共陈列了 300 余种商品，涵盖零食、饮料、生活用品等。

在结算时，顾客将要购买的全部商品放到收银台感应区，显示屏会出现一个二维码，扫描完成，确认购买者的身份后，显示屏上将显示购物的明细和总金额，点击确认支付后，顾客可通过虹支付（虹领巾 APP 支付）、微信、支付宝三种结算方式埋单。顾客拿着已埋单的商品走到门口，系统会自动识别是否有未支付的商品，如有未支付商品则会语音提示，并在门口的显示屏上显示未埋单的商品，继续完成埋单后，系统感应全部埋单成功，将会开启大门。若一次性埋单完成，系统识别后将自动开启大门。顾客若在过程中遇到问题，还可以一键呼叫在线客服。

🌀 本章小结

提升学生对行业企业的认同感和归属感是本门课程的主要目的，连锁经营管理专业学生应对所在行业以及行业的主要经营模式有全面的理解和认识，本章主要针对零售行业发展、连锁经营特征两个主题进行了阐述。

本章首先介绍了零售业的内涵、特点，并从促进国民经济增长、链接生产和消费的中介、为居民生活提供保障等 3 个方面介绍了零售行业的作用；其次详细介绍了零售业在发展过程中经历的 5 次革命，分别以百货商店、连锁商店、超级市场、购物中心以及无店铺销售的出现为标志；最后介绍了我国零售行业的发展历程。

连锁经营作为零售业发展最常见的一种经营模式，在美国、欧洲等发达地区经历了较长时期的发展，取得了长足的进步，并形成了规模化、网络化、规范化的特征。这一模式在我国经历了导入期、成长期之后进入了快速发展时期，越来越多的零售企业采取连锁经营模式，不断扩大规模和提升竞争力，并在规模扩张、市场拓展、成本控制、品牌成长、科技化、现代化、商业贡献等方面显示出较强的优势。

互联网技术的发展让连锁企业产生了质的变化，网络化、体验化、便利化、移动化、数字化、智能化是其发展的主要特征。

思考与实训

1.填空题

（1）零售是将商品及相关服务提供给消费者作为_____之用的活动。

（2）零售业上接_____、下连_____，是国民经济的重要先导产业之一，直接影响和带动经济总量的增长与产业结构优化，关系人民群众生活品质的高低。

（3）世界上最早的连锁商店产生于19世纪中叶。1859年乔治·吉尔曼和乔治·哈特福德在纽约开办了_____公司。

（4）我国出现最早的连锁企业是1986年由天津立达集团公司创办的_____商场。

2.选择题

（1）零售业第一次革命是（　　）的产生。

A.超市　　　　　　　　　　　　B.购物中心

C.百货商店　　　　　　　　　　D.连锁商店

（2）连锁企业的特征不包括（　　）。

A.规模化　　　　　　　　　　　B.规范化

C.标准化　　　　　　　　　　　D.网络化

（3）"互联网+"背景下连锁企业的发展特征不包括（　　）。

A.便利化　　　　　　　　　　　B.智能化

C.高效化　　　　　　　　　　　D.移动化

（4）我国连锁经营发展的第二阶段，即成长期，在时间上可以从（　　）年算起。

A.1982　　　　　　　　　　　　B.1986

C.1995　　　　　　　　　　　　D.2002

3.简答题

（1）简述零售业的作用。

（2）简述零售业经历的5次革命。

（3）简述连锁经营的优势。

（4）请阐述我国连锁经营的发展历程。

4.实训项目

以小组为单位，了解世界500强企业中的零售品牌，并选取其中1个品牌对其发展历程进行汇报展示。

案例分析

苏宁着力打造智慧零售

苏宁云商集团是中国领先的商业零售企业，2016年，苏宁以1 582.68亿元的品牌价值位列"中国500个最具价值品牌榜"第13名，稳居零售业第一位。成立于1990年的苏宁，坚持零售本质，面对互联网、物联网、大数据时代，持续推进O2O变革，全品类经营，全渠道运营，全球化拓展，开放物流云、数据云和金融云，通过POS端、PC端、移动端和家庭端的四端协同，实现无处不在的一站式服务体验。

经过 27 年的发展，苏宁通过推动门店的互联网改造、线上平台和移动端的快速发展以及 OTT 市场的广泛覆盖，实现了全渠道布局。在线下，苏宁实体连锁网络覆盖海内外 600 多个城市，拥有苏宁云店、苏宁生活广场、苏宁小店、苏宁易购直营店、苏宁超市、红孩子门店等多种业态近 4 000 多家自营门店和网点；苏宁易购线上通过自营、开放和跨平台运营稳居中国 B2C 市场前三。截至 2016 年年末，公司零售体系会员总数达 2.8 亿。

2017 年年初，苏宁提出转型智慧零售。作为苏宁智慧零售核心竞争力的载体，IT 部门的拓展计划引人注目，苏宁在 2018 年将有一个"万人计划"。企业负责人认为：从整个集团来看，无论是董事会还是 CEO，都非常重视信息化，而这也是苏宁的核心竞争力。从零售角度来说，零售商业的未来在于科技，科技应与商业紧密融合在一起。

1. 智慧零售：数字化和大数据洞察

经过多年发展，苏宁围绕零售主业构建了商业、地产、金融、文创、体育、投资、智慧零售生态圈。从具体产业方面来说，苏宁目前已布局有苏宁云商、苏宁文创、苏宁体育、苏宁金融、苏宁投资和苏宁置业等六大产业。

苏宁六大产业布局的核心是零售，都是围绕人的衣食住行等一系列需求去做。从社会的发展来看，除了实体商品需求外，人们对精神层次的需求也愈发强烈，这些需求构成了苏宁全品类布局，而这背后也需要 IT 团队的数据支撑。

对于智慧零售，一个零售企业需要积累数据，站在技术的角度，智慧零售第一是数字化，第二是大数据洞察。

就数字化来说，消费者在购买商品时，一切接触过程被数据记录下来，商家可以通过数据来了解作息时间、喜好等，这些被挖掘出来的信息被赋予价值。电商具备天生数字化特征，但是许多传统零售企业认为上线网站就是电商化，其实真正要做的是更懂用户，把数字化做好。数字化做好后就是云（Cloud），进行大数据积累。

大数据积累之后便是大数据洞察，需要对数据进行分析和预测。一是要做报表，要看到想要的数据。二是预测，比如说当下提到的机器学习、深度学习都与预测有关。

企业负责人认为，智慧零售应该具备以下特征：一是懂用户；二是需内部智能化；三是个性化。未来的智慧门店应该是从图片、音频、视频等角度，进行数据的收集、挖掘分析，对用户建立更立体的画像，提供更好的体验。从去年到现在，苏宁在所有研发中心都设有数据分析团队。此外，还有一个大数据平台研发中心，做基础的平台处理。而未来，苏宁还考虑把产品和内部相结合，实施走出去战略。

2. 苏宁无人店将落地

值得注意的是，进入 2017 年，以无人店为代表的"无人零售"十分火热。企业负责人认为，"无人零售"将是未来趋势，背后隐含的是智能化。而苏宁无人店也将在 2017 年 8 月底铺开，用来验证智能化。苏宁首家无人店将在"8·18 发烧购物节"之后开业，店铺主要形式为类似 MUJI 的集合店。而除了集合店之外，苏宁未来还将开出无人超市。未来，苏宁计划将这些无人店复制推广到全国多个城市，因地制宜进行差异化和个性化布局。

资料来源　陈新生. 苏宁云商 IT 总部执行副总裁解读苏宁智慧零售转型［EB/OL］.［2017-08-22］. http://www.linkshop.com.cn/web/archives/2017/385435.shtml.

案例解析：早在2012年，苏宁便提出要打造"科技苏宁"，而在2017年年初，苏宁提出转型智慧零售。不管是科技苏宁还是智慧零售，信息技术都是核心。未来零售业在坚守零售本质的同时还要用科技的力量更好地服务顾客，在大数据、顾客体验、移动消费、智能化服务中做出更多创新。

请思考：

（1）如何理解苏宁智慧零售的内涵？

（2）苏宁在科技和智慧零售的路上都完成了哪些创新和变革？

第2章

连锁经营模式

教学指导

学习目标

1. 掌握三种连锁经营模式的特征；
2. 熟悉三种连锁经营模式的优缺点及适应性；
3. 理解三种连锁经营模式的区别。

技能要点

1. 认识连锁企业的经营模式；
2. 能进行三种经营模式的比较。

在连锁经营发展过程中，根据联结纽带和联结运作方式的不同，产生了不同的经营类型，即连锁经营模式。目前全球绝大多数连锁企业的主流经营模式都包括直营连锁、特许连锁和自由连锁三种形式。这三种形式在不断成熟与完善的过程中逐渐显示出各自的风格与特色，成为连锁企业在不同发展阶段的不同选择，或者相互交叉存在于一个连锁企业中，推动连锁企业更快更成功地发展。

【引例】 企业发展中的连锁模式演变

随着连锁企业的发展，其在进入不同发展阶段时，会选择不同的连锁模式发展壮大自身规模。

中国中、小型企业因受到自身条件、基础的影响，在前期追求规模的时候，往往凭借其独特的产品或服务等1~2个亮点，牵引着整个连锁体系的运行以及整体市场的扩展。那是因为，企业初期的规模还在成长中，规模的大小还没有受到体系不健全或管理不到位等因素的束缚。但随着企业的发展与市场环境的成熟，连锁企业的经营模式也应该因时而变。

比如，小肥羊就从初期的"加盟为主，直营为辅"的连锁模式转向了2006年的"直营为主，加盟为辅"的模式，并且为了严格控制加盟者的条件，从过去的以数量激增的总代理加盟方式转向了单店的加盟方式，并通过信息化建设对加盟商进行了严格的管控。

已进入快速发展阶段的小肥羊连锁体系，其直营与加盟连锁体系的比例已经发生了很大的变化。目前，小肥羊的直营店面占到整个体系当中的55%~60%，除了加盟店面之外，小肥羊还与加盟商以合股或参股的形式增强对加盟店的控制权与管理权。

近几年在中国美容行业崛起的企业——唯美度美容连锁集团，是另外一个典型的在不同的阶段采取不同连锁模式的案例。唯美度发展初期采用传统美容行业惯用的加盟模式和可控制的加盟商管控体系，短短几年时间，在全国发展了近2 000家的美容连锁院。

之后，唯美度获得了风险投资资本的注入，便开始回购效益较好的加盟店，这就是被业界普遍美誉的"加盟直营化模式"，即将大量的加盟店以高于当初加盟商投入的成本收购或入股，变身为直营专控店或参股的加盟店，以获得集团上市的资本整合。

还有一个很具有典型性的案例，便是一直在中国以直营、托管为主的快餐连锁巨头麦当劳与肯德基，加快了特许加盟的脚步。因为，他们已经意识到，在品牌日益成熟并具有相当高的知名度与忠诚度的中国市场，房价日益高涨的城市化进程加快，地产资源再度成为大家竞相争夺的外部稀有资源，伴随着对中国市场的深度了解和中国特许加盟环境的日渐成熟，两大巨头取消了单一的直营连锁的扩张方式，转而采用直营和特许加盟的并进方式，以加快在中国市场的扩张。

资料来源　作者根据有关资料整理.

2.1 直营连锁

2.1.1 直营连锁的定义

直营连锁又叫正规连锁（Regular Chain，简称RC），是连锁企业总部通过独资、控股或吞并、兼并等途径开设门店、发展壮大自身实力和规模的一种形式。直营连锁是连锁业发展史上最早出现的连锁经营模式，世界上第一家连锁店——大美国茶叶公司就属于此种类型。

美国商务部对直营连锁的定义是："由总公司管辖下的许多门店组成。它往往具有行业垄断性质，利用资本雄厚的特点大量进货、大量销售，具有很强的竞争力。"

国际连锁店协会对直营连锁的定义是："以单一资本直接经营11个以上门店的零售业或餐饮业的企业形态，也称所有权连锁。"

日本通产省对直营连锁的定义更加具体些，规定是："处于同一流通阶段，经营同类商品和服务，由同一经营资本并在同一总部集权性管理机构统一领导下，进行共同经营活动，由两个以上单位门店组成的零售企业集团。"

总之，直营连锁是指处于同一流通阶段，经营同类商品和服务，并在同一个资本及同一总部集权性管理机构统一领导下，进行共同经营活动的连锁经营模式。即所有权属于同一公司或同一老板，由总部直接经营所有的门店，所有门店在总部的直接领导下统一经营，总部对各门店实施人、财、物及商流、物流、信息流等方面的统一管理。

连锁企业在成立初期多采用直营连锁形式，这主要是因为成立初期直营连锁可以更有效地统一调配企业的人力、财力和物力，集中实力发展壮大自身，同时新成立企业的声望和运作模式也不足以吸引更多企业的加盟。

2.1.2 直营连锁的特点

直营连锁作为大资本运作，利用连锁组织集中管理、分散销售的模式，充分发挥了企业的规模效应。其主要特点体现在以下几个方面：

1.连接纽带——资本

直营连锁总部、各门店间以资本为主要联结纽带，这是直营连锁与特许连锁、自由连锁之间最大的区别。直营连锁企业资本属于同一个所有者，归一个企业、一个联合组织或一个人所有，由同一个投资主体投资开办各门店，各门店不具备独立的法人资格。

2.运作方式——经营管理的高度集中统一

直营连锁的核心是经营管理的高度集中统一。直营连锁企业的所有权、经营权、监督权完全集中在总部，由总部根据统一的事业规划方针，负责连锁企业的人事、财务、投资、分配、采购、促销、物流、商流、信息等方面的高度集中统一管理与经营，门店的业务必须按总部的指令行事。因此，直营连锁企业必须顺利地推进合理的分工体制，即总部必须设置分工明确、专业精细的内部管理机构及各门店的层级管理制度、各类责任制度、与工效挂钩的分配制度和规范的门店管理制度，以利于连接总部与各职能部门及门店的统一运作。

3.总部门店关系——企业内部专业化分工关系

因直营连锁企业是同一资本开设各门店，总部与门店之间属于同一投资人所有，二者之间是企业内部专业化分工关系。各门店店长是连锁企业的雇员而不是所有者，不是老板，所有门店的店长均由总部委派，店长无权决定门店的利润分配，因为整个连锁企业实行统一的核算制度，所以各个门店的工资、奖金由总部依据连锁企业制定的标准来决定。

2.1.3 直营连锁的优劣势

1.直营连锁的优势

直营连锁企业资本属于同一所有者，企业可以统一调配资金、设备、商品及人员，有利于充分利用企业资源，提高经营效率；各连锁门店不是独立主体，其关闭、调整和新店的开发基本上属于连锁企业内部的事务，受外界制约相对较少。因此，总部对门店的布局和新店开发具有较大的灵活性和方便性。另外，直营连锁的经营管理高度集中统一，各门店可以完全按照总部的指令进行门店的经营与销售，总部的方针、经营策略可以得以贯彻实施。

2.直营连锁的劣势

采用直营连锁方式的主要劣势在于，同一资本开设门店，要求总部必须具有较强的经济实力；同时由于权利高度集中于总部，可能导致门店人员的积极性、创造性和主动性等方面受到制约。因而，直营连锁企业的总部要能够处理好集中管理和分散经营的关系，避免产生总部管理的官僚主义。

2.1.4 直营连锁的行业选择

直营连锁主要适用于零售业，特别是大型百货商店和超级市场。其主要原因是这类商业企业都需要巨额的投资和复杂的管理，如果采用特许连锁的方式来发展，管理难度就较大。例如，一直稳居全球百强零售企业前几名的美国沃尔玛（Wal-Mart）、法国家乐福（Carrefour S.A.）、德国麦德龙（Metro AG）等都采用直营连锁的方式。

@ **精选案例2-1**

顺丰得意，直营之路稍占上风

春节过后，其他快递公司积压快件、疑似倒闭的言论在网上发酵流传时，顺丰速运入选"2017青年消费50强榜单"，排名第12位。顺丰速运作为唯一一家入选"青年消费50强"的快递公司，证明了服务最好、价格最贵的直营快递模式受到消费者的青睐和肯定，而以价格平民、业务量全国第一的加盟快递模式为代表的圆通则无缘榜单，直营与加盟之争或已优劣立显。

在直营模式下，顺丰以自有的庞大网络、IT系统、运力尤其是国内快递企业少见的货运飞机保证了速递业务的速度与安全。而在借壳上市后所募资的近百亿元资金将持续专注于干线网络、航空机队、信息平台、冷链项目的建设，顺丰在鄂州建立的航空枢纽将作为基点覆盖全国的航空货运网络，未来将会为公司释放更多的利润空间。

与加盟式快递服务商相比，直营的模式具有三大优势：其一，形象统一、管理统一、服务统一；其二，管理效率高，指令能快速下达传导至各分支机构；其三，整体信息化水平较高，操作规范且投递速度快。直营的最大劣势在于其资金需要量大，管理成本高。

在业界，顺丰的服务和价格都是最高的。在服务质量上，2015年国家邮政局《关于邮政业消费者申诉情况的通告》显示，每百万件快递的申诉率全国平均为13.38，顺丰速运的申诉率只有2.06，申诉率全国最低。另一项有关快递服务质量的排名也出自国家邮政局的72小时准时率排名，2014年和2015年顺丰连续两年排名行业第一，其他加盟式快递公司的排名落在后面。直营模式的优势由此可见一斑。

资料来源　佚名. 顺丰得意圆通失意　直营与加盟之路谁占上风？[EB/OL]. [2017-02-27]. http://www.redsh.com/ppnews/20170227/150851.shtml.

2.2 特许连锁

2.2.1 特许连锁的定义

特许连锁又称合同连锁或特许加盟连锁（Franchise Chain，FC）或契约联合店，是一种以契约为基础的企业经营方式。各特许加盟分店必须在主导企业所要求的"统一店名、统一店貌、统一采购、统一配送、统一经营、统一价格、统一管理"下从事经营活动。但是，各特许加盟分店的"财务权"和"人事权"属于各特许加盟店所有，主导企业无权管理。各特许加盟店的盈亏也由各店自主承担，主导企业没有分享和分担的权利和义务。

特许连锁作为当今世界上发展最快的连锁形式，曾被美国未来学家奈斯比特誉为21世纪最主要的商业经营模式。美国商务部对特许连锁的定义是："主导企业把自己开发的商品、服务和营业系统（包括商标、商号等企业象征的使用、经营技术、营业场所和区域），以契约的形式授予加盟店在规定区域内经销或经营，加盟店则交纳一定的营业权使用费，并承担规定的义务。"

美国特许连锁协会对特许连锁的定义为："特许经营是由一方（特许权所有方）给予另一方（特许权接受方）的合同性特许。它包括：①在特许经营时期内，同意或要求特许权接受方在特许权所有方的名义下，或在与其有关的名义下，或使用它的名义从事某一商业活动；②授予特许权所有方在特许经营时期内连续行使管理控制的权利，在该时期内，特许权接受方在其商业活动中须服从于特许权所有方；③要求特许权所有方对特许权接受方的商业活动提供帮助（关于特许权接受方在商业活动组织方面的帮助有：人员培训、推销、管理等）；④在特许经营时期，要求特许权接受方按期向特许权所有方交纳钱款，其数量按特许性质或按特许权所有方提供的商品或服务量计算；⑤双方之间的关系不是持股公司与其子公司或同一持股公司下属的子公司的关系，也不是个人与受许人控制的公司之间的关系。"

日本特许连锁协会对特许连锁的定义是："特许经营权是指特许者同其他事业者之间缔结合同，特许者特别授权特许加盟者使用自己的商标、服务标记、商号和其他作为营业象征的标识和经营技巧，在同样的形象下进行商品销售。此外，加盟者要按销售额或毛利的一定比例，向特许者支付报偿金，并对事业投入必要的资金，在特许者的指导及支持下开展事业，双方保持着持续性的关系。"

我国 2007 年 5 月 1 日起施行的《商业特许经营管理条例》（中华人民共和国国务院令第 485 号）中规定："特许经营是指拥有注册商标、企业标志、专利、专有技术等经营资源的企业（特许人），以合同形式将其拥有的经营资源许可其他经营者（被特许人）使用，被特许人按照合同约定在统一的经营模式下开展经营，并向特许人支付特许经营费用的一种经营方式。"

2.2.2　特许连锁的特点

特许连锁与直营连锁相比，更利于总部的规模扩张。其一，特许连锁不需总部过多投资，是典型的利用自己的专有技术与他人资本相结合来扩大经营规模的一种商业发展模式；其二，经济的发展使市场中出现了大量的、苦于没经验和技术的、不能独立开店的投资者，连锁企业总部成功的样板店足以吸引这些投资者的加盟。特许连锁的基本特征如下：

1.联结纽带——特许授权经济合同

特许连锁的核心是特许权的转让。总部与加盟店之间通过一对一的签署特许授权的经济合同，总部作为转让方，将自己具有的独一无二的产品、服务、营业技术，或商标、商号等物质技术或知识产权授予加盟者在一定地区的垄断使用权，并在开店过程中持续给予经营指导。这种特许授权经济合同通常不是由双方协商确定的，而是由连锁企业总部制定的。加盟者只有接受既定的合同内容才能加盟连锁系统。加盟者必须按总部提供的各项标准进行生产经营；必须按总部提出的经营管理方法办事；必须按合同规定的数量和方式向总部交纳一定的特许费用等。这些特许费用包括：首次加盟费、特许商品销售额或所得利润的提成费等。总部也在合同中承诺相应的授权责任与义务，如提供必要的技术指导，提供独有商品、原材料，允许使用商标，允许进行必要的员工技术培训等。

2.运作方式——实行所有权分散与经营权的集中

各门店店长是加盟者，不受聘于总部，加盟店仍然具有独立的企业法人资格，对其各自的门店拥有所有权，而经营权高度集中于总部。加盟店拥有加盟企业的人事、财务权，有些加盟店还有部分进货权。但是加盟者必须按特许合同的规定严格执行生产经营任务，没有独立的生产经营权。

　　3.总部与加盟店的关系——一对一纵向关系

　　正因为特许经营是通过总部与加盟店签订一对一特许合同而形成的，因而总部与加盟店的关系是一对一的纵向关系，而各加盟店之间不存在横向联系。

2.2.3　特许连锁的优劣势

　　1.特许连锁的优势

　　采用特许连锁经营方式，对连锁企业总部、加盟店乃至整个社会都具有明显的优势。

　　（1）对特许人（总部）的优势。对特许经营企业的总部来说，能以较少的资金和有限的人员，迅速发展事业、占领市场、扩大经营，实际上具有一种融资的功能。同时，特许权的转让也能为连锁企业积累大量的资本，使连锁企业的无形资产变为有形资产，从而增强连锁企业的实力和发展能力。因此，特许经营是利用自己的专有技术与他人资本相结合来扩张经营规模的一种经营模式，特许经营是技术和品牌价值的扩张而不是资本的扩张。

　　（2）对受许人（加盟者）的优势。对于加盟者，尤其是对那些具有一定资本、希望从事商业活动但又苦于没有经营技术和经验的企业和个人来说，加盟是一个很好的发展机会。一旦加盟，既可以利用总部的技术、品牌和商誉开展经营，又享有总部全方位的服务，享受连锁系统的广泛信息，所以成功的机会大、经营风险较小、利润比较稳定。

　　（3）对社会的优势。对社会而言，通过特许连锁方式来发展商业网点，不仅能提高商业的组织化程度，而且也有利于中小企业的健康、稳定发展。

　　2.特许连锁的劣势

　　（1）对特许人（总部）的劣势。受许人经营上的任何问题都会影响整个特许体系的稳定发展。如果受许人不顾特许体系的健康发展，只顾自己的小利益体，私自降低服务质量、抬高价格或损害消费者权益，消费者就会认为是特许人的过错，进而对特许品牌产生不信任，特许企业将会受到一定影响。

　　同时受许人能力千差万别，如果因为其对整个特许品牌文化理解的差异、服务能力的有限而降低品牌声誉，对特许人来说得不偿失。

　　（2）对受许人（加盟者）的劣势。首先，受许人经营受到严格约束，缺乏自主权。受许人加入特许经营组织后，其付出的最大代价便是自由度受到限制。从商店的布置、商品的陈列、经营的商品品种、经营价格、经营方式，甚至营业员的行为、语言、着装都必须跟总部规定的步调一致，分店只有服从总部安排的义务。缺乏自由，就可能使投资者失去应变能力。比如当受许人发现附近出现了新的竞争对手，对方某些商品的售价比自己低因而抢去了不少生意。此时，受许人没有权力灵活调整商品售价，只能是向总部反映，如果总部不愿为了个别受许人而改动全线商品价格，则受许人也无计可施，只好眼睁睁地看着邻店抢去自己的生意。

　　其次，受许人过于依赖总部。由于受许人处处服从特许人领导，又会使自己变得过于依赖总部，从而失去个人动力，而个人动力对建立一个成功的企业和充分利用体系所提供的基础是十分必要的。有些受许人会因为依赖而失去洞察力，他们错误地以为总部有责任事事关心受许人，担保他们有大批顾客，提供日常的服务，这些想法都是不切实际的，有碍于特许事业的发展。

最后，特许人出现决策错误时，受许人会受到牵连。投资者若加入了特许经营组织，就等于将自己的投资得失全部与特许体系挂上了钩，是成是败，在很大程度上受总部的影响。尽管加入特许组织可以降低经营风险，但并不意味着完全没有风险，特许经营失败的例子也有很多，这些失败的例子有一个共同的教训，即总部决策失误。由于受许人的一切事务均由总部安排，受许人失去了经营自由，一旦总部出现了问题，或者支援上出现了阻滞，受许人便会受其牵连，无法应变。如果总部在制定有关企业革新的决策上出现失误，就会使整个加盟体系遭受损失甚至全盘失败，任何加盟店都无法独自逃脱。

（3）对社会的劣势。

第一，特许企业过分标准化的产品和服务，既呆板缺少新意，又不一定适合当地情况。

很多投资者加盟连锁体系，除了风险较少之外，还有许多便利，包括采购、货运及补给方面完全不用操心，全部由总部安排，这确实是一个好处。但从另一个角度看，这种高度统一的标准化产品和服务，又会出现另一个弊端，即呆板和缺乏新意。一般来说，受许人只能按照特许人已制定的程序来做，想临时改变一些商品的售价或一些经营策略都很难，更不用说花样创新了。而且，受许人所有的商品、设备、原料、加工品都由总公司统一分配，几年如一日地提供同一种商品和服务，可能会对顾客越来越失去吸引力。

第二，受加盟赚取加盟费的巨大商业利益驱使，很多加盟项目没有核心竞争力，盲目特许经营，使社会加盟项目异常混乱和繁多，增加了社会管理成本，也造成了很多中小投资人的投资失误，影响了社会特许加盟的正常发展。

2.2.4　特许连锁的行业选择

特许连锁一般来说，比较适合那些名气大、经营管理方面有独到经验的企业，通常以其独一无二的产品、服务、营业技术等特许权作为联结纽带，发展特许经营，壮大自身规模。

特许连锁作为一种商业组织形式和经营制度，几乎适用于所有的领域，从零售百货到衣食住行，走到大街上几乎都是连锁店，让人目不暇接。服装、鞋类品牌加盟店是特许连锁在发展初期的主要业种。例如，休闲服装美特斯邦威，运动品牌李宁、达芙妮女鞋等品牌；餐饮业的特许企业，涵盖了从中餐到西餐，从小吃到火锅，从快餐到正餐等的各门类，比较著名的品牌有麦当劳、肯德基、必胜客这类美式快餐，还有永和豆浆、小肥羊、味千拉面、全聚德、真功夫等不胜枚举；药品保健品护理用品专卖店有屈臣氏；洗染业的福奈特；经济型快捷酒店的如家酒店等。

此外，在其他行业，如理发、美容、搬家、照相、扩印、电器维修乃至汽车加油站、出租汽车公司、二手房中介等领域，都可以大力发展特许连锁。

@ 小资料2-1

2016中国特许百强出炉　新增加盟网点2万余个

2017年6月6日，中国连锁经营协会发布2016中国特许连锁百强名单，并首次推出Top100特许经营发展指数。数据显示，中国特许加盟市场发展活跃，成为实体连锁活力纷呈的板块。2016年，特许百强企业新增加盟网点2万余个，比上年增长22%，相当于平均每家企业新开了200个加盟店。

虽然特许百强企业经营规模增长较快，但单店销售额同比增长仅为2%，单店平均销售增长率超过10%的企业仅有21家，有近40%的企业单店平均销售额出现负增长，反映出加盟店经营质量不高，销售业绩差强人意，企业销售规模的提高更多依赖于门店数量的增加。

值得一提的是，中国连锁经营协会以特许百强的经营数据为依托，首次推出Top100特许经营发展指数，简称特许指数。该特许指数由体系规模系数、加盟人气系数和单店业绩系数三部分构成。以2015年特许百强数据为基准100计算，2016年特许指数为114。其中，体系规模系数为121，加盟人气系数为122，单店业绩系数为102，几个系数说明，与上一年相比，2016年特许经营总体发展良好，企业规模持续扩大，加盟投资热情持续高涨。同时我们也看到，企业单店销售增长相对滞后，盈利能力有待提升。

分业态的特许经营发展指数包括便利店、汽车服务、快餐和连锁酒店等。其中，汽车服务业的特许经营发展指数为178，便利店为119，快餐业态为108，连锁酒店为104。

资料来源　联商网. 2016中国特许百强出炉　新增加盟网点2万余个［EB/OL］.［2017-06-06］. http://www.linkshop.com.cn/web/archives/2017/379291.shtml? sf=wd_search.

2.3 自由连锁

2.3.1 自由连锁的定义

自由连锁，又叫自愿连锁或合作连锁（Voluntary Chain，VC），是企业之间为了共同利益而采取的合作方式，是现有的独立零售商、批发商、制造商之间的横向或纵向的经济联合。

美国商务部对自愿连锁店的定义是：由批发企业主导而组织的零售连锁集团，连锁体系内的各零售连锁分店所经营的商品全部或大部分从该主导批发企业统一进货。作为对等条件，该主导批发企业必须向零售企业提供各项规定的服务。

日本通产省的定义是：分散在各地的众多的零售商，既维持各自的独立性，又缔结着永久性的连锁关系，使商品的进货及其他事业共同化，以达到共享规模利益的目的。

我国自愿连锁的定义如下：自愿连锁是指在激烈的商业竞争环境中，一些经营业务相同的商业企业，为了达到降低经营成本、提高商品采购规模、增强市场竞争能力的目的，以某个有实力的企业为主导，联合若干其他企业，或若干地位相等的企业，共同协商、自愿联合、签订合同，在保持各自企业法人地位独立、财产独立、财务独立、人事独立的前提下，在店名、店貌、采购、进货、配送、经营、销售和服务等方面实行统一规范的管理，组成一个连锁经营体系，共同经营同类业务的连锁形式。

总之，自由连锁是指通过签订自由连锁经营合同，总部与具有独立法人资格的门店合作，各门店在总部的指导下集中采购、统一经销的经营模式。根据自由原则，自由连锁体系中的各门店可以自由地加入连锁体系，也可自由退出。

2.3.2　自由连锁的特点

自由连锁的最大特点，在于各门店在所有权和财务权上是独立的，与总部没有所属关系，只是保持在经营活动上的协商和服务关系，如统一订货和送货，统一使用信息及广告宣传，统一制定销售战略等。自由连锁的特征具体表现在以下三个方面：

1.联结纽带——协商制定合同

总部与各加盟的成员店间，是通过合同作为纽带联结在一起的。合同是各成员之间通过民主协商制定的，而不是特许连锁那样的定式合同。其合同的约束力比较松散，一般以合同规定的加盟时间一年为单位，加盟店可以随意退出自由连锁组织，在自由连锁的合同上并未规定随时退出具体的惩罚细则。

2.运作方式——保留单个资本所有权基础上的"联购分销"机制

自由连锁拥有众多分散的零售商加盟成员，这些零售商一般是小型的，但是独立的，门店的资产归门店管理者所有。各加盟店在保留单个资本所有权的基础上实行联合，集中订货和统一进货，统一制定销售战略，统一使用物流及信息设施。自由连锁的核心是共同进货，各加盟店不仅独立核算、自负盈亏、人事自主，而且在经营品种、经营方式、经营策略上也有很大的自主权，但要按销售额或毛利的一定比例向总部上交加盟金及指导费。

3.总部与门店的关系——协商、服务

自由连锁企业拥有一个或几个核心企业作为强有力的总部组织，该总部组织通常是已经存在的企业，有的是单独设置，有的是由核心主导企业兼行总部职能，因而可以是批发企业，也可以是大型零售企业兼任。各加盟店在保留单个资本所有权的基础上实行联合，总部同加盟店之间是协商、服务关系。与特许连锁加盟店之间无横向联系不同的是，自由连锁加盟店之间有横向联系。

自由连锁总部的职能一般是：确定组织大规模销售计划；实行共同进货；联合开展广告等促销活动；开展业务指导，包括店堂装修、陈列等；组织物流，开展合理的商品配送业务；组织教育培训；共同利用信息；开展资金融通；开发扩大商店数；指导财务和劳务管理等。

2.3.3　自由连锁的优劣势

1.自由连锁的优势

自由连锁的优势在于，其门店独立性强、自主权大、利益直接，有利于调动其积极性和创造性；连锁系统的集中管理指导，有利于提高门店的经营水平；统一进货、统一促销，有利于各门店降低成本，享受到规模效益和总体组织化的好处；总部投资少，布点快。

2.自由连锁的劣势

自由连锁的劣势在于，联结纽带不紧密，凝聚力弱；成员企业独立性大，总部集中统一运作的作用受到限制，组织不够稳定，发展规模和地域有局限性；门店过于民主，决策迟缓，竞争力受影响。

2.3.4　发展自由连锁的意义

自由连锁的发展与商业经营的传统风格有密切关系。如美国，自20世纪50年代以后，批发企业逐渐认识到了与零售企业建立稳定关系的重要性，因此，通过多种方式来吸引零售企业，最终形成了以批发企业为主导的自由连锁系统。而在日本，中小企业之间历来具有很强的合作意识，在市场竞争的外部压力下，日本的许多中小企业逐渐走上了以互助合作为特征的自由连锁之路，所以，日本的自由连锁在其发展初期以零售主导型为主。

我国自由连锁在发展中遇到了一些问题，其中很重要的原因是缺乏持久的合作精神以及过多考虑局部的近期利益，当近期利益受到一定的影响时，往往宁愿放弃合作所能带来的长远利益而偏好独立自主的经营。

然而，在今后市场竞争日益加剧的情况下，发展自由连锁具有重要的积极意义。首先，有利于中小零售商业的保护与发展，形成合理的商业结构。从社会需要的角度来看，中小零售商业的存在是必不可少的，其可以通过灵活的经营方式和同消费者的贴近性来满足消费者的特定需要，同时中小零售商业也是解决社会就业和保持社会稳定的重要途径。而对中小零售商业最有效的保护和支持，应当是提高其自身的竞争能力。发展自由连锁，是提高中小零售商业市场竞争能力的有效途径。

其次，有利于中小零售商业的规范管理，提高其经营水平和经营质量。中小零售商业有其经营灵活性较强的优点，但大多数经营管理水平并不高。而在现代市场竞争中经营管理水平对于零售企业市场竞争力的提高是至关重要的。因为较高的管理水平可改善企业在消费者心目中的形象，并降低其经营成本。自由连锁通过规范成员店经营行为，实行统一采购、配送、定价和促销的做法，就能有效地改善中小零售企业的经营管理，提高其经营质量。不仅能使其更好地满足消费者的需要，也能提高其自身的经营效益。同时由于自由连锁企业的联购分销，供货商（生产企业或批发企业）的资金能尽快回笼，供应量能相对稳定，也有利于其发展生产和经营，从而有利于社会经济的良性循环。所以推动自由连锁的发展，实际上是真正把连锁经营机制扩展到全社会，推动社会商业的整体发展。

@小资料2-2

2016年主要外资连锁企业经营情况

2017年5月16日，中国连锁经营协会发布了"2016年主要外资连锁企业经营情况"（见表2-1），大润发位列第一位，沃尔玛、百胜中国分列第二、三位。

表 2-1　　　　　　　　　　2016年主要外资连锁企业经营情况

CCFA2017年5月16日发布

序号	企业名称	2016销售（含税万元）	销售增长率（%）	2016总门店数（个）	门店增长率（%）	备注	
1	康成投资（中国）有限公司（大润发）	9 329 000	4.0%	368	9.9%	①	★
2	沃尔玛（中国）投资有限公司	7 669 751	4.3%	439	1.6%		★
3	百胜中国	5 445 000	5.3%	7 500	7.1%	②	★
4	家乐福中国	5 047 523	25.9%	319	36.3%	③	★
5	麦当劳（中国）有限公司	* 2 100 000	5.0%	2 400	4.3%		★
6	郑州丹尼斯百货有限公司	2 080 000	15.6%	411	39.3%		
7	锦江麦德龙现购自运有限公司	1 930 000	1.0%	87	6.1%		★
8	屈臣氏中国	* 1 852 980	2.3%	2 929	18.0%		★
9	欧尚（中国）投资有限公司	1 806 748	-0.4%	78	5.4%	④	★
10	百盛商业集团有限公司	* 1 659 850	-8.3%	53	-8.6%		☆
11	宜家（中国）投资有限公司	1 514 095	15.8%	21	16.7%		★
12	卜蜂莲花	1 300 000	-3.7%	82	0.0%		★
13	新世界百货投资（中国）集团有限公司	* 1 150 000	-10.2%	42	-2.3%		★
14	永旺（中国）投资有限公司	1 117 145	4.9%	56	3.7%		★
15	中国全家FamilyMart	657 500	26.5%	1 810	20.6%		★
16	伊藤洋化堂（中国）	600 000	-7.7%	8	-27.3%		★
17	7-11中国大陆	* 576 000	13.4%	1 371	242.8%		★
18	百安居（中国）投资有限公司	475 904	14.6%	38	0.0%		★
19	百佳超市（中国）	321 086	-17.3%	54	-15.6%		★
20	罗森（中国）投资有限公司	172 900	127.0%	1 003	79.5%		★
	合计	46 805 482	5.9%	19 069	18.7%		

注：1.★表示为中国连锁经营协会会员企业，☆表示其下属公司为协会会员企业，△表示其母公司为协会会员企业。

2.数字前面带*为估计值。

3.百强统计采用销售规模口径，包括门店含税销售额和企业批发含税销售额，其中门店包括直营店、加盟店、以公司品牌输出管理的连锁店。销售规模的统计不包括内部交易、企业的批发市场交易额、汽车、加油站及农资等生产资料销售额。

4.部分企业数据说明：

①部分企业数据说明：

②百胜中国2016年销售544.5亿元，基于年报公布的82亿美元，按汇率6.64换算得出。

③家乐福中国统计口径发生变化，2016年销售额及门店数为大中华区销售额及门店数。

④作为欧尚、大润发和飞牛网等的投资母公司，高鑫零售2016年销售额为1 135.2亿元人民币。

2.4 连锁经营模式的主要特征比较

特许连锁、直营连锁和自由连锁之间的关系，正如尺有所短、寸有所长一样，每一种连锁都有其自身的特质、优缺点及适用面，因此不能简单地断定孰优孰劣。同一连锁企业内部，可以同时采用直营连锁、特许连锁和自由连锁三种经营形式，同一连锁企业在不同发展阶段也可以选择不同的经营模式。连锁企业应根据自身的经营特点，适应内外部市场环境，选择该阶段最适应自身发展的经营模式，实现最大的规模效益和又好又快的发展。

2.4.1 三种连锁经营模式的共同点

无论是直营连锁、特许连锁还是自由连锁，都是连锁模式，具备连锁企业特有的经营特征。每一种连锁模式均由多门店组成，都有一个总部作为统一的组织机构进行管理。同时每种连锁模式均在产品与服务方面采取标准化、规范化营运标准。在商品的采购、储备、门店结构及管理系统方面均不同程度地要求标准化与规范化操作。总部作为统一组织机构，其功能主要在于商品的采购、储存、配送、定价和促销，而各个门店的功能在于进行商品的实际销售。

2.4.2 三种连锁经营模式的所有权比较

直营连锁企业的门店无论有多少，都是由一个投资主体投资开办的，属于一个资产所有者。各门店不具有企业法人资格，不能作为独立的企业存在。各门店的店长也是由总部直接委派的管理人员。

在特许经营企业中，各加盟者对其门店拥有所有权，而经营权高度集中于总部。各门店店主是加盟者，不受聘于总部，加盟店甚至还有部分用工权和进货权。加盟店仍然具有独立的企业法人资格和企业的人事、财务权，但是加盟者必须按特许合同的规定严格执行生产经营任务，没有独立的生产经营权。

相对于直营连锁资产所有权的单一性来说，自由连锁集团是在具有独立法人资格的各商业企业之间进行联合而形成的。其中，无论是核心企业还是加盟企业，资产所有权都是独立的，整个连锁集团中呈现出资产所有权多元化的特点。

2.4.3 三种连锁经营管理模式比较

直营连锁一般都采用"总部—门店"的直接管理模式，即以总部为核心，在人事、财务、价格、经营、分配等方面对所属所有门店进行直接的、全面的管理。各门店只能执行总部的管理与决策，不能脱离总部的管理体系独立地进行商业经营。

特许经营是以经营管理权控制所有权的一种组织方式，在特许经营企业中，加盟者必须按特许合同的规定严格执行经营管理任务，加盟者投资特许加盟店并对门店拥有所有权，但该门店的最终管理权仍由特许人掌握。

自由连锁的经营管理模式最为松散，无论是总部还是各门店，在加入自由连锁组织之后，原来的独立法人资格并未消失，每个企业仍在资产所有权、财务权、人事权和一定范围的经营权等方面保持着自主性和独立性。

@ **精选案例2-2**

1 990家！开了26年直营店的美乐为何启动加盟？

随着大连锁模式快速下沉，竞争加剧，区域连锁都在试图走出原本的"舒适区"。目前26年以来一直走直营路线的四川美乐也向外界公布了其加盟店计划。

美乐一直没开加盟店，为什么在这个时候启动加盟？

美乐认为，加盟业务的难点在于管理，如果管理跟不上，则可能让加盟商兵败滑铁卢，同时又可能搞砸美乐这块金字招牌。美乐担心过早地开放加盟，可能会因为加盟商追求利益的短期行为而损害美乐的品牌形象，这将给美乐造成无法挽回的损失。所以，美乐一直没有开放加盟。

2014年美乐集团通过正式收购希尔顿旗下位于美国洛杉矶的Double Tree酒店，认识到特许加盟的核心在于"标准化的管理"。通过收购海外酒店，美乐在这期间学习到了国外先进的连锁加盟管理模式。经学习及借鉴，美乐最终打造出了"投资性加盟，托管式经营"的加盟模式，因而在2016年启动了加盟业务板块。

美乐的加盟标准是什么？

美乐实施的是一种"投资性加盟，托管式经营"的加盟模式。美乐将加盟商定位为投资商，在加盟商取得加盟权投资开设加盟店后，加盟商需要将店面委托给美乐进行日常的经营管理。

美乐将对加盟店实施"统一形象、统一管理、统一配货、统一价格、统一营销、统一收银"的全托管式经营，最大限度地降低加盟商的经营风险。加盟商享有知情权、建议权和督查权，但并不参与门店具体的经营管理，经营权全权委托给美乐总部。

资料来源　韩俊仪. 1 990家！开了26年直营店的美乐为何启动加盟？〔EB/OL〕.〔2017-08-28〕. http：//www.linkshop.com.cn/web/archives/2016/357002.shtml？sf=wd_search.

2.4.4　三种连锁经营核算制度比较

直营连锁实行总部统一核算制度，各连锁门店只是一个分设的销售机构，销售利润全部由总部进行统一分配。

特许连锁具有资产独立性的特征，特许连锁门店之间以及连锁门店与总部之间的资产都是相互独立的。特许连锁门店与其总部都是独立核算的企业，因此特许连锁实行总部与加盟店各自独立的核算制度，而加盟店只要在加盟时依照合同规定向总部一次性缴纳品牌授权金（加盟费、保证金等），并在经营过程中按销售额或毛利额的一定比例向总部上缴"定期权利金"。

相对于直营连锁在管理权限上的直接性来说，自由连锁集团内各连锁门店之间的责、权、利关系则通过民主协商，以合同的形式共同确定下来，并由合同制约和维系着这个自由连锁集团的经济关系。所有自由连锁门店在经营过程中实行独立核算制度，同时也向总部按合同规定缴纳管理费。

三种连锁经营模式的主要比较，见表2-2。

表2-1　　　　　　　　　　　　　　**三种连锁经营模式的比较**

项　目	直营连锁	自由连锁	特许连锁
决策	总部作出	参考总部旨意，门店有较大自主权	以总部为主，加盟店为辅
资金	总部出资	加入店出资	加盟店出资
经营权	非独立	独立	总部统一指导下的分散经营
门店店长	总部任命	加入店之店主	加盟店之店主或聘请
商品供给来源	经由总部供应	大部分由总部供应，部分自己进货	经由总部供应
价格管理	总部规定	自由制定	原则上总部规定
促销	总部统一实施	自由加入	总部统一实施
总部与门店的关系	完全一体	目的共同体	管理、法律共同体
总部对门店的指导	按照营运手册实施	仅要点式地指导	按照营运手册实施
教育训练	全套训练	自由利用	全套训练
门店上缴给总部的指导费	无	5%以下	5%以上
合同约束力	总部规定	松散	强硬
合同规定加盟时间	无	多为一1年	多为5年以上
外观形象	完全一致	基本一致	完全一致

本章小结

在连锁经营的探索、发展与完善过程中，按照所有权与经营权集中程度不同逐渐形成了三种模式，即直营连锁、特许连锁和自由连锁。

直营连锁是连锁企业的店铺均由公司总部全资或控股开设，在总部的直接领导下统一经营。总部对各店铺实施人、财、物及商流、物流、信息流等方面的统一经营。直营连锁作为大资本运作，利用连锁组织集中管理、分散销售的特点，充分发挥了规模效应。

特许连锁是特许者将自己所拥有的商标、商号、产品、专利和专有技术、经营模式等以特许经营合同的形式授予被特许者使用，被特许者按合同规定，在与特许者统一的业务模式下从事经营活动，并向特许者支付相应的费用。

自由连锁也称自愿连锁。连锁企业的店铺均为独立法人，各自的资产所有权关系不变，在公司总部的指导下共同经营，并按合同开展经营活动，各成员店可自由加入连锁体系，也可自由退出。

基于连锁经营的三种模式，企业在进行经营模式设计时还需考虑到此种模式的经营目标、盈利模式及经营措施等，以及通过三种模式的组合，来确立企业连锁经营的发展模式，设置最有效的连锁企业发展路径。

思考与实训

1.填空题

（1）根据联结纽带和联结运作方式的不同，可以将连锁经营模式分为_____、_____、_____三种。

（2）以资本为联结纽带的连锁形式是_____。

（3）特许连锁适合于_____、_____的企业。

（4）_____模式联结纽带不紧密，凝聚力弱。

2.选择题

（1）直营连锁运作方式的特点是（　　　）。

A.经营管理的高度集中统一　　　　　B.实行所有权的分散与经营权的集中

C."联购分销"机制　　　　　　　　　D.以上都对

（2）特许连锁加盟店拥有的权利不包括（　　　）。

A.人事权　　　　　　　　　　　　　B.经营权

C.所有权　　　　　　　　　　　　　D.财务权

（3）自由连锁企业的联结纽带是（　　　）。

A.协商制定合同　　　　　　　　　　B.总部统一制定加盟合同

C.资本　　　　　　　　　　　　　　D.权利

3.简答题

（1）简述连锁企业选择直营模式的利弊。

（2）自由连锁模式的特点有哪些？

（3）比较直营连锁与特许连锁的异同。

4.实训项目

上网查询"知名连锁企业"在不同发展阶段连锁经营模式的演变，并分析其选择的理由。

案例分析

为什么海底捞做直营，麦当劳做加盟？

海底捞和麦当劳都是餐饮界的标杆企业，品牌美誉度都属于业内顶级。但是它们选择了截然不同的两个发展方向：海底捞坚持直营，而麦当劳则在创立之初就是个加盟品牌。

表面上看，做直营的品牌通常会标榜自己"坚持品质"。而做加盟的品牌会说自己出于"共享价值"，开放拥抱合作者云云。其实，直营或加盟的选择，并不是"品质"与"共享"这么简单。

一、"做好"和"做到"差别很大

顾客选择海底捞的因素往往是：服务好，人气高，有面子，环境舒适，体验有保障等，这些都是感性因素。而麦当劳呢，虽然作为美国文化的代表曾经风靡大江南北，但是现如今大家选择麦当劳的因素往往是：方便快捷，价格合理，干净卫生，口味稳定等，这些都是理性因素。

大家不难发现，对于商家来说，感性因素的绩效标准是"做好"，至于什么叫"做好"，很难有量化的标准。譬如，海底捞的服务，微笑露出八颗牙就可以了吗？对一桌客人主动嘘寒问暖三次以上就合格吗？

而理性因素的绩效标准是"做到"。方便快捷怎样做到？客户点单到餐齐，1分钟之内就是做到。干净卫生怎么做到？严格按照操作流程，无异物无过期原材料就是做到。口味稳定怎么做到？还是严格按照操作流程，严格采用总部供应链货源就能做到。麦当劳的所有理性因素，几乎都可以转化成具体指标来考核。

所以，"感性指数"高的品牌如果做加盟，那么对加盟商的要求也只能是"做好"，这样的话，很可能是加盟商并不是不想做好，而是太想做好但不知道什么样才算做好。这样的品牌是不适合做加盟的，只有建立强势的企业文化，由此日夜熏陶出来的直系员工，才有可能"做好"。这就是海底捞坚持直营的原因。

而"理性指数"高的品牌，一切指标都可以量化，那么对于加盟商就有了很好理解的标准，只要按照标准考核，直营店人员和加盟店人员其实并无区别。而加盟可以摆脱重资产的牵绊，使品牌能够快速上规模地发展，何乐而不为。所以麦当劳开放加盟不动摇。

二、生存环境不同，选择道路也不同

海底捞虽然生于二线城市，但是对于这种带有轻奢成分的品牌，一线城市才是最适合它生存的土壤。而全国上下有消费能力的一线城市是有限的，也就意味着海底捞开店进程需要根据全国消费升级的进程慢慢来。既然无法享受快速开店带来的规模化红利，就要追求单店利润了。而直营在单店利润上会完爆加盟，所以海底捞必然要走直营路线。

麦当劳呢，本来就是在美国乡村创立的品牌，而无论阳春白雪还是下里巴人，都需要快餐。所以只要有人的地方，就可以有麦当劳，放眼望去，全球都是未开垦的处女地。此时，快速扩张，取得规模化优势，强化品牌壁垒就是麦当劳的第一需求。加盟模式的优点一个是省资本，一个是速度快，和麦当劳的诉求一拍即合。如今麦当劳在全球有2万多家店，如果走直营模式可能需要几百年才能有现在的规模。

三、与用户接触越多，越不适合加盟

用户接触指数指的是用户与品牌接触点的多少，接触点越多，接触面积越大。

比如一次海底捞的就餐体验，从进门开始，用户就完全处于店面环境中了，店内装修环境、氛围、温度、音乐，都构成了接触点。迎宾、带位、点餐、上菜、加水、处理客户临时需求、结账，无不是服务员代表品牌方与用户的接触，而且顾客一次就餐时间动辄两三个小时，这期间与品牌的接触点多到无法想象。接触点越多，越需要品牌方对店内强有力的控制，这样才可以保障体验的正确与完整。控制力的前提是控制权，而选择加盟模式，品牌方对店铺的控制权就不完整，有劲儿也没处使，一定会对用户体验造成折扣。对于以服务著称的海底捞，绝对不会允许这种情况发生，所以坚持直营是理所当然的。

麦当劳的用户接触指数就很小。用户进店，直奔点餐台，点餐、付款、取餐一气呵成。需要控制的点少了，加盟模式走样的可能性就小了。

资料来源　优粮 DX 闫寒校长. 为什么海底捞做直营，麦当劳做加盟？[EB/OL]. [2017-05-21]. http://www.linkshop.com.cn/web/archives/2017/378085.shtml? sf=wd_search.

案例解析：直营连锁与特许连锁是连锁经营的两种主要模式，各具特点，具有不同的适用条件。直营连锁由于在总部的全权掌控下，更能全面保证连锁企业的统一性、规范性，更好地诠释企业文化和特色；与直营连锁相比，特许连锁发展加盟店，总部出资较少，不需要较大投资，就可以迅速扩大其规模，是一种典型的以无形资产换有形资产的经营模式。

请思考：

（1）直营连锁与特许连锁各具有哪些特点？

（2）直营连锁与特许连锁模式对企业规模化发展有何意义？

第3章

连锁企业业态

教学指导

学习目标

1. 理解业态定位的意义；

2. 掌握零售业主要业态特征；

3. 掌握服务业主要业态特征。

技能要点

1. 识别业态类型；

2. 分析业态特点。

连锁经营作为一种先进的企业经营方式，随着其运作的日渐成熟，不断向各行业领域渗透。首先在零售业中获得巨大发展，与零售业中各类业态相结合，先后出现了连锁超级市场、连锁百货店、连锁便利店、连锁专卖店等。随后日益渗透到了酒店、餐饮、家政等服务业中，并迅速发挥连锁经营优势，促进各行业蓬勃发展。

【引例】 零售业态的发展过程

零售业态是指零售企业针对特定消费者的特定需求，按照既定的战略目标，有选择地运用商品结构、价格策略、销售方式、店铺选址、规模及形态等手段，提供销售和服务的种类化经营形态。简而言之，是指零售企业为满足不同的销售需求而形成的不同的经营形态。

零售业早期发展阶段主要是"行商"，露天叫卖或长途贩运。后来随着商品流通规模的不断扩大，零售业的主要形式改为"坐商"，即采用店铺形式，在固定场所里从事商业活动。在宋朝时，我国的坐商就已达到了繁荣鼎盛时期。19世纪中期以来，零售业经历了西方国家掀起的被称为"五次革命"的重大变革。

现代零售业的经营定位有了新的内容，呈现出新的发展趋势，业态与业态之间的区别已经越来越模糊，业态之间的壁垒或者围墙已经低到可以随意穿越，所以便利店里利润贡献最大的是快餐类商品，所以才会有今天"餐饮+体验+互联网"的"超级物种"……零售业态正在创新，或者说正在发生变化，这种形的变化，刺激着消费者的感官，让消费者有一种体验的快感，但背后的驱动力是消费者的变化，满足消费者永远是零售业的终极目标。

形很重要，但神才是核心；形也许容易做到，但神却难以效仿。今天零售业的模糊化恰恰说明了形其实并不是核心。如何让顾客真正体验到购物的快乐，享受购物的过程，是零售商应该琢磨的重点。

不局限于业态的限制，跨界和混搭，也许能够满足顾客的需求。今天来这家超市购买商品的顾客，也许不是因为他所要购买的这个商品，而是为一种体验、一种时尚、一种荣耀。而今后同行见面，不会问"你经营什么业态"这个问题，而是问"你为顾客提供什么服务"。

业态是随着社会化大生产的发展而发展的。随着人们生活水平的提高、消费需求的多样化和新技术的层出不穷，零售业态又不断演化出一个个新的形态。业态的选择对企业的发展至关重要，业态的发展也必将推动着社会的不断进步和人们生活品质的不断提高。

资料来源　作者根据网络资料整理.

3.1　连锁企业业态认知

3.1.1　业态的定义

"业态"一词，20世纪80年代自日本引入我国，并逐渐在商业领域中被接受和使用。1998年6月，原国家国内贸易局颁布了《零售业态分类规范意见（试行）》，"业态"一词初见于官方文件。业态最早起源于零售业，但随着连锁经营模式在服务业等行业的广泛应用，业态分类方法的应用领域也更为广泛。

所谓业态，是指企业为满足不同的消费需求而形成的不同的经营形态，即企业按照既定的战略目标，有选择地运用商品结构、价格策略、销售方式、门店选址、门店规模等手段，提供销售和服务的种类化经营形态。因此，业态是企业适应市场变化的具体体现，其产生和发展是企业经营方式创新的成果。

零售业态产生和发展的根源在于：一方面，社会经济发展、科技进步为零售业乃至整个流通业提供了日益现代化的经营手段；另一方面，消费者需求的形成受教育、文化、收入、阶层、年龄、性别、地域以及风俗习惯等多种因素的综合影响，而呈现出多元化和多样性的特征，并且消费需求基本相同的消费者在一定时空条件下，又总是以消费群体的方式出现在市场上。这就决定了零售企业在激烈的市场竞争环境中，必须选择与创新有针对性、切实有效的经营方式，才能更好地满足目标顾客的具体需要，以取得良好的经济和社会效益。由此可见，业态是零售企业适应市场变化的具体体现；业态的产生与发展是零售企业经营方式的创新结果。

@ 知识拓展3-1

业态与业种

业态，主要是指企业不同的经营形态，是企业在市场细分、确定目标顾客的基础上确定的经营方式，主要解决"如何销售"的问题；业种，是传统的零售业分类的依据，是指企业根据自身情况确定经营内容，主要解决"销售什么"的问题。

业态是在细分目标市场、确定目标顾客的基础上开展商品经营的；业种则是先确定经营什么种类的商品，诸如布店、肉店、杂货店等，一般对顾客不作区分，面向所有人。零售业态与业种的区别包括：

（1）目的不同。业种商店的主要目的是推销自己所经营的商品。业态商店的主要目的是满足目标顾客的需求。

（2）核心不同。业种商店的经营以商品为核心，而业态商店的经营以顾客为核心，体现了营销观念由销售导向向消费导向的转变。

（3）经营重点不同。业种商店强调的是卖什么，而业态商店强调的是怎么卖。

3.1.2　业态的类型

1.零售业

2004年，由商务部制定，国家质检总局和国家标准化管理委员会联合发布了《零售业态分类》（GB/T 18106-2004）的国家标准，该标准于2004年10月1日起正式实施。该标准按零售店铺的结构特点，根据店铺经营方式、商品结构、服务功能，以及选址、商圈、规模、店堂设施、目标顾客和有无固定营业场所进行分类。据此，我国零售业态分为有店铺零售业态、无店铺零售业态两大类，共17种业态，分别是：大型超市、超市、仓储会员店、百货店、食杂店、便利店、折扣店、专业店、专卖店、家居建材店、购物中心、厂家直销中心、电视购物、邮购、网上商店、自动售货亭、电话购物。

2010年按照商务部和国家标准委的要求，由中国连锁经营协会承担的《零售业态分类》国家标准进行了修订。从大类上来看，此次修订的零售业态缩减为16种，但细分业态增多。把原版的大型超市归在超市业态大类下，家居建材店并入专业店中；将专业店划分为"专业市场"和"专业超市"；在无店铺零售中增加了直销业态。此次修订最大的亮点是对超市业态进行细分，划为便利超市、社区超市、综合超市和大型超市，并对这四类超市的营业面积和目标顾客规定了具体标准。

2014年，国标《零售业态分类》又进一步修订，重点是对零售业态的分类问题展开较为热烈的讨论，诸如标准超市和社区超市怎么区分、小型社区超市和便利店怎么区分，以及大型综合性百货店与购物中心怎么区分。

综上所述，零售业态按零售店铺的结构特点，根据其经营方式、商品结构、服务功能，以及选址、商圈、规模、店堂设施、目标顾客和有无固定营业场所进行分类，总体上可以分为有店铺零售业态和无店铺零售业态两类。有店铺零售业态分为食杂店、便利店、折扣店、超市、仓储会员店、百货店、专业店、专卖店、购物中心、厂家直销中心10种；无店铺零售业态分为电视购物、邮购、网上商店、自动售货亭、直销、电话购物等6种。具体各业态的分类及特点详见表3-1和表3-2。

表3-1　　　　　　　　　有店铺零售业态分类和基本特点

序号	业态	选址	商圈与目标顾客	规模	商品（经营）结构	商品售卖方式	服务功能	管理信息系统
1	食杂店 Traditional Grocery Store	位于居民区内或传统商业区内	辐射半径0.3千米，目标顾客以相对固定的居民为主	经营面积一般在100平方米以内	以香烟、饮料、酒、休闲食品为主	柜台式和自选式相结合	营业时间12小时以上	初级或不设立

序号	业态	选址	商圈与目标顾客	规模	商品（经营）结构	商品售卖方式	服务功能	管理信息系统
2	便利店 Convenience Store	商业中心区、交通要道以及车站、医院、学校、娱乐场所、办公楼、加油站等公共活动区	商圈范围小，顾客步行5分钟内到达，目标顾客主要为居民、单身者、年轻人；顾客多为有目的的购买	经营面积一般在200平方米以下，利用率高	以即时食品、日用小百货为主，有即时消费性、小容量、应急性等特点，商品品种在3 000种左右，售价高于市场平均水平	以开架自选为主，结算在收银处统一进行	营业时间16小时以上，提供即时性食品的辅助设施，开设多项服务项目	程度较高
3	折扣店 Discount Store	居民区、交通要道等租金相对便宜的地区	辐射半径2千米左右，目标顾客主要为商圈内的居民	经营面积一般在300平方米~500平方米	商品平均价格低于市场平均水平，自有品牌占有较大的比例	开架自选，统一结算	用工精简，为顾客提供有限的服务	一般
4 超市	便利超市 Convenience Supermarket	商业中心区、交通要道以及车站、医院、学校、娱乐场所、办公楼、加油站等公共活动区	商圈范围小，顾客步行5分钟内到达，目标顾客主要为居民、单身者、年轻人。顾客多为有目的的购买	经营面积一般在200平方米~500平方米，利用率高	以即时食品、日用小百货为主，有即时消费性、小容量、应急性等特点，商品品种在3 000种左右，售价高于市场平均水平	以开架自选为主，结算在收银处统一进行	营业时间16小时以上，提供即时性食品的辅助设施，开设多项服务项目	程度较高
	社区超市 Community Supermarket	市、区商业中心、居住区	目标顾客以居民为主	经营面积一般在500平方米~2 000平方米	以经营食品（包括生鲜和包装食品）为主	自选销售，出入口分设，在收银台统一结算	营业时间12小时以上	程度较高
	综合超市 General Supermarket	市、区商业中心、居住区	目标顾客以居民为主	经营面积一般在2 000平方米~6 000平方米	经营日常生活必需品	自选销售，出入口分设，在收银台统一结算	营业时间12小时以上	程度较高
	大型超市 Hypermarket	市、区商业中心、城郊结合部、交通要道及大型居住区	辐射半径2千米以上，目标顾客以居民、流动顾客为主	经营面积一般6 000平方米以上	大众化衣、食、日用品齐全，一次性购齐，注重自有品牌开发	自选销售，出入口分设，在收银台统一结算	设不低于经营面积40%的停车场	程度较高

序号	业态	选址	商圈与目标顾客	规模	商品（经营）结构	商品售卖方式	服务功能	管理信息系统
5	仓储会员店 Warehouse Club	城乡结合部的交通要道	辐射半径5千米以上，目标顾客以中小零售店、餐饮店、集团购买和流动顾客为主	经营面积一般在6 000平方米以上	以大众化衣、食、用品为主，自有品牌占相当部分，商品在4 000种左右，实行低价、批量销售	自选销售，出入口分设，在收银台统一结算	设相当于经营面积的停车场	程度较高并对顾客实行会员制管理
6 百货	高档百货店 Top Department Store	市、区级商业中心、历史形成的商业集聚地	目标顾客以追求高档商品和品位的顾客为主	经营面积一般在6 000平方米～20 000平方米	高档百货商品	采取柜台销售和开架面售相结合的方式	注重服务，设餐饮、娱乐等服务项目和设施	程度较高
	时尚百货店 Fashion Department Store	市、区级商业中心、历史形成的商业集聚地	目标顾客以追求时尚商品和品位的流动顾客为主	经营面积一般在6 000平方米～20 000平方米	时尚百货商品	采取柜台销售和开架面售相结合的方式	注重服务，设餐饮、娱乐等服务项目和设施	程度较高
	大众百货店 Popular Department Store	市、区级商业中心、历史形成的商业集聚地	目标顾客以追求大众商品的顾客为主	经营面积一般在6 000平方米～20 000平方米	大众百货商品	采取柜台销售和开架面售相结合的方式	注重服务，设餐饮、娱乐等服务项目和设施	程度较高
7 专业店	专业市场 Speciality Market	—	目标顾客以有目的选购某类商品的流动顾客为主	根据商品特点而定	以经营某一类别商品为主	采用摊位制管理方式	从业人员具有丰富的专业知识	一般
	专业超市 Speciality Supermarket	—	目标顾客以有目的选购某类商品的流动顾客为主	根据商品特点而定	以经营某一类别商品为主	采用开架售货、集中收款方式	从业人员具有丰富的专业知识	程度较高

续表

序号	业态	选址	商圈与目标顾客	规模	商品（经营）结构	商品售卖方式	服务功能	管理信息系统
8	专卖店 Exclusive Shop	市、区级商业中心、专业街以及百货店、购物中心内	目标顾客以中高档消费者和追求时尚的年轻人为主	根据商品特点而定	以销售某一品牌系列商品为主，销售量少、质优、高毛利	采取柜台销售或开架面售方式，商品陈列、照明、包装、广告讲究	注重品牌声誉，从业人员具备丰富的专业知识，提供专业性服务	一般
9 购物中心	社区购物中心 Community Shopping Center	市、区级商业中心	商圈半径为5千米~10千米	建筑面积为50 000平方米以内	20~40个租赁店，包括大型综合超市、专业店	各个租赁店独立开展经营活动	停车位300~500个	各个租赁店使用各自的信息系统
	市区购物中心 Regional Shopping Center	市级商业中心	商圈半径为10千米~20千米	建筑面积100 000平方米以内	40~100个租赁店，包括百货店、大型综合超市、各种专业店、专卖店、饮食店、杂品店以及娱乐服务设施等	各个租赁店独立开展经营活动	停车位500个以上	各个租赁店使用各自的信息系统
	城郊购物中心 Super-area Shopping Center	城乡结合部的交通要道	商圈半径为30千米~50千米	建筑面积10万平方米以上	200个租赁店以上，包括百货店、大型综合超市、各种专业店、专卖店、饮食店、杂品店及娱乐服务设施	各个租赁店独立开展经营活动	停车位1 000个以上	各个租赁店使用各自的信息系统
10	厂家直销中心 Factory Outlets Center	一般远离市区	目标顾客多为重视品牌的有目的的购买	单个建筑面积100平方米~200平方米	为品牌商品生产商直接设立，商品均为本企业的品牌	采用自选式售货方式	多家店共有500个以上停车位	各个租赁店使用各自的信息系统

表 3-2   无店铺零售业态分类和基本特点

序号	业态	基 本 特 点			
		目标顾客	商品（经营）结构	商品售卖方式	服务功能
1	电视购物	以电视观众为主	商品具有某种特点，与市场上同类商品相比，同质性不强	将电视作为向消费者进行商品宣传展示的渠道	送货到指定地点或自提
2	邮购	以地理上相隔较远的消费者为主	商品包装具有规则性，适宜储存和运输	以邮寄商品目录为主要的向消费者进行商品宣传展示的渠道，并取得订单	送货到指定地点
3	网上商店	有上网能力、追求快捷性的消费者	与市场上同类商品相比，同质性强	通过互联网进行买卖活动	送货到指定地点
4	自动售货亭	以流动顾客为主	以香烟、饮料和水为主，商品品种在30种以内	由自动售货机器完成售卖活动	没有服务
5	直销	根据不同的商品特点，目标顾客不同	商品单一，以某类品种或某品牌商品为主	销售人员直接与消费者接触，进行推介，以达到销售其商品或服务的目的	送货到指定地点或自提
6	电话购物	根据不同的商品特点，目标顾客不同	商品单一，以某类品种为主	主要通过电话完成销售或购买活动	送货到指定地点或自提

2.服务业

服务业（Service Industry）的概念在理论界尚存争议。一般认为服务业即指生产和销售服务产品的生产部门和企业的集合。我国常将服务业视同第三产业，即将服务业定义为除农业、工业之外的其他所有产业。

服务业涉及的行业广泛，连锁经营的发展也渗透到大多数服务行业，如住宿和餐饮、家政服务、美容美发、培训教育、娱乐休闲等。本章3.3节将详细讲述住宿业、餐饮业及其他服务业的连锁经营。

3.2 典型零售业态特征

3.2.1　超市

1.超市的含义

超市是实行自助服务和集中式一次性付款的销售方式，以销售食品和日用生活用品为主，满足消费者对基本生活用品一次性购足需要的零售业态。

1930年8月，美国纽约诞生了世界上第一家超级市场——金库仑联合商店（King Kullen）。第二次世界大战后，特别是20世纪五六十年代，超级市场在世界范围内得到较快的发展。在超级市场中，最初经营的主要是各种食品，以后经营范围日益广泛，逐渐扩展到销售服装、家庭日用杂品、家用电器、玩具、家具以及医药用品等。超市这种业态已经成长为经济发达国家的主要商业零售组织形式。

我国是世界上比较迟引入超级市场的国家，在开始超市的发展前，消费者多数在一些杂货店购买日常生活的货品。20世纪90年代初期，超市文化渐渐进入我国，外国的超市开始进驻经营，如法国的家乐福超市。之后几年时间逐渐有了我国自己的独家超市公司，如在广州天河首次开业的好又多量贩等，而回归祖国后的香港一早就已兴起超市文化，故香港一些超市，如百佳等亦北上开设分店。我国内地的超市多数为大型式，货品多至有电器的售卖，至少有两层。21世纪前十年是我国超市行业快速发展的十年，超市行业的门店总数、总面积、员工人数、销售总额、利润总额等都表现出了稳步上升的态势，集中度也在提升。2009年超市前10强占社会消费品零售总额和连锁超市零售百强的比重分别达到2.7%和52.8%，超市前10强门店数占超市连锁百强门店总数的比重在2009年也达到了34.1%。近几年超市的发展速度趋缓，但依然在零售业态中占有重要地位。

2.超市的业态特征

（1）超市选址在城市大型居民区、商业区及交通要道，以周边居民、流动顾客为主，以家庭为主要销售对象。

（2）商品品种丰富，主要经营购买频率高的日常生活用品。人们可以在一个卖场内购买到日常生活所需的绝大部分商品，免除了许多麻烦。自动标价、计价、结算效率高，也节省了顾客的时间。

（3）商品价格低廉，薄利多销为其主要优势。超市属于低毛利的零售业态，通过大量进货降低成本，大量销售提高周转，自助购物减少营业人员，全方位降低经营成本吸引更多消费者。

（4）购物便利，环境舒适。超市选址靠近居民区及其开架自选的购物方式极大方便了消费者的购买活动，可以使消费者更加便利和自由地选购商品。另外，超市卖场环境整洁，布局科学，陈列合理，注重营造购物气氛，为消费者创造了良好的购物环境，满足了消费者对购物舒适性的要求。

@ 小资料3-1

中国连锁经营协会（CCFA）于2017年5月16日发布了《2016年中国快速消费品连锁百强》名单，见表3-3。

表 3-3　　　　　　　　　2016年中国快速消费品连锁百强

CCFA 2017年5月16日发布

序号	企业名称	2016销售（含税万元）	销售增长率（%）	2016门店总数	门店增长率（%）	备注
1	华润万家有限公司	10349462	-5.4%	3224	-5.1%	①★
2	康成投资（中国）有限公司（大润发）	9329000	4.0%	368	9.9%	②★
3	沃尔玛(中国)投资有限公司	7669751	4.3%	439	1.6%	★
4	联华超市股份有限公司	5978485	-1.1%	3648	-6.7%	③★
5	永辉超市股份有限公司	5440757	10.3%	487	25.5%	★
6	家乐福中国	5047523	25.9%	319	36.3%	④★
7	中石化易捷销售有限公司	3510000	41.0%	25000	3.3%	★
8	步步高集团	3214532	3.6%	590	2.3%	★
9	北京物美商业集团股份有限公司	2990307	13.9%	566	2.5%	★
10	农工商超市（集团）有限公司	2765593	-3.0%	2317	-7.1%	★
11	家家悦控股集团股份有限公司	2382499	3.7%	644	3.4%	★
12	中百仓储超市有限公司	2110000	1.7%	184	-25.8%	★
13	文峰大世界连锁发展股份有限公司	2069584	-3.9%	817	-6.1%	★
14	锦江麦德龙现购自运有限公司	1930000	1.0%	87	6.1%	★
15	屈臣氏中国	*1852980	2.3%	2929	18.0%	★
16	欧尚（中国）投资有限公司	1806748	-0.4%	78	5.4%	⑤★
17	世纪华联超市连锁（江苏）有限公司	1491121	11.1%	3681	6.2%	★
18	新华都购物广场股份有限公司	1480678	3.4%	149	7.2%	★
19	北京京客隆商业集团股份有限公司	1473348	3.8%	248	-5.0%	★
20	中国石油销售公司（昆仑好客）	1450000	16.0%	17000	3.0%	★

3.超市的发展

（1）超市发展现状。

第一，超市增速放缓。过去20多年来，伴随着消费升级和现代化渠道发展，以大卖场为代表的超市业态凭借品类齐全、质优低价的优势迅速扩张，迎来了发展黄金期。2012年以来，随着宏观经济逐步低迷、商超渠道趋于饱和、电子商务的迅速发展以及消费习惯的改变，超市行业整体增速放缓。

第二，超市行业两极分化。从近四年渠道份额变化来看，过去占领先优势的大卖场市场份额遭到挤压，贴近社区的中小超市占比正稳步提升，受益消费升级的便利店和电商等新兴渠道迅速成长，市场份额大幅提升。永辉、步步高、大润发等龙头企业逆势下积极布局，不断创新零售方式，保持较高销售增速，市场份额稳步提升，以沃尔玛、家乐福为代表的外资超市战线收缩，区域超市面临营收放缓和盈利能力下滑困境。

第三，超市与电商协同巨大，线下网点价值凸显。超市尤其是贴近最后一公里的社区超市和便利店与电商供应链和物流体系存在更大的协同和改造空间。双方通过客户、销售数据、供应链、支付、服务等环节的打通，重构商业流程，提升运营效率和客户体验，密集的线下超市网点能够深度覆盖周边客户，优化和降低最后一公里物流配送成本。京东入股永辉、阿里入股三江均凸显了区域超市高密度网点的投资价值。

（2）未来发展趋势。

第一，开设精品超市。精品超市是一种目标群体为高端消费者、高收入阶层的超市，其商品为高端日用消费品，其中包括高档的包装食品、生鲜食品、护肤化妆品及进口产品等。精品超市主要靠商品本身赚钱，如何通过组织适合的商品来取悦特定的客户，是这类超市特别关注的。精品超市需要一种"以客为尊"的服务理念，要让高端消费者无论从硬件还是软件服务上都能感受到这种服务的体贴感。

第二，从"卖产品"到"卖生活"。超市提供的服务也不再是简单的商品买卖服务，而是可以进行延伸的服务。超市不仅卖菜，也"卖"厨师，甚至"卖"家庭服务，超市不是"卖产品"，而是"卖生活"，给消费者更多生活帮助和生活体验。

第三，提升生鲜品类占比。提升生鲜品类占比已成为超市企业集聚客流的重要手段。生鲜由于单价低、产品差异大、不易储存、物流要求高等特性，所以生鲜电商的渗透率一直较低，这也成为线下超市吸引客流、抵御电商入侵的重要手段。

第四，继续提升线上线下交易互补作用。各大超市几乎都经历了与电商合作、自建网上商城等电子商务模式。未来超市还要继续发挥线上线下全渠道营销模式优点，线上订货线下提货，线上交易线下体验，充分利用自己的物流体系及与消费地靠近的门店资源，抓住消费者。

@ **精选案例3-1**

华润万家试点零售创新，不断升级超市业态

华润万家主打超市业态，在超市业整体低迷期，不断创新升级，走得更加稳健。2017年6月6日，华润万家在其旗下乐购上海光新店内进行场景化销售，来自意大利的顶尖主厨 Natalino Ambra 亲临门店为顾客现场烹饪鲜活海鲜。这是由华润万家和 Ocean Fleet 卓越海鲜合作的零售创新项目在光新店试点，致力于为顾客提供独一无二的海鲜购买体验。场景化的销售模式，正越来越受到广大消费者的青睐，华润万家乐购的 Ocean Fleet 海鲜商店不仅将最新鲜的活鲜产品引进店内，也为消费者准备了不同食材的搭配和烹饪教学。有理由相信，重视顾客洞察，注重购买体验的经营理念将成为实体零售逆势突围的一条必经之路。

同期，2017年6月，华润万家在北京开出第三家 Ole 精品超市。自第一家 Ole 超市的诞生，即刻颠覆了传统超市的形态。Ole 延承了"传导生活方式"核心理念的同时，更强调"与众不同"的购物感受，并对顾客购物的感官体验及服务理念升级。Ole 超市经营面积4 000～6 000㎡，经营近20 000种商品，进口商品占总商品的70%～80%，通过国际化商品组合、专业化的服务，为现代都市人提供一种全新的高品质购买体验。卖场内特色品类中心包括咖啡吧、概念厨房、酒窖、面包坊、健康服务中心、美容与美体中心、巧克力中心、母婴护理中心等。

超市在动线设计中以更科学的布局规划来实现品类的过渡，还对有机健康中心、护理中心以及酒窖等品类中心进行了全新的诠释，更充分展示商品的特色，以更赋有特色的品类划分和色彩缤纷的店面风格，营造舒适的购物环境，与众不同的营销模式为消费者创造了一种新的生活方式，延展了顾客服务空间。

资料来源　根据网络资料整理。

3.2.2　便利店

1.便利店的含义

便利店是以经营即时性商品或服务，以满足顾客便利性需求为主要目的，采取自选购物的小型商店。该业态是从超级市场业态中分化出来的一种零售业态。便利店的兴起缘于超市的大型化与郊外化，超市的变化体现在距离、时间、商品、服务等诸多方面。远离购物者的居住区，需驾车前往；卖场面积巨大，品种繁多的商品消耗了购物者大量的时间和精力；结账时还要忍受"大排长龙"等候之苦，以上种种使得那些想购买少量商品或满足即刻所需的购物者深感不便。于是人们需要一种能够满足便利购买需求的"小超市"来填补空白。

1927年美国得克萨斯州的南方公司首创便利店原型，1946年创造了世界上第一家真正意义上的便利店，并将店铺命名为"7-Eleven"。20世纪70年代初，日本伊藤洋华堂与美国南方公司签订特许协议并在东京丰洲推出1号店。此后传统型便利店作为一种独特的商业零售业态，在日本得到了飞速发展，其特点也被发挥到了极致。随着石油巨头的介入，便利店在地域分布上更趋分散，加油站型便利店在欧美地区也显示出了强大的生命力。便利店继而衍生出两个分支，即传统型便利店与加油站型便利店。前者在日本、中国台湾等亚洲地区得以发展成熟，后者则在欧美地区较为盛行。

2.便利店的业态特征

便利店作为以满足消费者便利性需求为主要目的业态，在其经营中无时无刻不体现其"便利"的特点，主要表现在以下四点：

（1）便利店选址的便利性。便利店以经营"便利"为主，其选址一般都是在城市中的居民区、学校、办公区、车站、加油站、旅游景点等，与超级市场相比，便利店选址更靠近消费者；商圈半径500米左右，一般情况下，步行5~10分钟便可到达；便利店规模虽小，但门店数量多，空间分布非常密集，使消费者购物更加方便。

（2）便利店商品的便利性。便利店商品结构通常分为食品、非食品和服务类商品三类，具有即时消费、小容量、应急性等特点。食品以即时食品为主；非食品以商圈内消费者应急需求的日用小百货为主；服务类商品往往根据便利店所处商圈消费需求特点而确定，为顾客提供如速递、代收公共事业费、打印复印、代订车票和飞机票等多层次服务。

（3）便利店购物的便利性。便利店经营面积小，一般在50~200平方米，单品数量通常控制在3 000种以内，商品种类少，陈列简单明了，方便选购。开架自选的经营方式，出入口并设，在收银台处统一结算，顾客从进店到付款结束平均只需要3分钟左右的时间。

（4）便利店经营时间的便利性。便利店营业时间长，一般超过16个小时，甚至有些便利店的营业时间达到24小时，全年无休，从时间上极大地满足了消费者的应急性需求，被人们称为"Any Time"的经营业态。

3.便利店的发展

20世纪90年代末期便利店进入我国，在中国经济相对发达的沿海大中城市发展较快。我国便利店市场尽管起步较晚，但是伴随着经济的持续增长，便利店业态在我国取得了较快发展。据国家统计局统计，截至2011年我国共有13 000余家便利店，年商品销售额达到226亿元，从业人员超过100万。但是从便利店规模占比来看，便利店商品销售额占当年全部连锁零售企业总销售额（约3.5万亿元）的比重仅为6.5‰，占当年社会消费品零售总额比重仅为1.2‰，远低于日本的6.6%（便利店年销售额占日本零售行业比重）和美国的5%（便利店店内商品年销售额占美国零售和食品服务销售额比重，不含油品，不含机动车及零部件销售额）。

便利店的发展与人均GDP息息相关，公开数据显示，当人均GDP达3 000美元时，才适合便利店导入。当人均GDP超过5 000美元时便利店将迎来快速成长期，而当人均GDP超过10 000美元时，将会进入爆发期。目前我国人均GDP已超过7 000美元，其中有7省直辖市已跨过了10 000美元门槛。所以，随着更多省份人均GDP超过10 000美元，便利店还会不断迎来其发展的新高度。

中国连锁经营协会与波士顿咨询公司联合发布的《2017中国便利店发展报告》显示，便利店自2014年起销售额增长了17.7%，比连锁百强销售额增长12.6%高出些许，增幅为各业态中最高，并且在2015、2016年连锁百强销售额增幅持续下滑时依然保持了双位数的高速增长。《2017中国便利店发展报告》指出，中国连锁品牌化便利店门店数接近10万家，销售达1 300亿元。中国便利店发展与现状呈现八大特点：

（1）开店数量及同店销售双双增长。

（2）市场空间大，一二线城市是增长热点。同时，区域格局明显，全国布局尚未出现。

（3）盈利性提升空间大。单店销售、利润水平虽历年有所改善，但与国际领先企业差距仍然较大。

（4）运营成本快速上升。租金、人工成本在2016年均呈现上涨趋势。

（5）商品结构亟待提升。生鲜及半加工食品占比低，自有品牌占比低。

（6）加盟机制不完善。加盟占比较低，30%企业尚未开展加盟，加盟管理较为松散。

（7）数字化初见雏形。半数企业引入网购，网购占比约11%；移动支付技术普及，但使用率不高。

（8）会员体系有待加强。55%企业建立了会员体系，有会员体系企业会员销售稳步上升。

未来中国便利店行业发展的六大要素：

（1）终端模式：贴近目标客户群的生活方式，细分商品、店群或子业态。

（2）商品组合：紧密围绕自有品牌、鲜食和半成品，建立商品差异性。

（3）业务延伸：整合复合业态和增值业务，提供一站式体验。

（4）数字化：自建与合作提高新技术应用能力，打造全渠道模式。

（5）供应链模式：面对复杂的运营环境，不断提高供应链精益性。

（6）拓展模式：建立合理的加盟模式，提高拓展效率。

@小资料3-2

根据中国连锁经营协会（CCFA）于2017年5月16日发布的数据，2016年主要连锁便利店企业发展情况见表3-4。

表 3-4　　　　　　　　　　　2016主要连锁便利店企业发展情况

CCFA2017年5月16日发布

序号			2016便利店数量（个）	便利店增长率（%）	备注
1	中石化易捷销售有限公司	易捷	25 000	3.3%	★
2	中国石油销售公司（昆仑好客）	昆仑好客	17 000	3.0%	★
3	东莞市糖酒集团美宜佳便利店有限公司	美宜佳	9 300	25.7%	★
4	广东天福连锁商业集团有限公司	天福	3 311	17.0%	★
5	成都红旗连锁股份有限公司	红旗连锁	2 704	18.9%	★
6	十足集团股份有限公司	十足、之上	1 936	18.6%	△
7	中国全家FamilyMart	全家	1 810	20.6%	★
8	上海联华快客便利有限公司	快客	1 551	-3.3%	★
9	农工商超市（集团）有限公司	可的、好德	1 400	-6.7%	★
10	太原唐久超市有限公司	唐久便利	1 420	2.2%	★
11	7-11中国大陆	7-Eleven	1 371	242.8%	★
12	四川舞东风超市连锁股份有限公司	舞东风	1 056	16.4%	★
13	苏果超市有限公司	苏果、好的	1 030	-8.3%	★
14	罗森（中国）投资有限公司	LAWSON	1 003	79.5%	★
15	山西金虎便利连锁股份有限公司	金虎便利、早早便利、语果生鲜便利	943	3.9%	★

3.2.3　百货店

1.百货店的含义

百货店是指经营包括服装、鞋帽、首饰、化妆品、装饰品、家电、家庭用品等众多种类商品的大型零售商店。它是在一个大建筑物内，根据不同商品部门设销售区，采取柜台销售和开架面售方式，注重服务功能，满足目标顾客追求生活时尚和品位需求的零售业态。百货店的经营范围广泛，商品种类多样，花色品种齐全，兼备专业商店和综合商店的优势，便于顾客广泛挑选，能够满足消费者多方面的购物要求，拥有一定的现代化的管理手段和服务设施，服务质量较高。商店内按商品的类别设置商品部或商品柜实行专业化经营。

百货店的产生被誉为零售业的第一次革命。19世纪中叶，在工业革命的推动下，生产力飞速发展，工业用品日益丰富，各类小杂货店已不能满足消费者的需求，百货店应运而生。之后，百货店迅速席卷英国、美国、德国、日本等国家，成为风靡全球的零售业态。21世纪以来，受到购物中心、超级市场等业态的冲击，百货店的发展在世界各地均有不同程度的衰落，但连锁经营方式的导入，又为百货店的发展注入了"强心剂"。

2.百货店的业态特征

（1）百货店常位于繁华的城市商业中心、交通要道以及历史形成的商业聚集地；门店规模大，营业面积一般在 6 000~20 000 平方米。

（2）商品注重时尚性和品牌性，商品结构以经营男装、女装、儿童服装、鞋类、箱包、化妆品、家庭用品为主，品种繁多，综合性强。

（3）目标顾客群以中高档消费者、追求时尚的年轻人和城市流动人口为主。由于百货店投资大、成本高，因而商品毛利高，商品定价也高于其他业态商店，这也使得目标人群需具备一定的经济收入。百货店推崇时尚商品，引导消费潮流，而年轻人恰恰是追求时尚的主力军，自然成为百货店的主要消费群体。百货店商圈辐射范围很大，城市的流动人口也是其主要目标顾客。

（4）实施部门化、职能化、专业化的经营管理。由于百货店商品类别多，通常根据商品类别分设不同的商品部门，分部门开展经营和管理工作，以此进一步提高工作效率与管理水平。

（5）购物环境舒适，服务完善。百货店通常位于城市商业中心，坐落在城市繁华地段，建筑富丽堂皇，重氛围、讲情调，致力于为顾客提供宽敞、明亮、温馨、舒适的购物环境。同时，销售采取定价制度，商品明码标价，服务专业化，陈列特色化，通过提供售前、售中和售后全过程服务，使顾客享受到全面细致的购买体验。

3.百货业的发展

百货业在我国经历了辉煌的20世纪90年代，自2000年起其零售霸主地位逐渐被超级市场替代。近几年百货业一直在转型中发展，在创新中谋提升。

（1）局部回暖，分化趋势明显。RET睿意德商业地产行业研究中心统计了67家百货门店连续5年的销售额，发现2016年已有43%的门店实现销售额的正增长，相比2015年提升12个百分点，显示百货行业正在回暖。但百货业在2016年也出现了明显的分化。积极改造与调整、适应市场变化的门店，销售额保持了稳步增长。如SKP2016年销售增速已达到23%。而步伐较慢的门店，则继续着两位数的下滑态势。

（2）百货销售额增速与城市级别呈反相关关系。城市级别越高百货业下滑越严重，2012—2016年一线城市百货门店销售额平均复合增长率-4.3%，同期四线城市仅平均下滑0.6个百分点。目前一线城市均已进入成熟型商业市场，消费目的更加多元。百货门店在体验型消费上无法与购物中心对抗；在便捷型消费上无法与社区商业对抗；在纯购物型消费方面，又有大体量购物中心和奥特莱斯与其抗衡，而后二者分别从体验和折扣两个维度，为消费者提供了新的附加值。因此百货业在一线城市整体呈现吃紧状态。以广百百货为代表的传统百货公司已开始逐渐在一线城市闭店，下沉至三四线城市。

（3）奢华型百货逆市增长。在行业下行的过程中，奢华型定位的百货门店保持了稳定的增长。一方面，奢侈品消费的可替代性较低，并未受到电商的影响；另一方面，随着奢侈品消费从国外向国内的回流，未来奢华型定位的百货也将更多地受益，迎来下一轮销售增长。

（4）联营模式下遭遇毛利率天花板。我国百货行业毛利率始终维持在20%左右，较美日有较大差距。以联营模式为主，自营比例不足10%，这一直是我国百货业发展的短板。"短平快"的联营模式使我国百货业在过去20年里实现了快速的发展布局，同时也为今天的行业困境埋下了伏笔。联营模式一方面使百货公司遭遇了毛利率天花板；另一方面使其始终未能习得对消费市场的敏锐度，以及对供应链的控制力。因此，当电商的低价和购物中心的多元化体验共同来袭之际，百货公司显得毫无招架之力。

（5）行业集中度低，丧失议价能力，无法形成规模优势。我国百货业市场集中度偏低，区域特征明显。截至2016年行业前四名的市场占有率，即CR4不足20%。而同期美日已达到50%~60%，形成寡头市场。行业过于分散直接影响了企业对供应商和消费者的议价能力，激发了非理性竞争，陷入了价格战。百货公司陷入微利状态，便更加缺乏足够的资金去进行并购重组提高行业集中度，从而陷入死局。虽然2013年以来，我国百货行业在加速聚集，但发展水平仍旧低于成熟市场。

@ **小资料3-3**

2016年第一季度国内十大百货公司市场占有率，如图3-1所示。

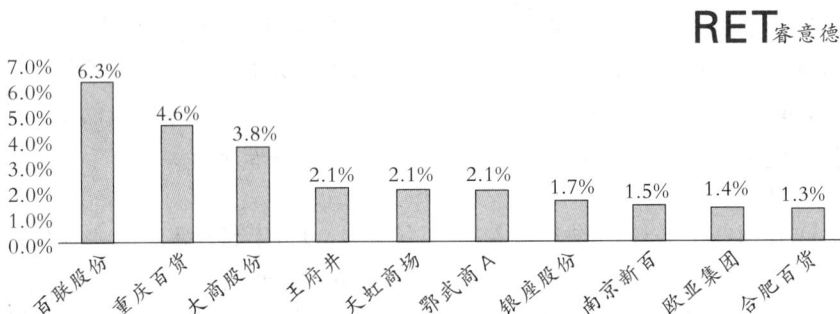

图3-1　2016年第一季度国内十大百货公司市场占有率

3.2.4　购物中心

1.购物中心的含义

美国购物中心协会的定义：由开发商规划、建设、统一管理的商业设施，有大型的主力店、多元化商品街和宽广的停车场，能满足消费者购买需求与日常活动的商业场所。

日本购物中心协会的定义：由一个单位有计划地开发、所有、管理运营的商业和各种服务设施的集合体，并备有停车场，按其选址、规模、结构，具有选择多样化、方便性和娱乐性等特征，并作为适应消费需要的社交场所，发挥着一部分城市功能。

我国2004年实施的《零售业态分类》国家标准中，对购物中心的定义是：企业有计划地开发、拥有、管理运营的各类零售业态、服务设施的集合体。

以上关于购物中心的定义虽有不同，但都涉及购物中心的两个核心：一是购物中心是多功能的商业集合体；二是购物中心具有统一管理运营的主体。

综合以上观点，购物中心是指商业企业在一个大的建筑物（群）内，实施统一管理，开展多种零售店铺、服务项目经营，向消费者提供综合性服务的商业集合体，这种商业集合体通常涵盖多种零售业态的店铺，并且拥有一定规模的停车场。

2.购物中心的业态特征

（1）购物中心选址通常在城市中的商业中心或者城乡结合部的交通枢纽交汇点。经营规模大，一般都在几万平方米，小型购物中心经营规模均在2万平方米以上，超级购物中心经营规模则可达20万平方米以上。

（2）经营店铺业态多样化。作为提供综合性服务的商业集合体，购物中心内部结构有百货店或者超级市场作为核心店，附带各类专业店、专卖店、餐饮店、休闲娱乐场所等，业态经营比例通常为：购物、餐饮、休闲1：1：1。

（3）目标顾客以流动顾客为主。购物中心规模大、交通便利，另配备停车场，根据购物中心的位置及经营规模，商圈辐射范围大小不一，小型购物中心商圈半径通常为5千米~10千米，超级购物中心商圈半径可达50千米以上，还可吸引临近城市的流动人口。

到购物中心购物的顾客根据其目的性不同可分为逛街休闲型、全能型、普通购物型三类。逛街休闲型顾客到购物中心的目的是休闲娱乐、放松心情，注重购物中心的休闲娱乐功能；全能型顾客到购物中心是集购物、娱乐、用餐于一体，他们注重购物中心提供的一站式综合服务；普通购物型顾客到购物中心的目的就是购物，看中购物中心零售店面的齐全性，对于购物中心的娱乐、餐饮等其他功能不在意。

（4）实行统一管理，购物环境优美。购物中心由发起者有计划地开设，实行商业公司化管理，中心内设商店管理委员会，实行统一管理，共同开展广告宣传活动；购物中心设施豪华、店堂典雅、宽敞明亮，多实行卖场租赁制。

3.购物中心的发展

20世纪80年代以前，我国没有购物中心，常见的主要是各种类型的供销社、百货大楼。90年代中期，随着上海港汇商城、广州天河城、北京国贸中心的陆续建成开业，开始拥有了一批业态复合度较高、规模和面积也较大且经营较成功的真正的购物中心。2003年年底，中国省会以上城市购物中心总体数量为236家；2011年年底，全国大型购物中心数量达到2 795家。

近几年，中国实体零售行业规模持续扩大、创新转型步伐不断加快，购物中心和便利店是其中发展速度最快的两种业态。商务部2017年6月22首次发布了中国购物中心发展指数，从整体指数、区域表现、物业分类等角度分析了我国购物中心的市场表现。

（1）总体指数和分项指标。购物中心发展整体市场好于预期，未来走势进一步趋好。2016年全国综合指数为67.2，高出荣枯线17.2，表明整体购物中心行业处于健康向上的通道内。其中，现状指数64.2，高出荣枯线14.2，显示出购物中心业主对现阶段的零售市场和物业运营情况持有较强的信心。预期指数为71.7，高出荣枯线21.7，进一步高出现状指数7.5，表明业主对未来短期市场的发展趋势持更为乐观、向好的态度。

（2）分区域和城市指数解读。

①华东、华北地区领先，东北地区发展较慢。从区域看，全国七个主要区域综合指数均在荣枯线以上，表明全国购物中心市场发展整体态势较好，但区域间的发展速度仍然存在较大的差异。华北、华东在北京、上海两个超一线城市以及京津冀、长三角城市群协同发展的带动下，市场增速明显领先于其他区域；东北地区整体经济增长乏力，使得整个东北地区的品牌渗透速度滞缓。

②一线城市现状和预期均大幅领先全国市场，二线城市受压于大体量新增供应，三线城市有待高品质物业开发。从城市看，北、上、广、深四个一线城市在综合指数分值上领先于二线和三线及以下城市。

京、沪两地在推进一线城市领跑全国零售市场上起到了绝对的标杆作用，在优质零售物业存量规模上，截至2016年年底，北京和上海两地亦分别以880万和790万平方米的零售物业存量占据全国前两位。

二线城市综合指数 65.6，略低于三线及以下城市的 67.8。近年来，二线城市的购物中心开发和建设进入高峰期，大体量的新增项目入市使得业主在招商层面的竞争加剧。与此相反，城市、商圈相对闭合的三线及以下城市，优质购物中心项目选择较少。

而以网购为主要途径的品牌宣传正迅速培育起此类城市消费者的品牌认知度，加上可支配收入的不断增长，越来越多的品牌意欲进驻和布局远离经济核心区的、较低能级的人口节点型城市，如昆明、南宁、芜湖等。物业选择空间有限但租赁增长使得三线市场表现颇好。

（3）分物业类型指数解读。整体上看，奥特莱斯一枝独秀，社区型物业运营表现良好。

奥特莱斯型物业综合指数 71.2，高出其他三类物业的分值，包括都市型（62.7）、地区型（68.4）和社区型（69.8）。

近年来，受惠于居民收入增长、品牌敏感度提升、私家车保有量递增等因素，奥特莱斯销售情况良好，新增和建设中的项目在全国遍地开花。以百联、王府井、砂之船、首创为第一梯队的国内运营商深耕市场，以 RDM 集团、唯泰集团、九龙仓为代表的国际知名运营商进驻中国，进一步提升了奥特莱斯的运营标准和品牌质量。

尽管社区型物业在物业体量、业态多样化、品牌丰富度等方面略逊于其他类型，但在直接体现销售额和租金收入的"运营能力"指标上，社区型物业 97.4，明显高于都市型物业（81.0）和地区型物业（89.6）。以周边居民为主、以生活服务和周末家庭休闲消费为核心的功能定位使得社区型物业在客流和销售额方面都表现稳定。

@ 小资料 3-4

当前，我国主要购物中心的分布情况见表 3-5。

表 3-5   我国主要购物中心分布（排名不分先后）

企业名称	购物中心名称	企业注册地
万达集团	万达广场	大连
中粮集团	大悦城	北京
华润集团	万象城	深圳
星河集团	COCO Park	深圳
恒隆集团	恒隆广场	上海
天河城集团	天河城	广州
新鸿基地产	国金中心	上海
凯德集团	来福士广场	上海
银泰集团	银泰中心	北京
国华置业	华贸中心	北京

3.2.5　专业店

1.专业店的含义

专业店是指以经营某一大类商品为主，配备具有丰富专业知识的销售人员，提供适当售后服务，满足消费者对某大类商品选择需求的零售业态。

专业店是百货店的分化形式，百货店虽然商品种类齐全，类别范围广泛，但商品系列化和专业化程度不一定很高。随着制造业的不断发展、商品系列化程度的提高，从百货店中分化出来专门经营一类或相关联的几类商品的专门商店，逐步发展成为专业店，如经营一类商品的鞋店、布店、肉店、眼镜店等，经营若干种相关联商品的食品店、文具店、工艺品店等。知名专业店有苏宁、国美的电器专业店，以及家居建材店。

2.专业店的业态特征

（1）专业店选址多样化，通常选址在城市繁华的商业区、专业街或者百货店、购物中心内；门店营业面积根据主营商品特点而定。

（2）商品结构上，专业店经营的产品较窄，但规格齐全，体现专业性、深度性，品种丰富，选择余地大，主营商品占经营商品的90%以上。

（3）目标顾客选购的目的性较强。专业店消费人群以有目的地选购某一类商品的流动顾客为主，这类消费者对专营商品有较强的消费偏好，喜欢在专业化的店铺中进行比较选购。

（4）服务周到灵活。在专业店购物的消费者，具有一定的专门知识，眼光挑剔，购买介入较高。因此，专业店通常配备具有丰富商品知识和熟练销售技能的营业员和导购员，在推介商品的同时还能够帮助顾客进行消费设计，根据消费者的需求特点，为顾客设计生活、指导消费，提供多种个性化服务、多功能服务以及专项服务。例如，珠宝专营店的营业员，售前需要提供珠宝的鉴定书，售中需要介绍珠宝的成色、款式特点；售后还要提供专业的清洗与维护。

@**知识拓展3-2**

专业店发展演变的三个阶段

1.独立化阶段

最早开设专业店铺的是手工工匠，随着生产力的发展，专门从事店铺经营的商人出现，随之独立化的专业商店便产生了，专业商店独立化是行商发展为坐商的结果。早在路易十三时代，就有一些行商告别浪迹生涯，在城市中开小店铺，与工匠为邻。除了一些杂货店外，还出现了一些专门形式的商店，诸如按斤两出售的食品店；按尺寸出售的绸布店；按件数出售的五金店等。到17世纪，专业店铺蓬勃发展，城中的临街建筑几乎都被改造成店铺。商店很注重装饰，他们争相安装镜子、金色廊柱以及青铜的灯饰等，以显示其豪华气派。

2.分化阶段

18世纪时，西方零售业的主要形式是杂货商店，提供日常所需的商品，遍布乡间。城市的发展，使城市居民产生了对特定产品的选择性需求，各类专业商店应运而生。19世纪上半期，是西方专业商店发展最为迅速的阶段，但大多以小店铺为主。

工业化的发展，改变了人们的生活方式，休闲阶层产生，追求享乐和漂亮的女士们掀起了一股消费潮流，这股潮流使专业商店发生了分化。一部分成为满足人们日常生活需要的专业店，例如，肉店、面包店、鞋店、帽店和食品杂货店；另一部分成为满足人们新潮消费的精品店，例如，时装店、珠宝店、首饰店、香水店、化妆品店等。

3. 高档化阶段

第二次世界大战后，专业商店向高档化方向发展。提起专业店，在人们脑海中已不是肉铺、菜店和粮店，而是时装、香水店、电器店等。专业店的高档化的确使其风光一时，但20世纪70年代以后，大型百货商店放弃了过去价廉货全的特色，开始突出专业化，并提高商品档次，重点经营女用饰品和装饰用品，每种商品都可以建成一个独立的专业商店。这使大型百货商店走出了困境，却使专业商店步履艰难。专业店发展开始回归理性，不再强调高档与豪华，而是回归"专"的根本特征。

资料来源　根据网络资料整理.

3.2.6　专卖店

1. 专卖店的含义

专卖店是指专门经营或者授权经营制造商品牌和中间商品牌、适应消费者对品牌选择需求的零售业态。

专卖店是在专业店基础上发展起来的。随着消费者对商品商标的广泛关注、对品牌商品的热衷，以品牌来划分的专卖店也步入了蓬勃发展时期。目前拥有著名品牌的制造商相继开发了同品牌的系列产品，从而使专卖店经营的商品种类也在不断增加，如格力专卖店、苹果专卖店、阿迪达斯专卖店等。

2. 专卖店的业态特征

（1）专卖店选址与专业店一样多样化，通常选址在城市繁华的商业区、专业街或者百货店、购物中心内；门店营业面积根据主营商品特点而定。

（2）商品结构上，专卖店以著名品牌、大众品牌为主，商品类别跨度大，往往是同品牌的系列商品。同时，商品专一、品质有保证也是专卖店商品经营的基本特点。专卖店经营的品牌具有排他性，强调品牌经营的个性化。

个性化表现在诸多方面：商品的品牌附加值大；服务有很强的针对性和情感效应，例如，专卖店的会员管理较专业店更细致；店面装潢上别具一格，注重个性化的CIS设计。

（3）目标顾客多为对品牌有一定选择的消费者。专卖店消费人群以追求品牌信赖的中高档消费者和时尚年轻消费者为主。例如，耐克体育用品专卖店，就是满足消费水平较高的体育爱好者对品牌体育用品的专门需求。

（4）品牌更具信誉优势。纵观国内外的专卖店不难发现，历史悠久、发展较好的品牌专卖店，均是依靠艰苦努力，经过长时间的积累，创立了稳定扎实的企业信誉和企业知名度，形成了独特的品牌优势，建立了稳定的顾客群。

（5）专卖店更具扩张力。无论是专业店还是专卖店，经营规模相对较小，面对日益激烈的市场竞争，要形成自己的竞争优势，必须开展连锁经营，而强调品牌经营的专卖店，在开展连锁经营的道路上则更为顺畅。有两点原因：一是对消费者而言，具有一定品牌知名度的商品和提供个性化服务的专卖店更具吸引力；二是在推广连锁经营过程中，专卖店更易引起加盟商的关注，有利于通过特许加盟的方式进行规模扩张。

@知识拓展3-3

店长通道：实体店服务的十个细节

1. 微笑。
2. 具备专业知识，为顾客选购提供建议。
3. 不过度推销，让顾客买下不需要的商品。
4. 退货应和购买一样顺畅、无障碍。
5. 顾客永远在第一位。
6. 就算商品缺货，也要满足顾客需求。
7. 要用最完美的方式回答顾客的问询。
8. 真诚地承认错误，比强词夺理好得多。
9. 要始终如一对地待顾客。
10. 写张感谢卡。

3.2.7 仓储式商场

1. 仓储式商场的含义

仓储式商场又称为仓储式超市或货仓式商场，是指实行储销一体、低价销售、提供有限服务并采取自我服务销售方式的零售业态。

仓储式商场于1968年起源于荷兰，最具代表性的是SHV集团的"万客隆"。1976年，索尔·普莱斯（Soloman Price）在圣地亚哥创建了美国第一家仓储式商场——价格俱乐部（Price Club）。此后，仓储式商场便在北美各地相继出现，逐步发展成为一种新型的商业形式。20世纪90年代初，仓储式商场进入我国，开始进入中国消费者的生活。

2. 仓储式商场的业态特征

（1）仓储式商场选址通常在交通便利的城乡结合部，并配有大型停车场；卖场规模大，营业面积一般在6 000平方米以上；仓储式商场内部极少进行豪华装饰，一切以简洁自然为特色，投入少，大多利用闲置仓库、厂房运行。例如，麦德龙仓储式商场，营业面积一般为15 000~20 000平方米，并配备与营业面积几乎相当的停车场。

（2）商品结构主要以食品（少部分生鲜食品）、家用品、服装、文具、家用电器等商品为主，商品种类繁多，一般在4 000种以上；商品以大包装形式实行低价、批量销售。像麦德龙商品通常在20 000种以上，其中食品占40%，非食品占60%。食品类商品以时令果蔬、鲜肉、鲜鱼、奶制品、冷冻品、罐头、粮食制品、饮料、甜点为主，品种相对稳定。

（3）采用会员制。目标顾客以中小零售商、餐饮店、企业团购和有交通工具的家庭消费者为主。仓储式商场一般采取向固定消费人群服务的会员制，这也是其区别于一般超市的最大特点。会员制根据对象特征可分为两种类型：一类是专为企事业单位服务的法人会员制，如麦德龙仓储式商场；一类是法人会员和个人会员兼有的，如沃尔玛的山姆会员店。根据是否收费也可分为两种：一类是不收取会费的，如麦德龙；一类是收取一定会费的，如山姆会员店。

（4）采取C&C（Cash and Carry）的销售方式，即现购自运的销售方式，特指仓储式商场的自助式批发模式，由顾客自行挑选商品，支付现金并运走货物。与传统的批发相比，现购自运的优势在于较好的性价比，食品和非食品分类范围广，即时获得商品以及更长的营业时间。

（5）实行储销一体的经营方式。卖场利用仓储式货架陈列商品，卖场本身兼有仓库功能，集营业场所与仓储场所于一体，不需另设仓库，削减储存成本，节省投资费用。像麦德龙仓储式商场从外观看就像一个现代化的大仓库，内部结构比较简单，通常采用高4.5米的工业用大型货架，货架下半部分用于商品的陈列展示，而其上半部分则用于相应商品的存放，起到了仓库的作用，从而使销售和仓储合为一体。

@ **知识拓展3-4**

仓储式商场的营销优势

与大型超市相比，仓储式商场有其自身的优势和经营特色，主要表现在以下几方面：

1.薄利多销的营销战略。国外仓储式商场的销售价格一般低于市场价格20%以上，毛利率为8%左右。在经营过程中，仓储式商场通过低成本达到低价格，实现薄利多销的战略。一般的仓储式商场都是通过以下途径来降低成本和价格的：一是将商场建在地价便宜的城乡结合部或远离市区，由于地价较低，从而降低了经营成本；二是商场内外只进行简单装修，利用廉价设施，降低费用；三是大批从厂家直接进货，省略中间环节，降低进货成本；四是商品开架陈列，自助式售货，品种多，人员少，并且商品整箱整盒堆放，定量包装，便于顾客批量购买，从而节约大量的人工成本；五是仓场合一，即把仓库与商场结合起来，节约了仓储费用；六是一般不做商业广告，而以其营销特色和服务质量吸引消费者。总之，仓储式商场让消费者真正体验到了实在、优惠、方便，满足了消费者现实的购物消费生活水准的需要。仓储式商场这样运行，尽管商品价格低、利润薄，但消费群体大、运转快、购物次数频繁，薄利照样可以有可观的效益。

2.建立与消费者合作的稳定的营销关系。仓储式商场经营大都实行会员制销售方式，即向特定的消费者发放会员卡，一般交纳少量费用或不交费用以组织入会，会员持卡可以享受信息、商品、价格等方面的优惠，通过这种组织可以稳定基本客源和骨干客源。同时，会员卡制度也是一种价格促销制度。

3.实行科学规范的连锁经营管理。仓储式商场集批发、零售于一身，这种商场规模大、投资少、价格低，并且对商品的进、销、存采取科学规范的电脑控制管理，有利于实现规模经营。采用规范的连锁化经营，可通过大批量进货，享受厂家折扣；同时通过采购、送货、销售、经营的专业化，实现规模效益；通过连锁化提高了规模经济和效益，树立了企业的整体形象，在更大程度上提高企业的知名度。

4.精选大众化的畅销日用商品。与大型百货商店比较，仓储式商场经营商品的种类数量并不占优势，但易形成自身的商品特色。一是从商品大类中筛选出最畅销的大众化日用名牌商品经营，并在经营过程中根据需求变化不断调整，以确保市场份额；二是商品质量好，通过从厂家直接进货，严把商品质量关，确保出售货真价实、质量优良的商品；三是仓储式商场都会领先于其他商场率先销售新产品，以满足消费者对新产品的追逐。

资料来源　根据网络资料整理。

3.2.8　厂家直销中心

1.厂家直销中心的含义

厂家直销中心是指由生产商直接设立或独立经营者设立，专门经营企业品牌商品，并且多个品牌集中在一处销售的零售业态。

厂家直销中心是20世纪80年代中期在美国出现的一种新的经济形式，短短十几年已获得较大的发展，遍布全美各州，几乎所有城市周边都有这类厂家直销门市部汇集而成的购物场所。

厂家直销中心通常由房地产开发商在城市与城市之间交通方便的地方建筑简易的、有一定规模的联体式独立商店，以租赁形式供生产商直接销售商品。厂家直销中心地处郊外，装修简易，造价低，租金低，加上厂家直接销售不经过商业的中间环节，因此，价格非常便宜，同类产品低于市场价格30%~70%，少数达到80%，因此，特别受到中低收入消费者的欢迎。

2.厂家直销中心的业态特征

（1）厂家直销集中化。许多不同厂家集中在一起直接销售自己的产品，产生集聚效应，价格便宜、品种多、档次齐，产生巨大的辐射力，对周围发生影响，成为低收入阶层假日消闲和理想的购物场所。

（2）物业管理专业化。厂家与直销中心是两个法人的租赁关系。厂家按经营面积支付一定的租金（包括停车场用地费、服务费、管理费和财产税），物业管理，包括卫生、维修、信用咨询等均由直销中心负责。直销中心还专门设立顾客服务中心，为顾客提供信息、咨询、代理、礼品包装等多项服务，同时负责处理顾客与厂家的关系。可以短期租赁，也可以协调长期租赁，一般租期为5~7年，最长可达10年。

（3）商品价格大众化。厂家直销中心因为减少大量中间环节所带来的高额费用，所以其以低价招揽大批顾客，少数商品的零售价只有市价的20%~30%，一般商品比市区商店同一品牌低30%~40%。如美国的厂家直销中心史努比玩具狗市价为17.99美元，这里只卖4.99美元，是市价的28%。这就是直销中心总是顾客盈门的关键所在。

（4）经营商圈扩大化。厂家直销中心的最大特点是停车场面积大，停车场面积与营业面积的比例为4∶1或5∶1，这样就以容纳驾车购物的大量顾客，形成行车半小时到1小时，距离80千米~100千米的巨大商圈。如设在美国75号与57号高速公路交叉处的普瑞米欧厂家直销中心，距底特律市的汽车行程为75分钟，距弗林特市20分钟，距塞诺20分钟，距兰多75分钟，形成周围几百公里的商业圈。

@ **小资料3-5**

东莞工厂直销中心

东莞市由于其优越的地理位置，号称"世界工厂"，形成以电子信息、电气机械、纺织服装、家具、玩具、造纸及纸制品业、食品饮料、化工等八大产业为支柱的现代化工业体系。东莞工厂直销是指专门为东莞工厂设置以销售东莞产品为主，具有展示、批发、零售、贸易等功能的集中交易场所，它能提供从工厂到销售一站式服务，有效减少商品流通的中间环节，降低采购和销售的成本，一个便利、实惠的公共交易平台，也是帮助企业开拓市场的一种探索和尝试。根据东莞工厂直销中心的认定标准，只要是东莞的企业，都可以进驻东莞4个直销中心做内销，前2年不用缴纳租金。东莞市经信局要求，进驻直销中心的经营户以东莞工厂为主，比例不少于50%；除了提供2年免租的条件外，直销中心每年的宣传推广费用投入不少于200万元。而进驻的企业也并非没有义务，它们必须签订承诺书，保证销售本企业产品不低于60%，不发生假冒伪劣和侵权行为。

资料来源　作者根据网络资料整理.

3.3 连锁服务业态特征

3.3.1 住宿业

1.住宿业含义

住宿业（Lodging Industry）是指向消费者提供住宿和相关服务的行业。

住宿业古来有之，发展至今已有千年历史。然而，时至今日，关于住宿业的称谓还较为混乱，国家旅游局、商务部称为饭店，证券界称为酒店，统计局称为旅馆，政府文件称为宾馆。根据现代大众消费者的称谓习惯，我们将住宿业称为酒店。

住宿业业态是指住宿企业（酒店）为满足不同的消费需求进行相应的要素结合而形成的不同营业形态。

2.住宿业业态细分

住宿业业态常以企业的目标客源市场需求特点为基础，再根据经营档次、服务功能进行分类。

（1）根据目标客源的需求不同可分为政（公）务酒店、商务酒店、度假酒店、会议酒店、旅游酒店、主题酒店、精品酒店、交通酒店、长住酒店和家庭酒店十大类。

①政（公）务酒店：是以从事外交或政府公务活动的宾客为主要服务对象的酒店，一般位于城市的行政中心区域或城市主要景观区域。政务酒店建筑风格庄严气派，接待服务严谨规范，用于公务接待、会见、洽谈、会议、宴请的设施较为齐备。

②商务酒店：是以从事国内外商务活动的宾客为主要服务对象的酒店，一般位于城市金融、商业中心区或经济开发区。商务酒店建筑装饰富丽堂皇，服务细腻体贴，商务活动所需的设备设施与服务尤为齐全，如国际直拨电话、传真、会议室、商务中心、翻译服务、远程会议系统等。

③度假酒店：是以进行度假、休闲及娱乐活动的宾客为主要服务对象的酒店。一般位于海滨、山区、森林等具有独特自然景观的地区。酒店的娱乐、休闲和服务设施较为齐全，如骑马、垂钓、网球、安全等设施。

④会议酒店：是以组织和参加各种国际或国内会议、展览的国内外宾客为主要服务对象的酒店，一般位于城市的中心或交通便利的旅游胜地。会议酒店拥有不同种类与规格的

宴会厅、会议室、展览厅等，并配有先进完善的会议设备，如投影仪、影音设备、通信设备等。

⑤旅游酒店：是以接待国内外旅游团体和自助游客为主要服务对象的酒店，一般位于旅游城市或旅游景区。旅游酒店服务设施和项目较为齐全，以满足游客休息、娱乐、购物的综合需要。

⑥主题酒店：是以对酒店建筑装饰和差异化服务有独特偏好的顾客为主要服务对象的酒店。酒店选址较为多样化，主要位于城市中心和主要景观周边。酒店建筑物本身特色鲜明，一个主题或多个主题贯穿于服务各个环节，并提供相对独特的个性化服务。如婚庆主题酒店等。

⑦精品酒店：是以接待需求独特、个性化服务的顾客为主要服务对象的酒店。酒店选址多样，但一般位置有特色。精品酒店的布局和服务更具个性和差异化、时尚化，充分体现了酒店文化的多样性。

⑧交通酒店：是以在各种交通枢纽进行中转而进行短期住宿的宾客为主要服务对象的酒店，一般位于机场、火车站、汽车站、渡口等交通枢纽附近，提供较为简单和便捷的服务。

⑨长住酒店：是以停留时间比较长（通常为一周以上）的顾客为主要服务对象的酒店，一般位于城市中心区域或交通便利区域。客房内部设施家居功能较为明显，部分还设有厨房，提供简单的酒店服务。

⑩家庭酒店：是以体验民居文化为目的顾客为主要服务对象的酒店，一般以家庭自有建筑为住宿设施。客房数相对较少，部分服务项目为顾客自助式。

（2）根据经营档次的不同可分为超豪华型酒店、豪华型酒店、中档型酒店、经济型酒店、超经济型酒店五类。

①超豪华型酒店：是面向市场中最高端的住宿需求，以极高的价格提供达到最高服务水准的住宿设施与服务的酒店。建筑设计独具一格，设施设备奢华，产品和服务质量卓越，环境氛围和文化品位一流。价格一般在区域市场中处于最高的5%以内。

②豪华型酒店：是面向高档住宿客人的需求，以较高的价格提供优质接待水准的住宿设施与服务的酒店。设施设备豪华精美，服务质量一流，舒适程度和文化品位达到市场前列。其价格一般在区域市场酒店业价格区间中处于最高的5%~30%之间。

③中档型酒店：是面向中档住宿顾客的需求，以合理的价格提供具有较高接待水准的住宿设施与服务的酒店。中档型酒店更加关注客人的满意度，服务质量优秀，设施设备更加舒适，达到或略高于市场平均水平。其价格一般在区域市场酒店价格区间中处于中间的40%~70%之间。

④经济型酒店：是面向大众顾客，以相对较低的价格提供具有一定接待水准的住宿设施与服务的酒店。经济型酒店以客房为唯一或核心产品，服务标准，环境舒适，硬件上乘，性价比较高，其价格一般在区域市场酒店业价格区间中处于最低的20%~40%之间。

⑤超经济型酒店：是面向最关注价格的住宿客人，以低廉的价格提供基本的设施和基本的服务，满足住宿客人最简单的住宿需求的酒店。其价格一般在区域市场酒店业价格区间处于最低的20%以内。

根据中国近年来住宿业发展现状，开展连锁经营模式的以经济型酒店最为突出。

@ 知识拓展3-5

经济型连锁酒店的基本特征

经济型酒店一般采取连锁经营的方式，通过连锁经营达到规模经济，提高品牌价值。这也是目前在酒店业发展中，经济型酒店区别于其他酒店的鲜明特征。除此以外，经济型连锁酒店在经营中还具有以下特征：

第一，产品的有限性。经济型连锁酒店紧扣酒店的核心价值——住宿，以客房产品为灵魂，去除了其他非必需的服务，从而大幅度削减了成本。一般来说，经济型酒店只提供客房和早餐，一些有限服务酒店还提供简单的餐饮、健身和会议设施。

第二，产品和服务的优质性。与一般酒店不同的是，经济型连锁酒店非常强调客房设施的舒适性和服务的标准化，突出清洁卫生、舒适方便的特点。

第三，价格的经济性。相对于高档酒店动辄上千元的房价，经济型酒店的价格一般在人民币300元以下，更受到大众消费群体的欢迎。

第四，客层大众化。经济型酒店的目标市场是一般商务人士、工薪阶层、普通自费旅游者和学生群体等。而高档酒店往往以高端商务客人、高收入阶层、公费旅客为主要目标市场。

第五，经营品牌化。经济型连锁酒店比较注重品牌形象的塑造。对于消费者来说，选择品牌连锁酒店入住的原因便是因为品牌效应的影响。生活中随处可见的连锁酒店品牌，能够给予消费者更多的信任感以及依赖感。消费者一方面看重价格，另一方面看重质量，连锁酒店品牌一般都会在这二者之上做出保证。

资料来源　作者根据网络资料整理.

3.3.2　餐饮业

1.餐饮业含义

餐饮业（Catering Industry）是通过集即时加工制作、商业销售和服务性劳动于一体，向消费者专门提供各种酒水、食品，消费场所和设施的食品生产经营行业。

欧美《标准行业分类法》中的餐饮业是指以商业赢利为目的的餐饮服务机构。

根据我国《国民经济行业分类注释》的定义，餐饮业是指在一定场所，对食物进行现场烹饪、调制，并出售给顾客，主要供现场消费的服务活动。

2.餐饮业特点

（1）一次性。餐饮服务一次使用，当场享受，当客人进入餐厅后服务才能进行，客人离店时，服务自然终止。

（2）无形性。与其他商品销售不同，餐饮业在服务效用上具有无形性，因此只能通过就客人购买、消费、享受服务之后所得到的亲身感受来评价其好坏。

（3）差异性。餐饮服务的差异性一方面是指餐饮服务是由餐饮部门工作人员手工完成的，受个体年龄、性别、性格、素质和文化程度等因素的差异化影响，为客人提供的餐饮服务也会产生差异；另一方面，同一服务员在不同的场合、不同的时间，或面对不同的客人，其服务态度和服务方式也会有一定的差异。

（4）直接性。餐饮产品不同于一般的工农业产品，它的生产、销售，消费几乎是同步进行的。因而生产者与消费者之间是当面服务，当面消费，当出现质量问题时，无法返工。

3.餐饮业业态细分

餐饮业态的内在组合要素包括目标市场、产品结构、服务方式、硬件设施、价格策略等。餐饮业态的实质是这些要素的组合，组合不同就会产生不同的效果，就会有不同的市场表现。根据我国餐饮业态特点，可将餐饮业分为旅游酒店餐饮、餐厅（中餐、西餐）、自助餐和快餐业、冷饮业和摊贩五大类。

（1）旅游酒店餐饮。旅游酒店餐饮主要指旅游酒店的餐饮服务功能。以高雅的格调、精美的餐具、世界的饮食观和完善的服务，吸引大量本地、外地的客源；酒店场地大、设备齐全、员工专业水准高，因此可同时兼具美食宴会、婚丧喜庆、展示会议等其他功能，引导餐饮潮流的盛行。

（2）餐厅。餐厅是指外食者正式用餐的场所。一般餐厅依产品口味的不同，可分为中餐厅、西餐厅两种。

①中餐厅，即提供中式菜肴的餐馆，且既有小吃，又有大菜，如川菜馆、鲁菜馆、粤菜馆、湘菜馆等。

②西餐厅，是指装潢西化、供应欧美餐饮及以西式服务为主的餐厅。

（3）自助餐和快餐业。

①自助餐，是以低廉的价格快速供应营养丰富、菜式多样的饮食，供在外工作、上学的人食用。目前自助餐除了广泛运用于学校、机关等团体外，还为一般商业型餐厅普遍接受，自助餐已成为全世界流行的一种用餐方式。

②快餐业，快餐业又称为盒饭业，是以米食为主的民族的一大餐饮特色。快餐的主要供应对象是学生、工厂和机关的员工及医院中的病人，菜色搭配种类多样化，价格合理，缺点是质量及卫生状况参差不齐。

（4）冷饮业。冷饮业的销售形式有价格低廉的传统冰店，也有近年来风行的自动售货机，还有从国外引进的环境舒适、价格较为昂贵的酸乳酪店、冰淇淋店。目前市场上的冷饮业正从具有卫生隐患的传统冷饮店向连锁化经营的现代化冷饮店过渡，冷饮业将呈现出崭新的经营面貌。

（5）摊贩。摊贩是我国饮食文化的一部分，我国摊贩的性质和欧美所谓的快餐车类似，往往出现在集市、公园、街口转角等，以提供简单快速的食物为主，以价格低廉、购买便利受到消费者喜爱。

@**知识拓展3-6**

我国餐饮行业发展的三大特征

俗话说：民以食为天。这就注定了餐饮行业是一个不会衰落的行业。尤其是近几年，我国餐饮市场得到了巨大的发展，与此同时，行业竞争也越来越大。那么，目前我国餐饮行业是怎么一个发展情况呢？

一、广东、山东、江苏是全国餐饮收入最高的三个省份

根据各省份2016年统计公报中餐饮收入公开数据排序，广东、山东、江苏成为全国餐饮收入最高的三个省份，河南、浙江、四川、湖北、湖南、辽宁、福建紧随其后，排名前十。前 9 个餐饮大省餐饮收入共计 28 011.7 亿元，占全国餐饮收入的 64.3%，这些区域在全国餐饮业中发挥着举足轻重的作用。

二、2016 年餐厅开关店趋势：关店数为开店数的 90%

在餐饮行业，各品类门店的开关店与门店存量情况是行业发展的晴雨表。报告表明，已关餐厅平均寿命为 508 天，2016 年关店数为开店数的 90%，餐饮行业整体竞争越发激烈。

而具体到各种不同品类门店的发展情况，报告数据显示，在美团点评收录的十万门店以上的餐厅品类中，江浙菜开店率高、关店率低，呈现高增长趋势，门店多的省份集中在东部和南部，川菜、面包甜点等品类开店率均较低。

在一万到十万门店的品类中，江西菜和北京菜发展势头良好，增长率极高，其中 2016 年江西菜在江西省外的增长率高达 83%；新疆菜、湘菜呈衰退态势，青海、宁夏、西藏等地的新疆菜门店数 2016 年年底较年初下降超过 50%。

五千到一万门店品类主要是徽菜、云贵菜、台湾菜、鲁菜等，其中前三者的开店率都较高。云贵菜在外省的门店数上升趋势明显，新疆、青海等省份增长率均超过 150%。

三、中国餐饮业进入了提质转型升级的新阶段

一是发展处于黄金期。1980 年至 2016 年，中国服务业增加值年均增速超过 17%，增加值占 GDP 增加值的比重从 22.3% 上升到 51.6%，成为经济增长的主要动力。中国餐饮业发展蓝皮书（2016—2017 年度）指出，从国家层面看，餐饮业正在成为中国大力发展的综合性民生产业。

二是产业处于升级期。2016 年中国实现餐饮收入 35 799 亿元人民币，占社会消费品零售总额的 10.77%，同比增长 10.8%，增速比商品销售快了 0.4 个百分点。中国餐饮业发展蓝皮书（2016—2017 年度）认为，餐饮业发展方式加速向质量效益型转变，发展动能逐步从依靠传统核心资源支撑、规模增长向产业深度融合、产品技术创新驱动转变。

三是市场处于规范期。中国餐饮业发展蓝皮书（2016—2017 年度）指出，餐饮业是居民生活服务性行业，也是典型的窗口行业，餐饮市场秩序和服务水平是人民重要的利益诉求，在一定程度上代表着国家和地区的形象。

资料来源　未来餐饮. 目前我国餐饮行业发展的这三大特征，你不得不知！[EB/OL]. [2017-07-02]. http://www.toutiao.com/i6437987394145747457/.

3.3.3　其他服务业态

1.洗衣店

洗衣店是指专门为大众提供服装洗涤服务的商业形态，洗衣服务商把自己开发的产品系统、服务系统、技术系统、品牌系统（商标、商号），以服务化的形式，转化成干净的、能再穿的衣服，延长衣物的使用寿命，保障穿着的美观，让更多的人享受到干净的、整洁的衣服。

洗衣店基本服务项目包括：干洗、水洗、专业去渍、熨烫、消毒、包装、精心织补、佩饰增补、皮革清洗护理等。

目前我国国内比较知名的洗衣连锁品牌有"福奈特""象王"等。

2.汽车美容店

所谓汽车美容连锁，是指一个汽车美容品牌持有者以同样的方式、同样的标准，在多处同样命名（店铺的装修、形象甚至汽车用品的陈列也都差不多）的服务店里，出售固有汽车用品，提供汽车养护改装等服务，这些同时经营的汽车美容店就被称为汽车美容连锁店，这种经营模式则被称为汽车美容连锁经营。

汽车美容店的服务项目包括：洗车、打蜡、汽车护理用品的选择与使用、汽车油漆护理（包括各类漆面缺陷的美容、汽车划痕修复等）、汽车整容及装饰等。

目前我国国内比较知名的汽车美容连锁品牌有"龟博士""小拇指"等。

3.家政服务中心

家政服务是指以家庭为主要服务对象，以家庭保洁、衣物洗涤、烹饪、家庭护理、婴幼儿看护等家庭日常生活事务为主要服务内容，由家庭服务经营者提供的营利性服务活动，是将部分家庭事务社会化、职业化、市场化的活动。

家政服务的基本项目包括：育婴早教、钟点服务、家教外教、水电维修、清洁清洗等。

本章小结

业态是企业的不同经营形态，是指企业在市场细分的基础上确定目标顾客的经营方式，与传统的业种分类不同，主要分类的目的是明确"如何销售"，而不是"销售什么"。

零售业业态是连锁模式发展的主战场。零售业各业态的主要区别在于其"目标顾客定位不同"，相应的营销方式、商品结构和选址特征有着较大的差别。业态是企业适应市场变化的具体体现，其产生和发展是企业经营方式创新的成果。零售业态首先按是否有店铺可分为有店铺零售业态和无店铺零售业态两类，具体又分为十六种。初学者要掌握每种业态的业态特征和典型企业。

服务业经济活动最基本的特点是服务产品的生产、交换和消费紧密结合。服务业发展连锁经营，在扩展规模的同时更面临着"标准化"发展的挑战。经济型酒店、快餐、火锅、洗衣、汽车美容等连锁服务业成为规模与标准化发展的典范。

思考与实训

1.填空题

（1）业态是指企业为满足不同的消费需求而形成的不同的_____。

（2）经济型酒店一般采取_____方式，通过该方式达到规模经济，提高品牌价值。这也是目前在酒店业发展中，经济型酒店区别于其他酒店的鲜明特征。

（3）厂家直销中心与其他零售业态的典型区别是，其业主是_____企业。

（4）C＆C（Cash and Carry）的销售方式，即_____的销售方式。

2.选择题

（1）业态与业种的区别不包括（　　）。

A.目的不同　　　　　　　　　　　　　B.核心不同

C.经营重点不同　　　　　　　　　D.目标顾客不同

（2）超级市场与便利店的业态区别不包括（　　　）。

A.经营面积　　　　　　　　　　　B.目标顾客

C.营销重点　　　　　　　　　　　D.主营商品

（3）餐饮业的特点不包括（　　　）。

A.一次性　　　　　　　　　　　　B.无差异性

C.无形性　　　　　　　　　　　　D.直接性

3.简答题

（1）简述购物中心与百货商店业态特征的区别。

（2）简述仓储式商场与超级市场的业态区别。

（3）简述厂家直销中心的业态特征。

4.实训项目

在本市内每种业态分别找一家典型企业，通过网络了解其在本地的布局和发展特点。

案例分析

年营收超过3亿元 看Today如何成国内便利店界"异端"

Today今天24小时便利店，武汉今天梦想商贸有限公司旗下便利店品牌，是2017CCFA中国便利店人气加盟品牌。Today始终秉承着给消费者创造高品质的生活方式，不断刷新行业标准，颠覆行业模式，以共建民族品牌为使命，为温暖城市而深耕不辍。

一、爆品，即人气

在移动互联网时代，爆品代表着专注某一类用户，代表着以用户思维为导向的设计、研发、生产与销售，代表着真的找到了用户的痛点，而便利店要发展，一个关键因素是要有非常好的商品结构，即爆品，通过爆品吸引人气。

Today便利店内也有不少爆品，性价比非常高，深受顾客欢迎。比如，霜淇淋，吃了不长胖。这是Today的自有产品。通过互联网宣传+自身产品的魅力，成功地让日均销量（PSD）达到60，并且复购率高达90%。

二、用情怀武装品牌

如今人们可以淘遍全世界，可选的产品太多，正因为如此，带有情怀的品牌才有了市场。而在移动互联网时代，情怀最终铸就品牌性格。而有性格的品牌才能俘获消费者芳心，让消费者产生长久的依恋。

1.公众号将便利店做成故事会

打开Today便利店的微信公众号，你会有一种打开了一个有关创业鸡汤的公众号的感觉。吸引眼球的标题+诱导性的推荐，让公众号每天的文章推送变得接地气。

2.做迎合年轻人市场的事情

Today便利店目标消费群主要为16～30岁区间的年轻人。为了开拓这些年轻人的市场，门店在VI设计上选择了与日系便利店不同的亮绿、亮黄色，营销也多选用网红、时尚达人在新媒体渠道引领生活方式。

跟其他便利店不同，一般的Today便利店主要分两层，商品种类和数量不是很多：一楼是常规商品，但种类和数量较传统便利店少了许多；二楼为休闲区，复古怀旧的装修风格，让人有种走进咖啡馆的错觉。

3.便利店也可以有格调

充满情怀的地方，怎么能只卖商品？除了常规货品之外，Today便利店还售卖100%设计师独创生活品，这些商品由设计师专门设计，商品独一无二，为便利店内增添了不少艺术气息。另外，Today便利店的涂鸦也是店里一大亮点，让顾客坚信这是一家有态度的便利店。

4.营业24小时并不是为了销售而延长时间

便利店都是24小时营业，Today便利店亦然。但Today便利店创始人兼CEO宋迎春表示，营业24小时并不是为了销售而延长时间，更重要的是把每个时段用到极致。Today便利店在夜间最核心的价值不是做销售，而是做销售的准备工作。

三、做消费者的生活服务商

线下实体商业向体验和服务升级转型的过程中，其效率提升中蕴藏着巨大的机会，如果把实体店铺看成是一个基于信任关系背书的社交岛，把实体世界中的每一个人都连接起来，那实体商业就会呈现出互联网化的、与以前完全不同的图景。Today便利店希望成为消费者的生活服务商。便利店市场蛋糕足够大，谁能将服务做到极致，谁将获得更大的红利。未来Today便利店还会整合其他资源，做更多"便利店+生活服务"的事情。

资料来源　陈健玮. 年营收超过3亿元　看Today如何成国内便利店界"异端"［EB/OL］.［2017-06-15］. http：//news.winshang.com/html/061/8253.html.

案例解析：便利店近年来表现惊艳，成为零售行业消沉业绩里的一抹亮色。便利店能够异军突起，主要有两方面的原因。一是消费结构的变化，人们对即时消费需求的增加；二是搭载了众多互联网项目的便利店成为零售的新体验形式，吸引了资本的进入。正是看到了便利店未来的无限前景，一些创新型便利店随之破土而出，并不断寻求突破，而Today便利店就是其中的佼佼者。不过，对便利店行业来说，不管采用什么模式，终归要回到其商业本质上，即如何提升技术、运营、生产的效率，从而提高整个价值链的效率。

请思考：

（1）Today便利店如何突出"产品+服务"的特色？

（2）便利店迅速发展的原因有哪些？

第4章　连锁企业组织与职业发展

教学指导

学习目标

1. 掌握连锁企业组织结构的类型；
2. 熟悉典型业态就业岗位及职业发展路径；
3. 了解店长的素质能力模型；
4. 了解店长岗位职责和工作重点。

技能要点

1. 认识连锁企业岗位设置；
2. 设计自己的职业发展规划；
3. 明确店长岗位职责。

走进连锁企业，认识连锁企业，先从企业组织结构入手，不同业态的企业其内部的组织结构各不相同，组织结构决定企业部门和岗位设置；店长是连锁门店最高职位和负责人，也是有志从事连锁经营事业的同学的职业发展目标，熟悉和了解店长所需的能力素质、岗位职责及工作重点是学习本课程的重点目的之一。另外，从整个零售连锁业的发展来看，人才需求量大，就业前景广阔，本章选取了连锁经营3个典型的业态并对其岗位设置和职业发展路径进行阐述说明。

【引例】　　　　　　　　永辉超市的"合伙人"制度

自永辉推出合伙人制度后，越来越多的业界同行关注仿效。在实体零售业内外交困的当下，合伙人制度的出现有望成为门店业绩增长和留住人才的灵丹妙药。

以下是媒体采访永辉超市管理者的资料分享：

"合伙人"制度的核心就是：总部与经营单位（合伙人代表）根据历史数据和销售预测制定一个业绩标准，如果实际经营业绩超过了设立的标准，增量部分的利润按照比例在总部和合伙人之间进行分配。所谓经营单位，也就是总部与其进行利益分配的另一方。由于永辉有数万名员工，总部不可能与每一位员工去开会敲定合伙人制度的一些细节和考核标准。因此一般是以门店或者柜组为经营单位，他们代表基层员工参与合伙人计划，与总部讨论至关重要的业绩标准。

"这也是一个试错的过程，我们希望能够在未来找到一种科学的机制，像华为和万科那样，与每一位员工共享利益。永辉的合伙人制度最初是希望做到'增量利润的再分配'。"

2013年的一天，永辉集团董事长张轩松在门店调研时发现，基层员工收入低，工作积极性不高。他当时想，能不能给永辉每一位基层员工每个月增加三百元的收入？正是这一朴素的想法诞生了后来永辉内部推行的"合伙人"制度。

据悉，最开始，"合伙人"制度只在某些生鲜品类的销售岗位试行，因为销售岗位的业绩比较容易量化。在随后的2014年，永辉超市在全公司进行推广，"合伙人"制度的阳光普照到了几乎所有的基层岗位。

"事实上，一些后勤岗位也可以用量化的方式来推行合伙人计划。比如防损就有损耗率的考量，节省下来的钱就相当于利润。再比如工程部，在保证质量的前提下，省下来的预算也相当于业绩。"

"一般情况下，合伙人以门店为单位与总部来商谈。永辉总部代表、门店店长、经理以及课长，我们一起开会探讨一个预期的毛利额作为业绩标准。将来门店经营过程中，超过这一业绩标准的增量部分利润就会拿出来，按照合伙人的相关制度进行分红：或者三七，或四六，或二八。店长拿到这笔分红之后就会根据其门店岗位的贡献度进行二次分配，最终使得分红机制照顾到每一位基层员工"。

可以看出，永辉"合伙人"制度相当于总部与小团队的利益再分配。一个问题是，永辉推行合伙人制度目的是激励基层员工，一些小团队的负责人会不会中间"截留"利益而使得基层员工得不到奖励呢？

对此，永辉企业表示，首先永辉合伙人制度对分给基层员工的比例有明确的规定。其次，永辉总部将合伙人制度和相关条例完全透明公开，基层员工可以根据自己的业绩预见将来的分红。在这种情况下，经营单位的负责人也不敢"中饱私囊"。

合伙人制度推行以来，已经有不少基层员工从中获益。"从实行'合伙人'制以来，在原来工资、奖金一分钱不少的情况下，我基本上每个月都能多拿一两千元分红，多的时候两三千元，相当于在原来的基础上翻一番。"永辉一位肉禽课长表示。

此外，"合伙人"制还解决了一系列经营管理方面的瓶颈。如今，永辉超市的离职率约从8%降至4%，商品损耗率约从6%降至4%，上货率、更新率大为提高，商品质量、服务质量均有提升。

永辉合伙人制度，看上去是老板将自己应该得到的利润拿出去分给员工，貌似"吃亏了"，但其实这是最高明的激励措施。正如一位管理学专家所说：激励就是用将来的钱换取员工当下的努力。

企业的企字由"人"＋"止"组成，缺少人才，企业将停止。从汉字形状分析，"人"靠两足支撑，那么，企业靠什么支撑呢？企业的"两足"分为外足和内足，外足指的是顾客，内足指的是员工，所谓"把企业做小，把顾客与员工做大"，就因为企业是靠顾客和员工支撑起来的。把顾客做大，是实现企业的价值创造，而把员工做大，则是让员工发自内心地为顾客创造价值。

资料来源　赢商网.永辉超市合伙人制度解密［EB/OL］.［2016-12-15］. http://down.winshang.com/ghshow-712.html.

4.1 连锁企业的组织结构

4.1.1 连锁企业基本组织结构

连锁经营作为被众多行业采用的一种有效的商业模式，连锁企业的经营活动十分复杂，为了推动企业正常、稳定地运转和保障企业各项管理职能的充分发挥，实现其经营目标及绩效，必须根据企业的实际运作需要，设置管理职能机构和业务经营机构，这些职能机构和业务经营机构共同组成连锁企业组织的有机整体。

1.概念界定

组织结构（Organizational Structure）是指一个组织内各构成要素以及它们之间的相互关系，主要涉及企业部门构成、基本的岗位设置、权责关系、业务流程、管理流程及企业内部协调与控制机制等。

组织结构是表明组织各部分排列顺序、空间位置、聚散状态、联系方式以及各要素之间相互关系的一种模式，是整个管理系统的"框架"。组织结构是组织内全体成员为实现组织目标，在管理工作中进行分工协作，在职务范围、责任、权利方面所形成的结构体系。其本质是为实现组织战略目标而采取的一种分工协作体系，组织结构必须随着组织的重大战略调整而调整。

2.连锁企业组织结构

连锁企业组织结构是指连锁企业全体员工为实现企业目标而进行的分工协作，在职务范围、责任、权利等方面所形成的结构体系。

连锁企业基本组织结构由总部、门店和配送中心（或物流系统）组成，其中总部是连锁企业的最高层组织，是连锁经营的指挥领导层、经营决策层和后勤服务层；连锁门店是连锁经营的基础，承担着具体实施的执行功能，在总部的统一领导下，按照总部的标准化、专业化和集中化管理执行门店的具体营销服务业务；配送中心是连锁企业的物流机构，承担企业商品的物流配送职能，是连锁企业经营成功的重要保证。

4.1.2 连锁企业总部

1.总部组织结构

连锁企业总部是连锁企业的核心，它的组织结构代表了连锁企业的组织类型。确定了企业经营宗旨和战略目标之后，接着就要为实现战略目标设计相匹配的组织结构。根据连锁企业经营活动的复杂性和企业的规模，连锁企业总部的组织结构基本形式主要有三种。

（1）直线制。直线制是连锁企业最早也是最简单的组织结构形式，是指连锁企业各级行政单位从上到下实行垂直领导，下属部门只接受一个指令，各级主管负责人对所属单位的一切问题负责，它的特点是企业各级行政单位从上到下执行垂直领导，其结构如图4-1所示：

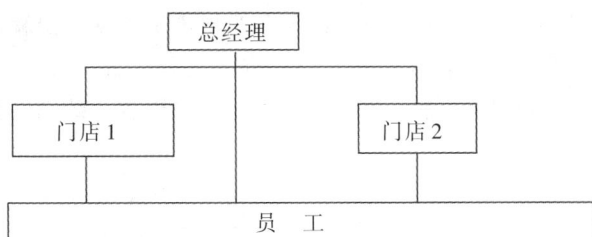

图4-1 连锁企业直线制组织结构

直线制组织结构的优点是结构比较简单，责任分明，命令统一。主要缺点是它要求行政负责人通晓多种知识和技能，亲自处理各种业务。这种形式比较适用于连锁企业初创阶段或企业规模较小、门店数目不多时。

（2）直线职能制。随着连锁企业规模的不断扩大，门店数量越来越多，经营管理实务也将越来越复杂。经营者由于知识、能力和体力等的限制无法独立完成所有的管理职能，势必会增加管理部门来协助经营者进行管理，直线职能制的组织结构形式就应运而生了。直线职能制也叫经营区域制，或直接参谋制，其结构如图4-2所示：

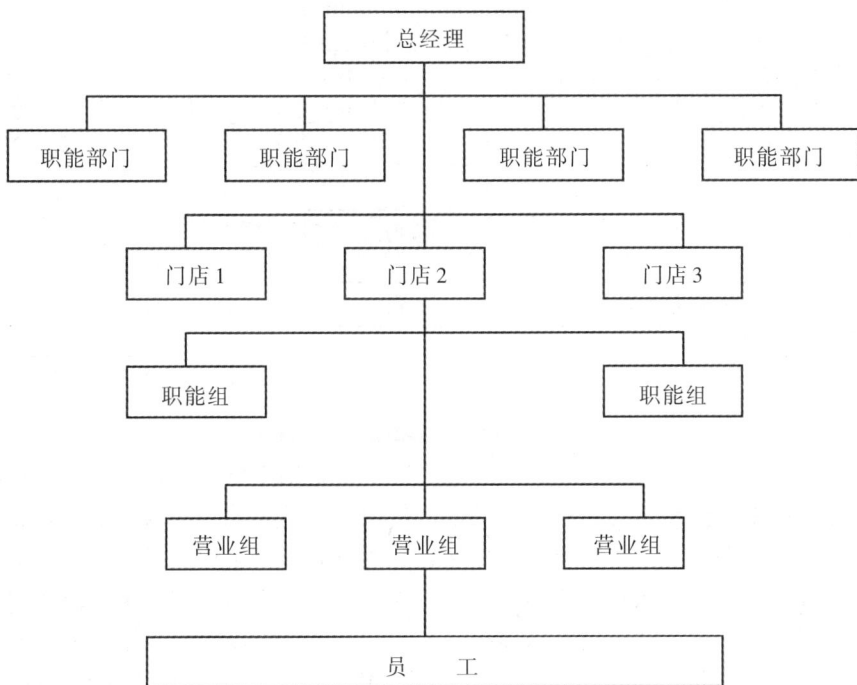

图4-2 连锁企业直线职能制组织结构

直线职能制的优点是既保证了企业管理体系的集中统一，又可以在各级行政负责人的领导下，充分发挥各专业管理部门的作用。其缺点是职能部门之间的协作和配合性较差，职能部门的许多工作要直接向上级领导报告、请示才能处理，这一方面加重了上层领导的工作负担，另一方面也造成了办事效率低。这种形式比较适用于区域型和扩张时期的连锁企业。

（3）事业部制。事业部制最早是由美国通用汽车公司总裁斯隆于1924年提出的，它是一种高度集权下的分权管理体制。当连锁企业的规模扩张到一定程度后，连锁企业管理的范围和幅度就越来越大，内容越来越复杂，许多运作已经很难完全由总部进行直接控制，为了适应企业扩张的需要，许多大型连锁企业都采用事业部制的组织结构，其结构如图4-3所示：

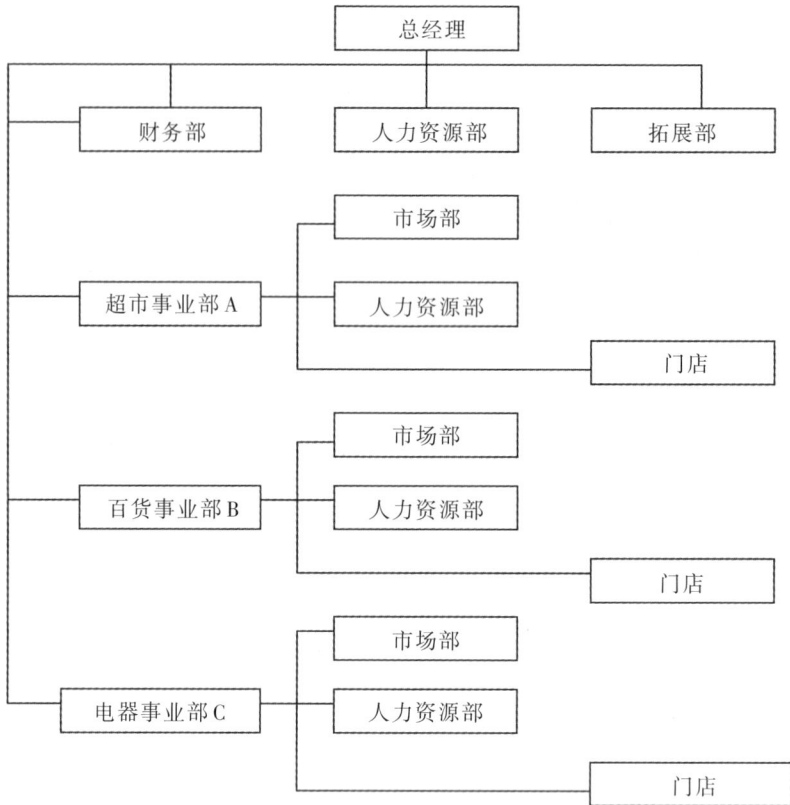

图4-3　连锁企业事业部制组织结构

事业部制的好处是：总部领导可以摆脱日常事务，集中精力考虑全局问题；事业部实行独立核算，更能发挥经营管理者的积极性，更便于组织专业化经营和实现企业的内部协作；各事业部之间有比较，有竞争，这种比较和竞争有利于企业的发展；事业部内部的经营活动之间容易协调，不像在直线职能制下需要高层管理部门过问，事业部经理要从事业部总体来考虑问题，这有利于培养和训练管理人才。事业部制的缺点是：公司与事业部的职能结构重叠，造成管理人员浪费；事业部实行独立核算，各事业部只考虑自身的利益，影响事业部之间的协作，一些业务联系与沟通往往也被经济管理所替代。

2.总部主要职能

连锁企业总部是连锁企业经营管理的核心，它除了具有决策职能、监督职能外，主要承担整体经营的设计功能。其基本职能包括：基本政策制定、连锁门店开发、商品采购管理、商品配送管理、资金运作管理、商品促销管理以及门店营运督导、信息化建设等。

（1）基本政策制定。连锁企业内部的基本政策是本企业连锁经营管理应遵循的方向，主要包括如下方面：

①制定发展战略。连锁企业要研究和制定企业的发展战略，如发展单一连锁模式，还是多种连锁模式相结合；由于竞争加剧，连锁经营业态模式也向多元化发展，如超级市场、便利店、线上线下相结合等。连锁企业总部应根据自己的实力，制定今后一定时期发展战略。

②明确组织形态。连锁经营的组织形态一般有两种：一种是由连锁企业总部管理下属所有门店，一般适用于一些中小型连锁企业或某些区域性连锁企业；另一种是"总部-地区管理部-门店"的组织模式，主要适用于大型连锁企业或全国型、跨国型的连锁企业。

③商品采购政策。连锁经营的基本特征之一是其商品采购政策实行购销分离，即商品采购完全由总部负责，门店则负责商品的销售。连锁企业总部应明确这一政策。

④确立配送模式。通常小型的连锁企业可以依靠社会配送，或建立单一的配送中心；但对于大型的连锁企业来说，就需要建立自己的配送中心，同时应考虑其配送中心如何划分，是按区域划分，还是按商品划分，或者是二者的结合。

⑤商品销售政策。商品的销售政策主要包括三个方面：一是商品的价格政策；二是商品的促销政策；三是卖场布局与商品陈列政策。

⑥劳动人事政策。劳动人事政策是对整个连锁企业人员的录用、培训、考核、奖励、福利待遇等进行计划、组织、控制和协调等管理工作的一系列标准。它是企业成败的关键，关系重大，涉及面广，直接影响到经营业务的各个方面，因而是连锁经营管理中的重要问题。其基本要求是引进激励机制、竞争机制和约束机制。在精简高效的前提下，尽可能提高员工的报酬和福利待遇。

（2）连锁门店开发。连锁门店开发是连锁企业经营的基础，总部应制定一整套门店开发的标准化作业，主要包括以下两方面：

①开店操作规范。它包括门店选址的各项标准，门店规划标准，工程发包作业准则，门店开发总流程表，以及部门、项目工作计划表、开业或评估标准等。

②开店作业流程。明确开店作业流程各节点的主要工作、任务和时间安排。

（3）商品采购管理。连锁企业总部应在坚持不折不扣的统一进货制度的同时，加强做好采购部经理、采购部工作人员的选择与配备，加强监控，把好商品关，不允许出现采购黑洞和不利于企业发展的潜流；总部应抓好主力商品的选择与培养，狠抓商品的适销率，因为商品的适销率高低最终反映了商品周转率的高低，总部的采购部要对整个连锁企业的销售负责；连锁企业总部还要抓好采购计划的准确性，努力做到以量压价，以降低进货成本，尤其是为保证主力商品货源供应的正常性，应制订主力商品的年度采购计划。

（4）商品配送管理。在商品配送管理问题上，连锁企业总部主要注意解决好四个方面问题：

第一，配送中心的规模和配送能力要与本连锁企业的发展规模和销售能力相适应，通常要保证配送的能力适当超出门店的销售能力，既不要造成配送能力大量放空的现象，也不要由于库存量过小和运输过紧而影响门店的销售和发展。

第二，不能不计成本，一味强调配送时间的准时性而盲目地增加配送次数，应该有精确的计算，将物流成本细化到单品。当然这种成本的控制，要在确保门店商品销售不缺货的前提条件下进行。

第三，提高商品的拆零组配率，以尽量减少门店的商品库存，减轻门店工作人员的劳动强度，这也是配送中心直接产生利润的重要一环。

第四，界定好配送中心对门店服务的具体标准，如配送次数、订货和配送到达的时间限制和每次最低配送量等。

（5）资金运作管理。连锁企业总部在资金运作管理中要注意三个问题：

第一，安排好进货资金、在途商品与库存商品资金、货款结算资金和发展资金的比例，在资金紧张的条件下，应重点保证进货资金和发展资金的使用；

第二，一刻不放松地抓好销售款项回笼至总部的时间控制，严肃在这一工作中的纪律；

第三，严格履行对供应商商品货款的结算制度，做到准时定额，以树立连锁企业良好的资信。

（6）商品促销管理。现代连锁企业的销售是一种全方位的促销管理。选择和利用适当的促销手段，是增加连锁企业销售额的重要方法。然而，促销效果未必与促销费用成正比，关键在于管理，通过有效的促销管理，才能确保促销效果，达成促进销售的目的，使销售业绩蒸蒸日上，促销管理主要分以下三个步骤：

①设定促销目标。主要有：提高营业额、提高毛利额、提高来客数、提高客单价等。

②拟订促销计划。主要应考虑的因素有：顾客购买特征、季节、月份、气候、节令、商品、促销主题、促销方式、宣传媒体、预算、法规、预期效益等。

③计划执行与评估。依据促销方案告知各有关部门人员配合执行，并于促销活动结束后进行评估。

（7）门店营运督导。总部对门店的营运过程负有监督指导的责任。通常总部有一批经过专门培训的优秀督导员，由他们负责对连锁企业各门店实行指导和监督工作。督导人员的主要业务项目包括：总部与门店的信息沟通；对门店的常规指导；门店的商品管理；门店的经营状况分析等。

（8）信息化建设。连锁总部应建立完善的企业电子信息系统，大力促进企业活动的信息化、智能化和网络化。如建立信息系统和决策支持系统，使企业在经营活动中能及时整理分析各类信息，并依据准确信息对市场进行超前预测和预警预报，避免经营活动的盲目性，提升科学管理的程度等。

连锁企业要提高经营管理的规范化水平，重点应完善连锁企业总部的功能，发展总部在采购配送、经营指导、市场开发、促销策划、教育培训、信息管理等方面的职能；提高总部统一采购配送的比例；完善连锁企业内部各个环节的管理，建立健全各个岗位各道工序、各项作业的规章制度。

为完成以上各项职能，连锁企业总部通常会设置相应的职能部门，通常包括开发部、营运部、采购部、财务部、人力资源部、信息部等。

4.1.3　连锁企业门店

门店是连锁经营的基础，主要职责是按照总部的指示和服务规范要求，承担日常销售业务。因而，门店是连锁总部各项政策的执行单位，即不折不扣、完整地把连锁企业总部的目标、计划和具体要求体现到日常的作业化管理中。

1.门店组织结构

连锁企业实行的是商品采购、配送、财务等作业的总部集中性统一管理，因此连锁门店的组织结构相对简单。门店的组织结构要视门店的性质、业态特征、规模大小及商品结构等因素的不同而有所差异。直营店通常由店长直接管理，同时下设副店长、组长等职务。特许店可能由加盟店店主直接管理店内事宜，也可能是由店主另聘店长来管理。

（1）中小型门店组织结构。便利店、小型专卖店门店业务单一，工作重点是商品销售与顾客服务，通常组织结构相对简单，如图4-4所示。

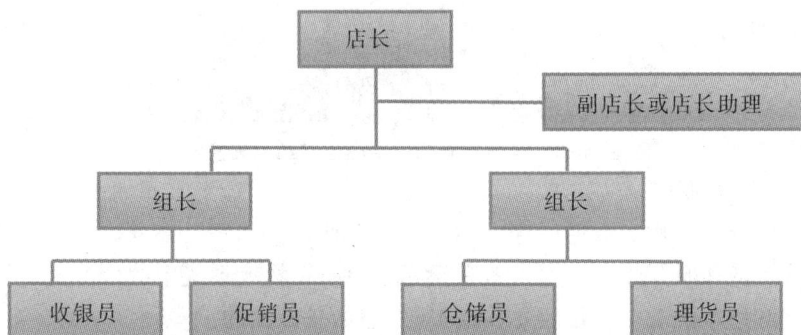

图4-4 中小型门店组织结构设置

（2）大型门店组织结构。对于百货店、大型综合超市的连锁门店而言，其工作范围大大超出了商品销售，增加了财务管理、售后服务、促销等职能，所以其组织结构相对复杂一些，如图4-5所示。

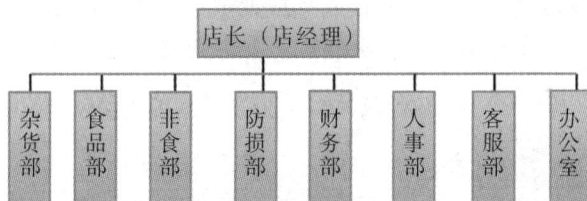

图4-5 大型门店组织结构设置

2.门店主要职能

门店是连锁企业直接向顾客提供商品和服务的单位，主要业务活动是商品的销售及顾客的服务，除此之外还包括商品进货及商品在店管理，以及门店经营绩效评估等。具体职能如下：

（1）环境管理。门店环境管理主要包括店头的外观管理与卖场内部的环境管理。

（2）人员管理。人员管理主要包括员工管理、顾客管理以及供应商的管理。

（3）商品管理。门店需根据销售情况定期向总部要货，或者向总部统一规定的供货商要货，并负责该商品在门店的管理，包括商品质量、商品缺货、商品陈列、商品盘点、商品损耗以及商品销售实施等方面的管理。

（4）现金管理。现金管理主要包括收银管理和进货票据管理等。

（5）信息资料管理。信息资料管理主要包括门店经营信息管理、顾客投诉与建议管理、竞争者信息管理等。

4.1.4 连锁企业配送中心

配送中心位于物流节点上，是连锁企业的物流机构，是专门从事货物配送活动的经营组织或经营实体。当前，国内连锁经营发展迅速，配送中心的建设已得到连锁企业的足够重视，那些发展较快、规模大、实力雄厚的连锁企业，已建立了自己的配送中心。

1.配送中心组织结构

配送中心通常采用直线制组织结构，在配送中心经理下，按职能不同，分设检验组、库管组、储运组、信息组和技术组等，如图4-6所示。

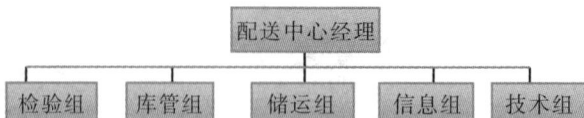

图4-6　连锁企业配送中心组织结构设置

2.配送中心主要职能

配送中心由分货配货、流通库存（DC）、生鲜加工（PC）三部分构成。配送中心的基本功能可以从经济和服务两个方面来考察。配送中心在物流系统中的价值主要体现在它对整个系统的贡献，即配送中心是建立在成本-效益的基础上的。

如果配送中心的使用可以降低连锁企业物流总成本，那么配送中心就产生了经济利益，也说明了配送中心存在的合理性。配送中心经济方面的功能主要有四个：集中、整理分类、加工和储存。

（1）集中。配送中心的集中功能，如图4-7所示。原来由各供应商1、2、3分别将商品送至目标门店，现在通过配送中心先接收供应商1、2、3的商品，然后将商品送到某一特定门店。这样把它们整合成单一的一次运输，其好处就是能减少运输费，最重要的是可以减少门店收货时的拥挤现象。

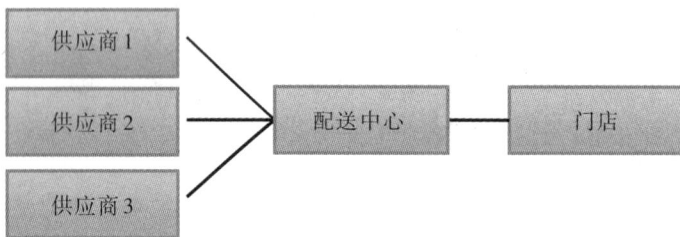

图4-7　配送中心的集中功能

（2）整理分类。大多数供应商需向多个门店送货，这些门店可以同属于一个企业，也可以分属于不同企业。在没有配送中心的情况下，供应商只能小批量装载，分别将商品运至指定门店。如果有配送中心，就可以在这里将商品分类整理成个别的订货，并安排当地的运输部门负责递送至各个门店，如图4-8所示。由于长途运输转移的是大批量的装运，供应商的运输成本相对较低，连锁商品的进价也可以降低，同时对于大量运输的跟踪也不太困难。

流通型的配送中心在这方面体现的功能更明显。目前，许多零售连锁店广泛地采用交叉站台作业来快速补充、转移门店的存货。在这种情况下，配送中心先接收多个供应商整车运来的货物；然后按门店的地点进行分配；接着商品被放置在去特定门店的托盘上；最后通过配载，达到了车辆的合理容积，这些商品就运送到门店去了。在整个过程中，商品交叉穿行于配送中心。于是，配送中心的经济利益体现在从供应商到配送中心的满载运输，以及配送中心到门店及客户的满载运输。对于流通型的配送中心，其经济利益更加明显，由于商品不需要存储，还降低了商品在配送中心的搬运和存储成本。此外，由于所有的车辆都进行了充分装载，更有效地利用了站台设施，使站台利用率达到了最大限度。

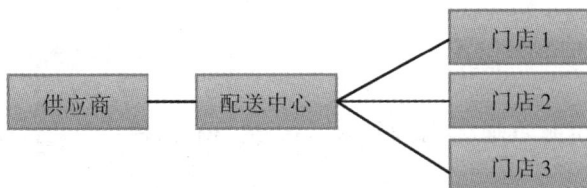

图4-8 配送中心整理分类功能

（3）加工。配送中心通过对商品的加工，能够扩大经营范围，提高配送水平，满足广大消费者的需要；另外，通过加工，可以提高商品的价值，从而提高连锁企业的经济效益。

（4）储存。有些商品的品种有限或商品的生产具有季节性，所以对商品的储存也很重要。例如，玩具是全年生产的，但主要在儿童节和圣诞节期间内进行销售，为了防止缺货，常常在节日之前就要开始储备；与此相反，农产品在特定的时间里收获，但在全年消费。所以一定的储存提供了存货缓冲，使配送活动在受到采购和顾客需求的限制下提高效率。

除了经济效益外，在物流系统中，通过配送中心还可以获得间接利益。这些利益也许并不能降低成本，但可以使整个物流系统在空间和时间方面的利用率和效率有所提高，改善服务。例如，在靠近顾客的地方增加一个配送中心，在经济上增加了成本，但是由于加快了快递速度，提高了递送频率，使门店的库存大为减少，大大提高了服务水平，增加了企业的市场份额、收入和毛利，从而增加了企业的总利润。另一个利益在于企业形象的提高。配送中心的配送与供应商的直配相比，提供的递送服务更快，也能更快地对门店的需求做出反应。所以，配送的服务，可以提高连锁企业的形象，提高连锁企业的市场份额，从而不断地增加利润。

@ **知识拓展4-1**

阿米巴经营模式

"阿米巴经营模式"是日本经营之圣稻盛和夫独创的经营模式，其源于稻盛和夫创业早年的困境，当时他一个人既负责研发，又负责营销，当公司发展到100人以上时，觉得苦不堪言，非常渴望有许多个自己的分身可以到各重要部门承担责任。于是，他把公司细分成所谓"阿米巴"的小集体，并委以经营重任，从而培育出许多具有经营者意识的领导者。

阿米巴经营的第一个目的是"确立与市场挂钩的部门核算制度"。公司经营的原则是实现销售额最大化和经费最小化。企业为在全公司实践这项原则，把组织划分成小的单元，采取能够即刻应对市场变化的部门核算管理。

阿米巴经营的第二个目的是"培养具有经营者意识的人才"。企业根据需要把组织划分成若干个小单元，把公司重组成一个中小企业的联合体，把各单元的经营权下放给阿米巴领导，从而培养具备经营者意识的人才。

阿米巴经营的第三个目的是"实现全体员工共同参与经营"。全体员工为了公司的发展而齐心协力地参与经营，在工作中感受人生的意义以及成功的喜悦。

4.2 典型企业的岗位设置

4.2.1 百货商店的岗位设置

1.职业发展路径

对百货商店人力资源职业发展路径的描述，通常有两种：一是人才梯队培养模型；二是双通道晋升路线。

（1）人才梯队培养模型。人才梯队培养模型是企业从企业内部和市场中发现优秀人力资源人才，在实践中培养，同时激发人才的创造精神，形成继任者的人才源泉，为实践企业的愿景和战略目标提供坚实的人才保障。从纵向看，百货业态的人才梯队按职业发展由低到高主要分为一线员工，柜长、值班经理，部长，区总及部门经理，高管等职位，如图4-9所示。

图4-9　百货业态的人才梯队培养模型

（2）双通道晋升路线。百货商店业态根据人才的工作内容和性质与人才的不同特征，将职业发展分为管理线和专业线两类，管理线主要面向管理类人才进行培养考核和晋升，按管理类人才培养方式，将一线员工2～3年培养成为中层管理类干部，3～5年培养成为中高层管理类干部；而专业线主要面向技术技能类人才，分为初、中、高、资深4个成长和晋升阶梯，如图4-10所示，专业线发展相对较快，2年左右成长为中级专业技术人员、3年左右成长为高级专业技术人员。

2.典型工作岗位

高等职业技术学院人才培养目标是培养满足企业发展需求的高素质技能型人才，未来在百货商店的主要岗位及职业发展如下：

（1）服务台员工→服务台柜长→值班经理。

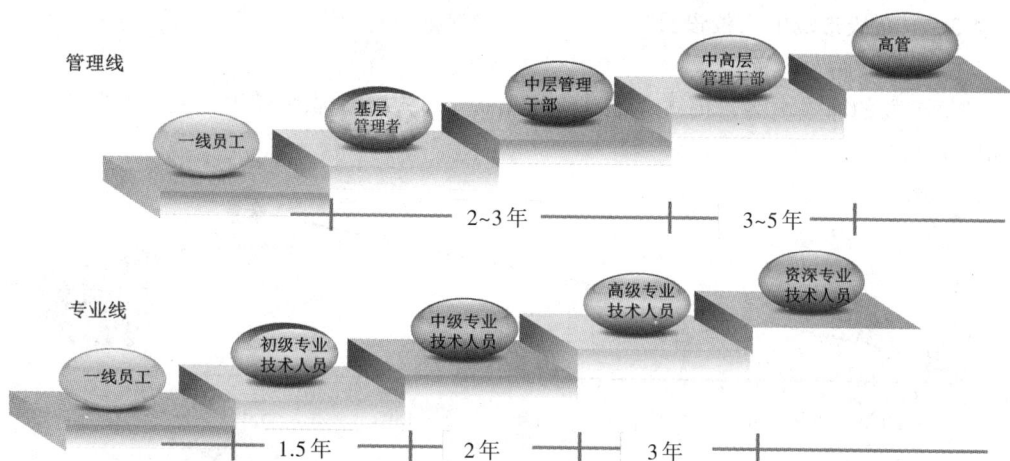

图4-10 百货业态员工双通道晋升路线图

（2）商品营业员→柜长→值班经理。

（3）统收收银员→收银柜长→收银值班经理。

3.能力要求

（1）表达与沟通能力。具有良好的语言组织和表达能力，能清晰明了地向顾客、同事或管理层传达信息并正确领会信息，普通话标准。

（2）顾客服务能力。能甄别并了解不同顾客的需求，以顾客为导向为其提供购物过程中所需的服务与支持，同时解决顾客投诉问题。

（3）执行力。能快速领悟上级管理层的任务安排并迅速付诸实施，同时可兼顾处理多重任务。

（4）情绪管理能力。善于化解自己及顾客的不良情绪，在一定的心理压力下仍能为顾客提供优质服务。

（5）学习能力。能够快速学习岗位所需的专业知识，善于补充新知识。

4.知识要求

（1）大专及以上学历。

（2）获取与行业相关的专业资格认证。

（3）零售行业专业知识。

（4）岗位领域专业知识。

（5）具备零售服务行业相关工作经验或同等岗位经验更佳。

5.素质要求

（1）热情大方，乐于与人交流、合作。

（2）细心且富有耐心。

（3）能够吃苦耐劳。

（4）对零售业感兴趣，具备良好的为内外部顾客提供优质服务的意识。

（5）愿意遵守灵活的工作时间。

4.2.2　超级市场的岗位设置

1.职业发展路径

超级市场的低成本运营模式，使其组织结构呈扁平型，职级较少，主要的职业发展路径如图4-11所示：

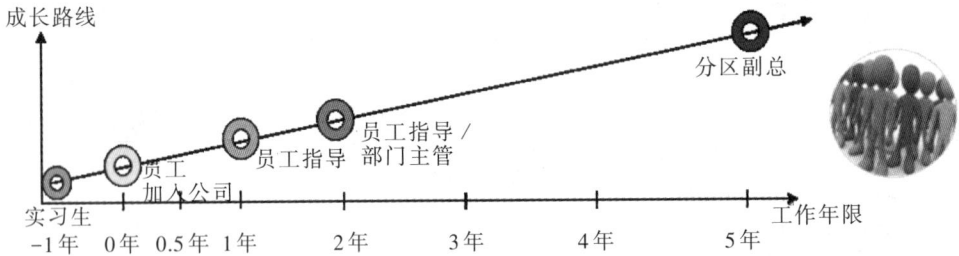

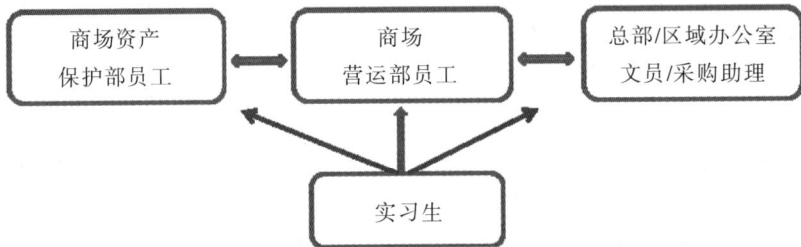

图4-11　超级市场岗位设置与职业发展

2.典型工作岗位

高职学生毕业后，在超级市场的主要工作岗位如下：

（1）营运类岗位→营运课长→营运经理→店长。

（2）条码员/票据员工→条码员/票据员工主管→经理。

（3）客服部员工→客服主管→客服经理。

（4）采购部专员→品类采购专员→采购经理→采购总监。

（5）行政专员→行政组主管→行政组经理。

3.能力要求

（1）沟通能力。通过与顾客的沟通为顾客提供服务与支持，同时解决顾客投诉问题；与同事/管理层分享或交流信息。

（2）顾客服务能力。以顾客为导向，为顾客提供购物过程中所需的服务与支持。

（3）与团队合作能力。超市从业者需要具备与团队成员共同合作完成任务的能力。

（4）执行力。能够快速领悟上级管理层的任务安排并付诸实施。

（5）同时处理多重任务的能力。超市的工作特点是工作节奏快速、繁忙，因此从业者必须具备同时处理多重任务的能力。

（6）学习能力。具备快速学习岗位所需专业知识的能力。

4.知识要求

（1）大专或同等学力。

（2）获得行业企业认可的专业资格认证。

（3）零售行业专业知识。

（4）岗位领域专业知识。

（5）具备零售服务行业相关工作经验或同等岗位经验更佳。

5.素质要求

（1）乐于沟通。

（2）热情并富有耐心。

（3）愿意与他人合作，并能够吃苦耐劳。

（4）对零售业感兴趣，并有服务意识。

（5）愿意遵守灵活的工作时间。

零售连锁行业的营业时间应满足所有消费者，周末对于连锁零售公司是至关重要的。因此，连锁零售企业从业人员也应适应灵活的工作时间。

4.2.3 专业/专卖店职业发展

1.职业发展路径

专业/专卖店一般面积较小，组织结构相对简单，岗位设置也相对较少，但所有岗位都必须从基层销售做起，成为高级销售专员之后根据人才特征分为管理岗和专业岗两条线发展和晋升，其职业发展路径如图4-12所示，分别到达店长管理岗位和金牌销售专家岗位。

销售专员培养路径图

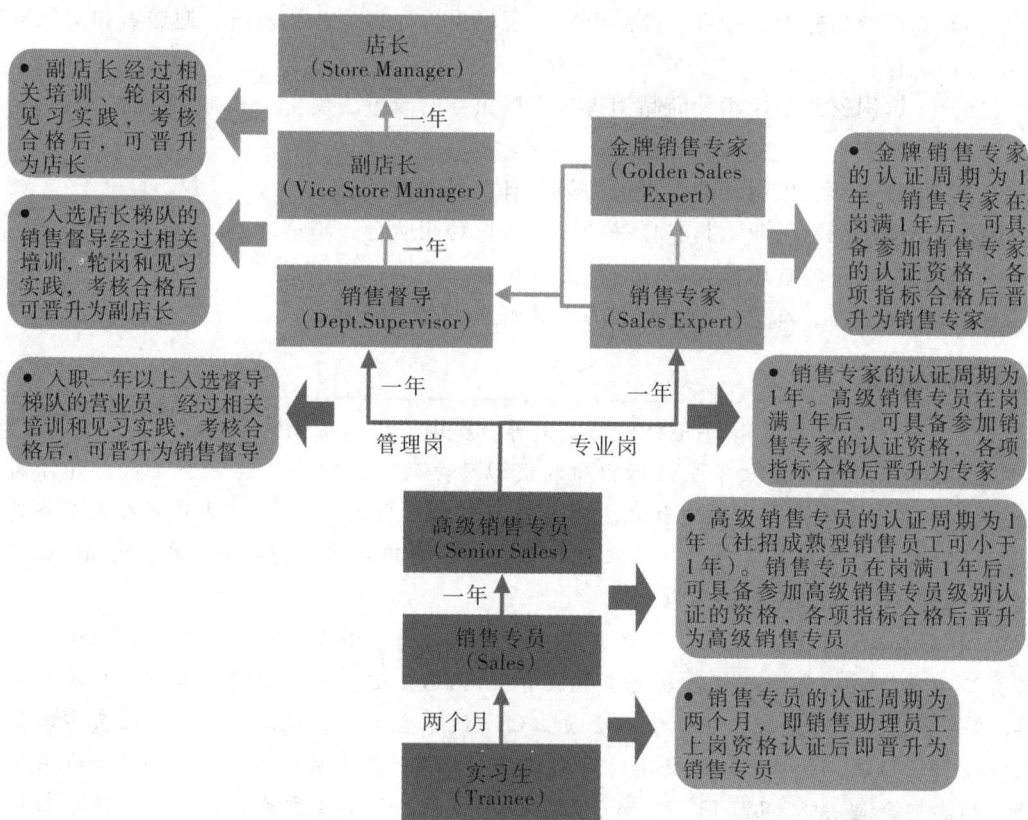

图4-12　专业/专卖店岗位设置与职业发展

2.典型工作岗位

高职学生毕业后，在专业/专卖店的主要工作岗位如下：

（1）销售专员→销售主管→品类主管→副店长→店长。

（2）销售专员→品类买手→销售专家→金牌销售专家。

（3）销售专员→督导专员→行政督导→片区督导。

3.能力要求

（1）普通话标准，语言表达流利。

（2）掌握基本的电脑操作技能，电脑操作熟练。

（3）有一定的沟通能力和销售技巧，能有效促成销售。

（4）有良好的客户投诉处理技巧和解决问题的能力。

（5）掌握商品出样的相关技能，具备一定的陈列知识和相关基本技能。

（6）有很好的学习能力，能够快速学习岗位所需的专业知识。

4.知识要求

（1）具有一定的相关商品知识、服务礼仪及相关服务知识。

（2）一年以上零售工作经验或连续半年以上同岗位实习经验。

（3）掌握顾客接待、正常销售、支票销售、预付款销售、退换货和系统离线销售的标准操作流程。

（4）掌握商品养护、盘点、商品出货、现场投诉处理、市场调研、迎送宾和交接班的标准操作流程。

（5）了解国家及企业相关商品销售与售后服务的政策法规。

5.素质要求

（1）积极主动、乐观开朗、适应性强，有较强的责任心。

（2）热爱服务性行业，具有良好的服务意识和团队合作精神。

（3）具有一定的抗压能力和吃苦耐劳的精神。

（4）思路清晰，具备一定的判断力、理解能力和应变能力。

@ 精选案例4-1

孩子王打破员工边界，实现"泛员工化"

2017年6月16日，孩子王应邀出席在成都举办的"2017中国连锁企业人力资源高峰论坛"，本届大会主题为"推进组织变革，释放创新活力"，孩子王人力资源经理王坚受邀分享"打破员工边界，实现'泛员工化'"议题，为现场来自300余家单位近500位与会代表释解了人力组织规划新思维。

"打破员工边界，泛员工化"是孩子王的用人之道。截至2017年6月初，孩子王"在册员工"有17 593人，而"在编员工"仅有8 686名，这其中51%的员工均来自泛员工范畴。"荣誉顾问"都是孩子王的资深会员，线上线下全渠道，在工作、生活之余帮助孩子王传播育儿知识，成为妈妈社交圈的意见领袖，为孩子王发展了更多粉丝的同时也成了孩子王的忠实会员。"产品顾问"是孩子王打造柔性供应链的重要群体，商业伙伴承担用人成本，在孩子王一线服务于广大顾客，将顾客需求做到有效反馈，从而为顾客提供更优商品及最优育儿解决方案。除此之外，医务系统中专业育儿专家、社会兼职人员（在校大学生）这些特殊群体也在孩子王的各个经营型、服务型岗位中，为企业的快速发展创造自身价值。

员工作为个体是企业中的最小单元，但每一个员工个人都有无限的发展潜力值得被深度挖掘，为企业创造核心价值。孩子王每个员工背后的专业、手艺、经验、素质、潜能不可复制，亦不容小觑，如何让员工自我驱动，构建激励型的组织生态，是孩子王人力资源探索实践后，取得的人才战略竞争优势。孩子王"泛员工化"确实使组织在人力成本降低、组织绩效提升、价值创造增值等多方面取得了实质性的突破。

资料来源 联商网. 孩子王打破员工边界，实现"泛员工化"［EB/OL］.［2017-06-19］. http: // www.linkshop.com.cn/web/archives/2017/380363.shtml? sf=wd_search.

4.3 连锁企业店长岗位职责

4.3.1 店长的含义及地位

连锁企业店长是门店的最高负责人，店长管理质量的好坏将直接影响到整个门店的营运绩效。因此，店长对连锁门店的管理是依据连锁企业总部制定的营运手册来进行的，既要与总部保持良好的配合，又需协调与激励全体员工做好连锁门店的作业活动，从而不断地提高连锁门店的经营业绩。

1.店长的含义

通常对连锁门店而言，连锁门店的最高管理者称为店长。连锁门店不是一家单体店，而是连锁店体系中的一分子，所以店长不是法人代表，其工作重点是运营管理而不是经营，这是由连锁制经营方式决定的。大凡先进的连锁企业，店长对连锁门店的管理是依据连锁企业总部运营管理部制定的店长手册来进行的，这样既能保证连锁企业属下的各门店进行统一管理，又能保证店长作业上的标准化和简便性。

2.店长的地位

这里所指的店长是指连锁企业下属直营店的负责人，其地位或者说其角色定位，表现为以下十个方面：

（1）代表者。店长是店铺的代表者，就公司而言，店长代表公司处理与顾客、与社会有关部门的公共关系；就员工而言，店长是其员工利益的代表者，是员工呼声的代言人。

（2）责任者。店内不管有多少部门、多少人员，也不管各部门、各类人员的工作表现如何，其最终的责任者都是店长，他对店铺的经营绩效及店铺的形象负有全责。

（3）执行者。店长是公司总部政策及经营标准、管理规范、经营目标的执行者，他必须忠实地执行总部的一切决策。即使店长对总部的决策有异议或有自己的看法，也应当通过正常的渠道向总部主管领导汇报，而不应当在下属员工面前表现出对总部决策的不满情绪或无可奈何的心情。

（4）规划者。为了实现总部所确立的店铺经营目标，店长应对店铺的经营管理活动进行规划，如月度经营计划（营业总目标、部门营业目标、部门毛利目标）、促销计划、具体的行动计划、每周业务管理重点等。

（5）指挥者。店长是店铺的总指挥，他必须安排好各部门、各班次从业人员的工作，指挥他们按照总部规范标准和店铺各项计划要求来开展作业活动，通过最好的销售技巧和服务将最好的商品提供给顾客，以提升经营业绩。

（6）鼓动者。店长应时时激励全店员工保持高昂的工作热情和良好的工作状态，使全店员工人人都有强烈的使命感、责任心和进取心。

（7）协调者。店长负有上情下达、下情上达、内外沟通、协调关系的责任。所以，店长应具有处理矛盾和问题、与顾客沟通、与店员沟通、与总部沟通等方面的耐心和技巧。

（8）控制者。店长必须对日常经营管理业务进行强有力的、富有权威的控制，控制的目的是保证实际执行工作与总部要求、门店计划、外部的环境相一致，店长重点控制的要素是：人员控制、商品控制、金钱控制、数据控制以及环境控制。

（9）教导者。店长工作繁忙，并且常有外出活动，当其不在店内时，各部门的主管及全体店员就应及时独立处理店内事务，以免工作延误。为此，店长也应适当授权，并培养下属的独立工作能力，包括教育下属树立责任感、使命感和进取心，以及训练下属的工作技能，并在工作现场及时予以指正、指导与帮助。全店员工的素质提高了，店铺的管理就能得心应手。

（10）分析者。店长应永远保持着理性，善于观察和收集资料，并进行有效分析以及对可能发生的情况做出预见。

4.3.2　店长岗位能力与素质

连锁门店店长是具有特殊性质的管理者，他拥有的是范围宽广的职务，他是门店的全面负责者，但又不是一个具有各方面决定权的决策者，因此，店长这一特殊职务必须具备过硬的能力和素质。

1.店长应具备的基本素质

（1）身体素质。店长的理想对象是身体健康强壮、精力充沛的年轻人，这样才能更好地承受长期工作中的高负荷运转及紧张的生活节奏所带来的压力。

（2）积极主动。即对任何事情都积极主动地去面对，无论何时都要主动地迎接挑战，积极解决所遇到的问题。

（3）包容性。因为每个人都有失败和犯错误的时候，作为店长也要包容下属，能够容得下店员所犯的过错，要做到真正关心并激励店员，和下属一起成长。

（4）足够的忍耐力。店铺的经营活动是一项相当辛苦而枯燥的工作，在营业过程中经常会出现一些难以预料的突发状况与难题，尤其是来自顾客方面的问题，就更需要店长去耐心地处理。所以说，作为店长必须要有足够的耐心去引导整个团队渡过一个又一个的难关。

（5）开朗乐观。在生活中我们不难发现，那些开朗乐观的人总是充满笑容，笑对外面的世界。店长良好的情绪能够起到很好的带动作用，从而使整个店铺的气氛焕然一新，这对直接接触顾客的店铺式经营是非常重要的，因为所有的顾客都愿意与那些看起来更友善的人打交道、做交易。

2.店长应具备的特质

（1）冷静果断。在处理日常经营中的突发事件时，店长应该保持冷静的头脑，做到临危不乱、处变不惊，这样既能够有助于问题的解决，也能在下属面前树立自己的威信，展现个人魅力；在考虑经营策略的过程中要做到谨小慎微，但在需要做出决策时，就要当机立断，而且一旦做出决定，店长就必须果断地去执行，因为模棱两可或犹豫不决往往会影响决策的最终有效执行。

（2）激励下属。有效地激励下属，对所有的领导者来说都是一种不可或缺的能力，对店长来说也不例外。当店员有优秀表现的时候，店长必须要及时给予肯定和鼓励；当发现店员的缺点与失误的时候，也要适时给予指正，并指导他们去改善。

（3）抗压应变。所谓商场如战场，任何门店的经营活动都不可能是一帆风顺的，必然会在营业过程中产生各种各样的问题，这会对店铺的经营造成不利的影响。在这种情况下，作为店铺管理者的店长就必须具备良好的心理素质，要正确面对经营中出现的挫败，并及时调整店面的经营策略，使店面尽快走出低谷。

（4）冒险创新。市场情况在变化，顾客的需求与偏好也在不断变化，一成不变的店面经营不可能会永远赢得顾客的心。顾客期待看到的是不断更新、变化的店铺，因此作为店长就需要具备一种冒险和创新的精神，使店面的服务、形象不断地推陈出新。

3.店长应具备的能力

（1）组织领导能力。有效、合理地组织下属，调动店员的积极性，共同完成公司的绩效目标。

（2）经营管理能力。不断找问题，防患于未然，加强管理，使店铺整体运营更加合理；有计划地组织人力、物力、财力，合理调配时间，整合资源，提高效率；进行信息资料、数据的整理、分析，并在实践中运用，以扬长避短，查漏补缺。

（3）专业技能。店长应该掌握经营店铺的必备技巧和使顾客满意的能力，能够做到快速正确地分析、解决问题。

（4）学习能力。在当今社会，知识更新的速度越来越快，店长要想跟上时代的步伐，必须提高自我学习的能力，在工作之余要不断地学习和更新专业知识，不断地充实成长、完善自己。

（5）执行能力。执行能力不仅反映在准确迅速地执行上级的命令上，还反映在对市场机遇的及时把握上，因为市场是瞬息万变的，店铺的所有者往往只能从大方向上把握经营决策，而具体的经营策略、经营方针则需要店长自己去把握。所以，店长应该在日常管理中主动去发现店铺经营中存在的各种问题，并寻找市场中隐藏着的各种商机，然后迅速地采取应对之策。

（6）培训辅导能力。店长应能拓展下级的视野，使人尽其才，即具有提高业绩的指导能力；用自己的规范管理培育下级，传授可行的方法、步骤和技能，使其在其职、尽其责、胜其任。同时要查缺补漏，帮助下级尽快改正错误并培训他们迅速成长。

（7）诚信担当能力。一店之长是整个团队的领导，遇事要不推诿，勇于承担，要具有良好的操作能力和高尚的道德，有凝聚力、向心力，在店员中起到上行下效的榜样作用。

4.3.3　店长岗位职责

1.执行上级政策

遵守公司的各项规定，执行上级的指示，完成公司下达的任务，如营业目标、毛利、费用及利润目标等。根据企业经营方针，依据商品特色和风格执行销售策略。

2.应急情况处理

加强防火、防盗、防工伤、安全保卫的工作；维护店内各种设备的正常运转，进行消防设施的检核、区域卫生的落实等。

3.店员管理

根据店铺规模确定店铺人员设置。安排店员工作、人员的选拔和考评。

4.员工培养

完成员工工作技能的指导、培养，并提供员工晋升的机会。

5.财务管理

负责盘点、账簿制作、商品交接的准确记录；做好各项报表的管理。

6.商品管理

负责店铺内货品补齐，商品陈列；管理商品价格变动、商品的采购、调退货、盘点等。

7.活动管理

定时按要求开展商品在卖场的公关推广活动；制订各种活动计划；激发导购工作热情，调节卖场购物气氛。

8.信息管理

了解周围品牌的销售情况，登记店内客流量资料；建立客户档案，与消费者建立良好的关系，尽量满足其需求。

9.日常经营管理

负责管理卖场日常工作，监督考核导购的工作表现，及时反映员工动态，并对员工进行指导。

店长的管理内容大部分是复杂的例行事务，因此，店长只要把握店内作业环节的重点，就能基本保证店铺作业的正常进行。

@ 知识拓展4-2

某连锁企业店长岗位说明书，见表4-1。

表4-1　　　　　　　　　　　　　　　　某连锁企业店长岗位说明书

岗位机制	部门	门店	职位	门店店长		职级	
	直接上级	区域经理	直接下级	店助、本门店全体员工			
	晋升方向	营运部各岗位/人力资源部各岗位/商品部各岗位/分公司经理					
任职资格	22～32岁，大专以上学历，身体健康，品行优良，性格外向，有优秀的商品销售技能、良好的人际关系处理能力和教导下属的能力，执行力强，能吃苦耐劳，能驻外						
岗位职责	1.店长是门店经营管理的负责人，是组织、协调与激励门店全体员工，做好门店作业活动的执行者。接受营运管理部经理的指令，服从公司的管理、监督，完成公司下达的各项经营指标。 2.公司各项指令和规定的宣布与执行。 3.门店员工的日常工作安排与管理。 4.门店员工的指导与培训，努力提升服务水准。 5.根据门店员工工作表现提出调动、晋升、降级和辞退的建议。 6.掌握门店销售动态，根据商品进、销、存、滞情况，向商品部建议新货品的引进和滞销商品的淘汰。 7.合理安排每月商品盘点。 8.根据门店实际情况及季节、天气的变化，及时调整门店商品陈列、橱窗的摆设等。 9.监督和改善门店商品及其他物品的损耗情况。 10.门店的清洁卫生维护与财产安全管理。 11.顾客意见、投诉的处理。 12.协助宿舍长做好员工宿舍管理。 13.门店其他突发事件的处理（打架、停电、火灾、抢劫、偷盗等）。 14.不断发现门店运营过程中出现的问题，及时向公司营运部汇报并提出看法和建议。 15.负责其他上级领导交办的工作事宜。 16.对本职工作过失承担责任						
工作指标	1.公司的规章制度是否有效执行。 2.门店销售氛围是否浓厚，能否独立处理门店事务。 3.能否以身作则，并能影响他人。 4.是否妥善处理顾客投诉。 5.对门店损溢控制是否合理。 6.是否有效合理地控制门店日常经营费用。 7.是否能根据门店实际情况合理控制人员调配等。 8.门店陈列是否合理，企划活动执行力及门店道具使用是否规范。 9.能否准确有效地掌握门店进、销、存、滞情况。 10.对门店设备、道具使用维护是否合理。 11.其他本职工作是否及时高效完成。 12.在任职当月或当年有无重大过失						
编制			审核			批准	
日期			日期			日期	

资料来源　作者根据有关资料整理.

@ 小资料 4-1

"CCFA金牌店长"项目简介

店长是企业最大的财富，企业的业绩优劣最终通过门店销售来体现。为通过表彰行业中的优秀店长，树立行业标兵，促进门店业绩提升、强化店长的业务能力与培养，自2006年10月起，中国连锁经营协会推出每年一次的零售业"金牌店长"推选活动。该活动总结与分享金牌店长的先进经验，为连锁零售企业培养更多的优秀店长起到了积极的促进作用。"CCFA金牌店长"活动举办的第一个10年，就累计评出1 460位"金牌店长"，部分"金牌店长"已经走上了更高的岗位，负责整个企业（区域）的营运或采购业务，更充分地发挥个人能力。

"CCFA金牌店长"之所以如此备受关注，主要原因是其严苛的评选条件。组委会评选资料显示，只有满足在本企业工作4年以上，从事店长工作3年以上，且所在门店运营时间不少于两年，门店经营业绩位于本企业前列，门店近一年无商品质量、食品安全等重大事故，无负面新闻报道等一系列条件的在职店长，才有资格申报评选。从上榜店长所属企业来看，国美电器、银泰百货、沃尔玛、华润万家等涵盖便利店、超市、大型超市、百货店、专业店多个业态的国内知名连锁企业店长均榜上有名。

✍ 本章小结

高效的组织结构有利于连锁企业经营目标的实现，连锁企业组织结构决定了岗位设置和人才需求状况，随着中国连锁业的不断发展，整体人才需求量大，就业前景看好。本章重点介绍了百货店、超市和专业店三种业态人才培养需求和职业发展规划，试图吸引更多的高素质技能型人才加入到零售业；店长作为连锁企业门店的最高管理者，在组织中扮演重要的角色，店长的素质、能力对门店经营绩效有直接的影响，店长应根据企业岗位说明书有重点地开展日常工作。

✍ 思考与实训

1. 填空题

（1）连锁企业组织结构是指连锁企业全体员工为实现企业目标而进行的分工协作，在_____、_____、_____方面所形成的结构体系。

（2）连锁企业组织结构由于_____、_____、_____不同而各有差异。

（3）连锁企业中层人员主要包括各_____、_____以及行政人员，他们是公司的脊梁，他们的绩效在很大程度上决定着公司的兴衰。

（4）连锁企业门店店长是门店的_____，店长管理质量的好坏将直接影响到整个门店的营运绩效。

2. 选择题

（1）以下哪个不是店长扮演的角色（　　　）。

A.门店的代表者　　　　B.门店的执行者　C.员工的鼓舞者　　　D.企业法人代表

（2）店长对商品的管理不包括（　　　）。

A.缺货管理　　　　　　B.采购管理　　　　C.鲜度管理　　　　D.损耗管理

（3）"10个瓶子7个盖，盖子轮流盖，还有3个没有盖。"这一句在业界广为流传的话形容以下哪类人才的短缺（　　　）。

A.店长　　　　　　　　B.主管　　　　　　C.收银员　　　　　D.采购

3.简答题

（1）简述连锁企业总部的基本职能。

（2）简述店长应具备的能力。

（3）简述百货店、连锁超市和专卖店人才的能力要求。

4.实训项目

走访调查大卖场、专卖店和餐饮连锁企业，了解这些企业总部组织结构和门店组织结构，将调查结果用PPT的形式进行演示。

🖝案例分析

天虹商场的组织结构变革

天虹商场股份有限公司（股票简称：天虹股份，股票代码：002419）是中外合资的连锁零售企业，其控股股东是中国航空工业集团下属的中国航空技术深圳有限公司。

1984年成立以来，通过人本、科学的管理，专业、高效的运营，公司取得了卓越的业绩，已连续多年入围中国连锁百强企业。公司根据目标顾客需求的不同，以百货店、大型购物中心、便利店的实体零售业态，打造以"亲和、信赖、享受生活"为核心价值的品牌，旗下拥有"天虹""君尚"两大零售品牌。

2017年4月13日，天虹商场股份有限公司（以下简称"天虹商场"）发布了第四届董事会第十次会议决议公告。

公告内容显示，本次会议审议通过了《关于调整公司内部管理机构的议案》。根据公司战略发展需要，为加强公司的经营管理，提升组织机构的运营效率，同意公司调整内部管理机构。其中，为推进专业化经营，天虹商场增设了百货自营事业部、购物中心事业部、便利店事业部、超市事业部4个专业部门（如图4-13所示）。

天虹商场董事长高书林曾在公开采访中表示："天虹现今的业务重心在购物中心、体验式超市和百货的转型升级以及新型便利店发展上。"

这次做出的内部管理调整，也相对应近日其更名为"天虹股份"的消息，天虹方面认为，变更名称后更能适应公司全渠道、多业态的战略布局需要。

据悉，天虹商场的转型始于2012年。截至2016年12月31日，天虹在全国21个城市开出综合百货67家，同时天虹在综合百货的基础上推出便利店和购物中心两大业态，目前拥有便利店总数160家、购物中心4家。天虹跨境电商体验店在深圳、东莞、惠州、厦门、福州、成都、长沙、株洲、吉安、赣州、杭州、苏州等地开店42家。此外，天虹在线下还与深圳邮政合作开设了3家微喔邮政店，以"零售+24小时政务（粤卡通、社保等）+邮政业务"跨界联合的新模式实现低成本拓展，2017年1月，天虹还推出了全新的超市业态Sp@ce。

针对组织变革与企业战略发展的关系，天虹商场股份有限公司董事、总经理高书林

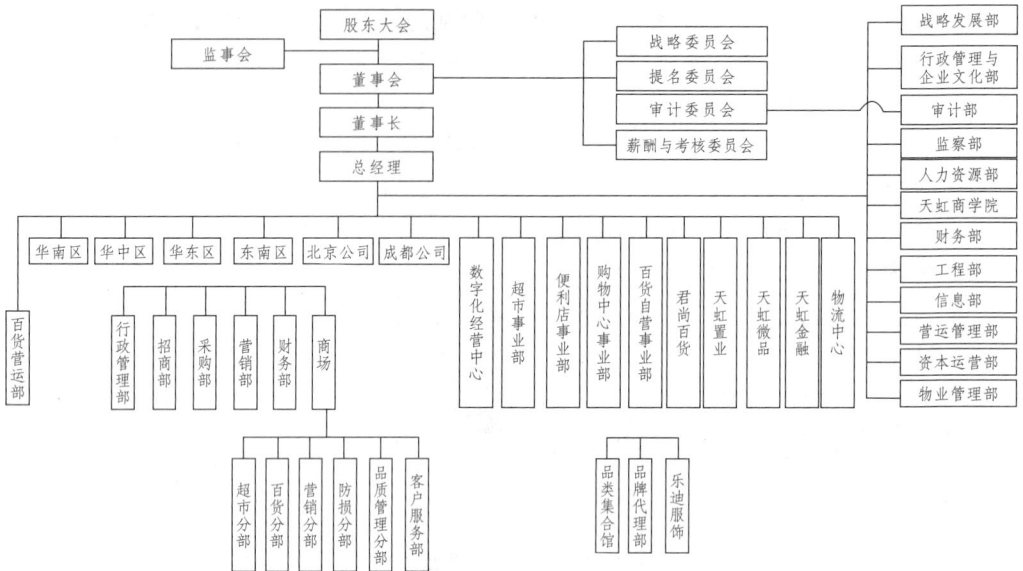

图 4-13　天虹商场股份有限公司内部管理机构示意图

在第 17 届中国连锁业会议上进行了深刻分享。他分享到，在组织变革与市场发展间所面临的问题，天虹从四个方面进行了实践：

一是管理扁平化，让沟通更畅快，管理更高效。二是大力推进专业化管理。此次组织变革中构建的多个专业事业部就是专业化管理的需要。同时大力构建职能部门，共享服务中心。共享服务中心整合财务、人力和信息资源，实现更加专业化的管理，以更好地支持各个业务板块发展。三是组织无边界，工作任务化。四是人员管理约束与激励，加强利益分享，实现同岗不同酬。

资料来源　佚名．天虹商场推进专业化经营，内部组织构架大变动［EB/OL］．［2017-04-14］．http：//www.linkshop.com.cn/web/archives/2017/374977.shtml.

案例解析：企业的组织架构服务于企业战略，反过来也可以从企业组织架构的变迁中看出企业战略的变化。如果在企业发展中，企业当前所拥有的组织能力同企业战略所要求的组织能力之间存在着差距，那么弥补这个差距的唯一途径就是实现组织变革。要实现组织变革、希望通过转变组织能力来满足未来战略的要求，在这个过程中，"尊重人性、释放人性"就显得尤为重要。

请思考：

（1）天虹商场的四个实践体现了组织结构管理的哪些方面？

（2）组织结构设计与企业战略发展有何关系？

第5章

连锁企业战略管理

教学指导

学习目标

1.理解连锁企业三大战略管理的意义；

2.掌握经营战略的主要内容；

3.掌握发展战略的方式；

4.掌握竞争战略的主要内容。

技能要点

1.树立战略管理理念；

2.分析企业战略发展方向；

3.明确竞争对手战略目标。

战略（Strategy），是指为实现某种目标（如政治、军事、经济或国家利益方面的目标）而制订的大规模、全方位的长期行动计划。连锁企业战略管理是连锁企业根据内外环境的实际变化制定连锁企业战略，包括连锁企业战略的制定、实施、评价和优化四个阶段，每个阶段之间彼此依存、相互联系，共同形成连锁企业战略管理的过程，决定连锁企业战略管理的效率。连锁企业战略可细分为经营战略、发展战略和竞争战略。

【引例】 <center>全聚德集团发布"互联网＋"战略，小鸭哥上线</center>

全聚德创建于1864年，历经几代的创业拼搏获得了长足发展。1999年1月，全聚德被国家工商总局认定为"驰名商标"，是我国第一例服务类的中国驰名商标。全聚德既古老又年轻，既传统又现代，正向着"中国第一餐饮，世界一流美食，国际知名品牌"的宏伟愿景而奋勇前进。

2016年4月12日，全聚德正式发布"互联网＋"战略，并宣布全聚德外卖品牌"小鸭哥"在北京全面上线。把烤鸭包制成鸭卷来销售，这在全聚德历史上还是第一次。虽然外卖鸭卷能否被市场接受还有待验证，但是全聚德与时代同步的变革之心值得点赞。

1.外卖启航，主打专利"手作鸭卷"

2016年年初在北京公测的全聚德外卖品牌"小鸭哥"于4月12日起正式在北京上线。京城消费者通过小鸭哥外卖微信公众号或者百度外卖平台下单，即可在家享用几乎可与堂食媲美的全聚德烤鸭外卖。

"手作鸭卷"不仅有效地解决了烤鸭配送到消费者手中变凉的难题，同时"手作鸭卷"的形式也解决了懒人用餐的需求，而且还突破了传统的面酱味型组合，提供年轻人喜欢的卡夫芥末酱，增加鸭卷的复合口感，对传统烤鸭进行全面的外卖化升级。企业负责人认为，百年老字号除了对品质、口味、工艺的坚持和坚守，在形式上更应该回归用户思维，让用户参与选择，让用户帮助产品迭代。

2.依托门店，推出30款外卖餐品

此次"互联网+"战略依托北京的门店优势，除了"手作鸭卷"之外，"小鸭哥"还上线了30多款的外卖餐品，如芥末鸭掌、麻辣鸭膀丝等招牌菜，均已通过了外卖化试验，并已同期上线。

目前，全聚德外卖餐品全部由全聚德门店生产。食材、工艺、制作餐品的大厨都与全聚德门店一样，只有部分餐品可能会针对外卖在产品形态上有一定变化，但口感、品质与门店餐品一致。

根据"互联网+"战略，全聚德基于其用户化经营的实践将打破传统门店经营受制于时间和空间的局限，推出了全聚德外卖和全聚德电商两个新的业务板块。中国烹饪协会副会长冯恩援在接受北京商报记者采访时表示，百余年间，全聚德烤鸭的变化不止一次。传统鸭饼是用饼铛烙的，是有花纹的，而现在大家吃到的鸭饼都是机器生产的，用蒸箱蒸出来的，如今老北京人也都接受了。在他看来，消费者接受这种新式、时尚的全聚德烤鸭，可能只是时间问题。

企业成功的关键因素首推战略规划，"凡事预则立"，企业如何发展不是简单的问题，想做到持续健康发展，必须研究战略问题。全聚德正式发布"互联网+"战略，即利用全聚德的百年老字号品牌、完整的供应链体系、百年工匠烤鸭技艺，以及丰富的线下门店布局等独特的资源，从过去单纯的经营门店、经营产品到开始经营用户，利用互联网工具和互联网思维全面拥抱互联网、拥抱年轻人。全聚德作为中国餐饮业的老字号、上市公司，能够用互联网拓展服务领域、转变服务方式，为消费者提供更多便利，其战略方向无疑是正确的。

资料来源　根据有关资料整理所得。

5.1 经营战略

5.1.1 连锁企业经营战略的含义

连锁企业经营战略是连锁企业为实现既定的经营目标，在对连锁企业外部环境和内部条件进行科学、合理评估的基础上制定长期性的、全局性的重大决策。它是企业组织活动长期性的基本设计图，主要解决企业组织与市场环境相结合的问题。连锁企业经营战略主要有以下五个方面的特征：

（1）经营战略是根据企业总体发展的需要而制定的，追求的是企业的总体效果。

（2）经营战略阐述的是企业与市场环境相联系的方针。战略的要点并不在于企业内部管理，而主要是考虑环境对企业的要求。

（3）经营战略不限于短期的利益，它是企业为谋求长期生存和发展而进行的统筹规划。

（4）经营战略是与行动有关的设计，不是简单的口号和观念，它注重与现实的结合。

（5）经营战略不仅是无生命的财和物的设计图，也是有生命的人员组织活动的设计图，战略设计最重要的内容就是人。

5.1.2 连锁企业经营战略目标

所谓连锁企业经营战略目标，是指在充分分析企业外部环境和内部条件的基础上确定企业各项经济活动的发展方向和奋斗目标，是企业经营思想的具体化，也是连锁企业制定经营战略的基础和核心。

连锁企业经营战略目标由三个方面的内容组成：

一是作为企业，不仅是连锁企业，也包括其他企业，其经营的根本目的是盈利，即在尽可能降低成本的前提下获得最大的利润，这是企业追求的最主要的目标。

二是作为连锁企业，无论是总部，还是加盟店，都有一个更为强烈的发展意识即谋求组织的不断扩大和发展。也就是说，在连锁企业的发展过程中，在谋求利润最大化的同时，还要谋求整个连锁企业的不断扩张，以门店的发展为依托，促进整个连锁企业的发展。

三是促进社会进步和发展是连锁企业追求的主要目标之一。谋求社会价值一直是连锁企业发展的一个目标和愿望，其实现的主要方式是不断开发自己的产品、提升自己的销售服务，积极利用自己的剩余利润回馈社会，参加社会公益活动，以实现企业的社会价值。

从整体上看，尽管第三个目标处于次要的从属地位，但是这一目标的实现更具有社会意义和现实意义。

连锁企业上述三个经营战略目标并不是互相矛盾和排斥的，而是相辅相成、互相促进的。企业只有实现良好的经济效益，才能不断地发展和壮大，才会具有较强的实力投入到社会公益事务中，进而促进企业社会价值的实现。企业社会价值的实现、企业良好形象的树立以及企业品牌的增值又会吸引更多的消费者，促进销售业绩的提升，增加企业销售利润。

5.1.3 连锁企业经营战略的主要内容

连锁企业经营战略主要包括顾客满意战略、市场化战略、规模经营战略、标准化战略和专业化战略。

1.顾客满意战略

顾客满意战略是指连锁企业从消费者的立场考虑和处理问题，并将这种理念运用于从商品采购到最终销售的全过程。

（1）顾客的价值。顾客满意战略的实施首先必须正确认识顾客的价值。顾客的价值不在于他一次购买的金额而是他一生能带来的总额，其中包括他对亲朋好友的口碑效应（顾客宣传后有几个人成为企业的新顾客）。顾客的价值可先用某位顾客的购买总额除以交易频率，得到该顾客平均购买的价值，然后估计顾客在一定时期内的购买次数，计算其购买总量，最后加上该顾客的口碑效应，即需用该顾客个人购买量乘以放大乘数 N+1，所得结果就是顾客相对某商品在一定时期内的价值。

（2）顾客满意的价值。顾客满意与企业利润存在线性因果关系，而且忠诚顾客与企业利润之间存在正向相关关系。实践表明，在企业90%以上的利润中，1/10 的利润是由一般顾客带来的，3/10 的利润是由满意顾客带来的，6/10 的利润是由忠诚顾客带来的。

（3）获取顾客满意的价值方法。实施顾客满意战略的企业在探求顾客的期望时，需要注意以下方面的因素：焦点放在最重要的顾客身上；找出顾客和企业对服务定义的差异，消除企业与顾客之间信息的不对称；了解顾客真正的期望。另外，企业要树立员工第一的观念，因为员工与顾客接触程度最密切，员工的服务质量直接影响顾客的满意度和忠诚度。企业需要协调员工服务模式、员工行为模式和消费者行为模式，贯彻顾客第一的经营理念。

2.市场化战略

市场化战略又称商业化运作战略，是以市场为主导，在明晰的产权关系下追求利润最大化。

市场化的标准包括：

（1）明晰的产权，连锁企业内部权责利明确。

（2）按市场运行规律运作，讲求实用和效率。

（3）市场为主导，即一切跟着市场走，紧紧把握市场的脉搏才能使企业立于不败之地。

（4）追求利润，努力扩大销售，降低成本。

3.规模经营战略

规模经营战略是指连锁企业通过扩大经营规模和增加门店数量获取经营利润的策略。它包括两个方面：一是扩张原有店面的经营规模；二是增加门店数量。连锁企业实现规模经营战略的主要途径是增加门店的数量，因为不同地域的销售量一般不会出现明显的变化，通过增加门店数量扩大顾客居住地域的覆盖面，从而争取顾客群体的扩大，实现规模化经营。连锁企业的规模经营手段是多地区、多门店的，通过不断扩张规模，降低经营成本，提升企业的竞争力，以便实现企业的经营目标。

4.标准化战略

标准化战略是连锁企业适应市场需要而采用的新形式。随着市场竞争的加剧、顾客需求的多样化，顾客对商品的认可已转移到对门店的认可，连锁企业的标准化战略可以树立统一的门店形象，进而赢得更多的消费者。

连锁企业经营标准化主要表现在商品服务的标准化和企业整体形象的标准化。标准化是连锁企业区别于其他企业的明显特征，也是连锁企业的竞争优势。连锁企业为提升整个行业的标准化管理水平出台了相应的行为规范标准，但是这些标准仍需进一步健全和完善。连锁企业为吸引更多的顾客必须在标准化上下功夫，必须制定具有标准化思想的经营战略，以促进企业朝着正规化、标准化方向不断迈进。

5.专业化战略

专业化战略是指连锁企业各组成部门的专业分工明确，每个部门都有具体的业务职能，各司其职，以保证连锁企业经营运作良好。连锁企业由总部、物流配送中心和门店构成，这三个组成部分都有明确的专业分工。总部负责整个企业的经营、统筹进货、培训与指导工作人员、制订促销计划、拓展经营规模、融资以及收集处理信息等工作。物流配送中心负责商品转运、配送到各个门店以及对部分商品进行加工、处理等工作；门店负责产品销售和顾客服务。这三个组成部分的专业分工明确，各司其职，各尽其责，是连锁企业实现高效率运转的有效保证，也是连锁企业实现较大效益及具有较强竞争力的有效保证。

因此，制定连锁企业的经营战略必须体现专业化的内容。

@ **小资料5-1**

零售顾客战略现状调查："以顾客为中心"未有效重视

2016年4月，Dunnhumby联合调研机构Forrester在全球范围内对众多零售商的相关负责人进行了访问，以了解他们的顾客战略。

据悉，在中国有超过30位相关零售从业人员接受了该机构的访问，受访者均来自商超、百货、专营店等一系列零售领域担任各自顾客战略的决策者。调研发现，虽然中国零售商意识到了顾客体验的重要性，但其举措仍然是战术性的，并未将"以顾客为中心"上升到全盘战略的高度，且其面临诸多困难。

首先，从零售商的业务重点来看，目前仍然聚焦于"产品及品牌"，而并非"顾客体验"。在所有受访者中，有20%的人表示其所供职的零售商在未来12个月将优先提升"产品及服务"，与之相对的是，满足日益提升的"顾客期望"虽然被大量受访者提及，但绝大多数是作为第二或第三选择；而提升"顾客购买体验"未被任何受访者作为第一选择提及。

其次，从零售商"顾客战略"的内容来看，依托发展新顾客的外延增长思维仍然根深蒂固。20%的受访者表示，未来3年其零售商"顾客战略"的最优先选项仍然是吸引新顾客；17%的受访者则认为，应将"提升效率"作为第一选择。与之相对的是，用更好的购买体验留住顾客虽然为最多受访者提及，但仅有3%的零售商将"用更好的购买体验留住顾客"视为至关重要的优先目标。

最后，从制定者角度来看，零售商的顾客战略主要由市场部门主导，而非CEO。调查中仅有30%的受访者表示其公司的顾客战略由CEO主导，而市场部门主导的顾客战略则占到33%，仍然是最为常见的方式。这一情况表明，"以顾客为中心"的经营理念并未获得最高程度的重视。当零售商需要切实采取举措时，它们不过是打着提升顾客体验的旗号继续以老办法提升产品与服务而已。

资料来源　联商网. 零售顾客战略现状调查："以顾客为中心"未有效重视 [EB/OL]. [2017-08-29]. http：//www.linkshop.com.cn/web/archives/2016/362738.shtml？sf=wd_search.

5.2　发展战略

5.2.1　连锁企业发展战略的含义

连锁经营的本质是通过门店的不断复制实现规模的扩张，实现规模效益的经营方式。连锁企业发展战略是实现其规模扩张的战略规划，是对企业发展的谋略，是企业生存发展的原动力。

连锁企业发展战略具有整体性、长期性、基本性和计谋性四个特征。

1.整体性

连锁企业发展战略是在现有企业实力基础上制定全局性谋略，战略规划具有整体性，要考虑企业的全局发展，而不能仅着眼于企业某个局部。

2.长期性

连锁企业发展战略是面向企业未来的全面发展而制定的，必须具有一定的前瞻性和长期性。

3.基本性

连锁企业发展战略是对企业基本发展方向、方式的规划，而不是对具体工作的设计。

4.计谋性

连锁企业发展战略是对未来的谋略，要有一定的策略性和艺术性，而不是常规性的安排。

5.2.2　连锁企业发展战略的主要内容

连锁企业有别于其他企业的特征之一是在维持现有规模的基础上不断向其他领域、其他地区扩张。连锁企业作为商业零售领域中一种集团化、规模化生存和发展的经营组织形式，发展和扩张是它生存的动力，连锁企业的经营方式和战略体系在很多方面都体现了发展的要求。

连锁企业在制定发展战略时必须对其所处的内外部环境进行评估。由于连锁企业面临着不同的竞争者、不同的经营环境，其选择的发展方法、发展模式必然不同，在制定发展战略时其主导思想必然存在差别。

1.发展的资本来源选择

资本是企业发展的关键。连锁企业的发展有两种模式：一种是单店规模的扩大；另一种是门店数量的增加。无论是哪种模式的发展和扩张，其最核心的问题就是要有充足的资本，这是企业发展中最关键的因素。因此，连锁企业在制定发展战略时必须规划一个长期资本积累战略。

企业经营资本的来源主要有三个途径：一是社会集资。企业通过股票集资扩大资本金。二是银行贷款。这是企业募集发展资金的主要途径。三是企业通过自身发展不断积累资金。企业通过对部分利润的积累，将其投入到企业的营运中，但这需要一定的周期，直接制约着连锁企业扩张的速度和规模。因此，这个途径很少被大型连锁企业所采用，但在一些中小连锁企业，尤其是在家族连锁企业中被广泛采用。

2.发展的方向选择

扩张发展方向是连锁企业发展的又一重点，是连锁企业在制定发展战略时重点考虑的因素之一。所谓企业的发展方向，是指企业向哪些行业进行拓展，向哪些区域进行扩张。连锁企业向其他行业的发展取决于两个因素：一是如果行业市场已高度饱和，产品成长已无潜力，则可以考虑向其他地域扩张；二是为了吸引更多的消费群考虑向其他行业的扩张，这是企业发展中较为困难的发展方向。由于所拓展的行业是企业不熟悉的行业，在进行相关信息的搜寻时需要很长时间，对其进行可行性论证和评估方面的经验有限，尤其是当投资风险较大、行业拓展不顺利时，不仅新拓展的领域不能盈利，而且对原有的经营业绩也会产生不利影响。因此，多数连锁企业在制定这个战略规划时都会十分谨慎小心。目前，向其他地域扩张是连锁企业普遍采用的发展模式。如果连锁企业的选址合理、社会形象良好以及消费者的认可度较高，就可以在短期内得到其他地域消费者的认可，很容易获得较好的利润收益。但是连锁企业在制定地域扩张战略时，必须考虑两个方面的因素：一是所要扩张地域的市场情况与竞争水平；二是连锁企业总部和各门店的分布与其扩张地域联系是否紧密。只要充分考虑了这些问题，连锁企业的发展战略一定会朝着好的方向发展。

3. 发展的方式选择

在企业发展战略的制定中，选择适合企业自身发展的扩张方式是十分重要的。对于一般的连锁企业而言，一种最佳的扩张方式是自身不断地增开新门店，这是最积极稳妥，也是不会增加其他经营负担的扩张方式。第二种扩张方式一般为大中型连锁企业所采用，就是利用企业在资金、技术方面的优势，对其他小型连锁企业进行兼并、改组，进而实现企业的扩张目的。第三种扩张方式就是对于特许经营的企业，可以通过特许权的授予增加更多的加盟店，进而实现企业扩张的目的。这三种扩张方式不是固定不变的，也不是只能采用一种扩张方式，企业可以平行采用，只要对扩张有利就可以采用。

4. 发展的速度选择

企业的发展固然是好事，但是这种发展要以合理的速度为前提。企业扩张速度不宜过快，因为盲目扩张会出现资金供应紧张、债务负担过重的现象。同时，企业扩张速度过快会导致新开门店的质量下降，甚至会引起一系列不良反应，所以企业最好选择一步一个脚印，采用开一家成功一家的策略。

5.2.3　连锁企业发展战略类型

1. 密集型发展战略

密集型发展战略是指在现有的业务领域内寻找未来发展的各种机会的战略。

（1）市场渗透（Market Penetration）。市场渗透是指利用当前的零售方式，争取扩大对现有顾客的销售。其主要方式是在现有的目标市场区域内开设更多的连锁门店，诱导现有顾客更加频繁地光顾，或设法吸引那些处于零售商目标市场范围内却从未在其店中购买过商品的顾客光顾，鼓励销售人员进行交叉销售。交叉销售（Cross-selling）是指一个部门的销售人员除向顾客推销本部门商品之外，也向顾客推销其他部门的配套商品。越来越多的交叉销售将会使零售商从现有顾客处获得更多的销售量。另外，通过营造赏心悦目的购物环境或是更多的购买体验也可以刺激顾客超计划购买。

（2）市场拓展（Market Expansion）。市场拓展是指将现有的零售方式运用于新的市场区域，即企业通过不断新建连锁门店进入新的市场区域，由地区性零售商成长为全国性或全球性零售商，为更多的顾客提供产品和服务。

（3）产品开发（Product Development）。连锁企业采用引进新商品或改进现有商品的方式来增加企业在市场上的销售量。零售商通过调整商品组合，即零售商追求额外的商品种类，或是调整其经营商品种类的广度和深度。调整商品组合或服务只需要较少的投资，而提供一种完全不同的零售商品则需要大量的投资和知识储备。

2. 多业态发展战略

业态是指零售企业的经营模式与存在形式或组织架构。许多零售商由于历史原因只经营单一的业态，要么是百货店，要么是超级市场，又或是专业店、便利店。随着消费需求的日趋多样化和个性化，越来越多的零售商开始尝试多业态混合经营，以满足多样化的消费需求，占领更多的细分市场。

所谓业态多元化，是指零售商为满足消费者多样化的需求，在以某种业态为主的前提下，同时经营其他几种相互补充的业态，以实现经济效益最大化。纵观国际零售巨头的发展历程，它们基本都是从经营单一业态开始，随着企业规模的扩大和核心竞争力的形成，逐步走上多业态发展之路的。正如山姆·沃尔顿在自传中所写的"若要成功就必须走在变化的前面"。众所周知，沃尔玛以折扣百货店起家，经过不断的发展，现已有折扣商店、超级广场、山姆会员店和社区店四种业态。我国百强连锁企业中采用多业态经营的企业占到一半以上，大商集团是中国最大的零售业集团之一，百货店、大型综合购物中心（新玛特）、大型综合超市以及以电器、家居为代表的专业店是大商集团的四大主力业态。

因此，连锁企业在对业态定位时，首先需要认真研究各种业态特征，在综合权衡企业的能力、资源与具体市场环境的基础上打磨出适合自己的主力业态，然后在时机成熟时向多业态经营；其次在业态选择上，切忌业态过多过滥，要本着相互支撑、错位经营的原则，采用适合企业特点的业态组合，通过业态创新形成独特的竞争优势。

3.一体化发展战略

一体化发展战略是指企业充分利用产品（业务）在生产、技术和市场等方面的优势，沿着其产品（业务）生产经营链条的纵向或横向，以业务经营的深度和广度扩大经营规模，提高收入和利润水平，使企业不断发展壮大。

一体化发展战略分为纵向一体化战略和横向一体化战略。

（1）纵向一体化战略是指企业在业务链上沿着向前和向后两个可能的方向延伸、扩展企业现有经营业务的一种发展战略。它具体包括前向一体化战略和后向一体化战略（如图5-1所示）。

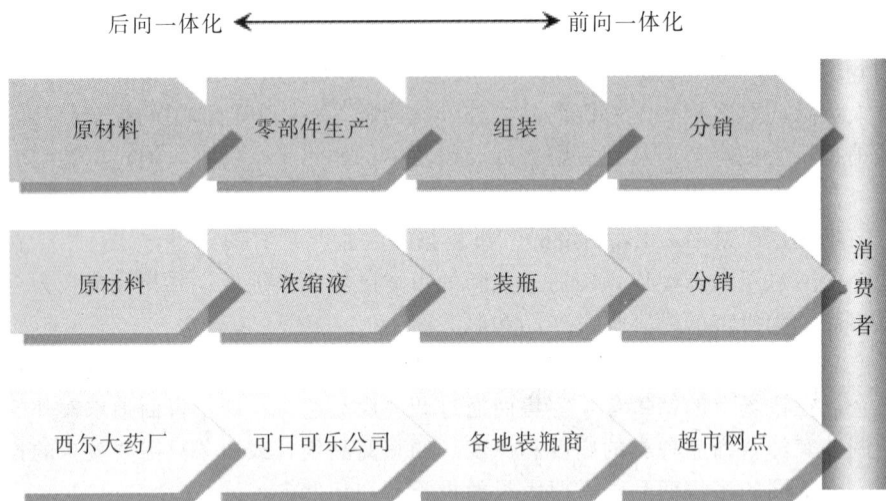

图5-1 纵向一体化战略

①前向一体化战略是指以企业初始生产或经营的产品（业务）项目为基准，生产经营范围的扩展沿其生产经营链条向前延伸，使企业的业务活动更加接近最终用户。对于连锁企业而言，前向一体化战略就是向顾客延伸，如在销售、服务终端的基础上发展会员制，或者成为顾客的采购代理，使这些顾客成为终生顾客。

②后向一体化战略是指以企业初始生产或经营的产品（业务）项目为基准，生产经营范围的扩展沿其生产经营链条向后延伸，发展企业原来生产经营业务的配套供应项目，即发展企业原有业务生产经营所需的原料、配件、能源、包装和服务业务的生产经营。对于连锁企业而言，后向一体化战略就是向供应链的上游环节延伸扩张，如开设批发业务，或者直接介入商品的制造业务等。

双向一体化战略是前述两种战略的复合，即当企业在初始生产经营的产品（业务）项目的基础上，沿其生产经营链条向前、后分别扩张业务范围。

（2）横向一体化战略是指企业通过购买、联合、合并与自己有竞争关系的企业扩大经营规模，获得更大利润的发展战略。横向一体化战略的目的是扩大企业的实力范围，增强竞争能力，是企业在竞争比较激烈的情况下采用的一种战略选择。

实现横向一体化的主要途径包括联合、购买、合并和成立集团公司。

①联合，即两个或两个以上相互竞争的企业在某一业务领域进行联合投资、开发或经营，共同分享盈利，共同承担风险。

②购买，即一个实力雄厚的企业购买另一个与自己有竞争关系的企业。

③合并，即两个实力相当，且有竞争关系的企业合并成一个企业。

④成立集团公司，即由业务相互关联、有竞争关系的一群企业共同以契约形式组成具有经济实体性质的联合体。这个联合体的内部经济关系的密切程度是不一样的，集团公司的主要任务是合理调配资源、把握集团的最高发展方向，以及协调内部各子单位的关系，使其承担单个企业无法进行或虽能进行但经济效果较差的项目。

@ 知识拓展 5-1

全渠道零售战略

全渠道零售战略（Omni-Channel Retailing Strategy），是企业为了满足消费者任何时候、任何地点、任何方式购买的需求，采取实体渠道、电子商务渠道和移动电子商务渠道整合的方式销售商品或服务，提供给顾客无差别的购买体验。

零售业演变三部曲：单渠道时代、多渠道时代、全渠道时代。

单渠道时代：1990—1999 年，巨型连锁实体店时代到来，品牌化实体店数量减少，是砖头加水泥的实体店铺时代。单渠道模式经营的企业困境在于渠道单一，实体店仅仅覆盖周边的消费者，加之商铺租金上涨和人力成本上升，在收入没有改变的情况下，成本增加，利润微薄，企业生存岌岌可危。

多渠道时代：2000—2011 年，网上商店时代到来，零售商采取了线上和线下双重渠道，是鼠标加水泥的零售时代。多渠道模式与单渠道模式相比，其路径更丰富，但也面临着瓶颈。例如，渠道分散，管理成本上升，经营效率下降，投资回报下降；内部恶性竞争，抢夺资源，团队内耗、资源浪费；外部价格不同、促销不同、服务不同，消费者体验冰火两重天。

全渠道时代：2012 年至今，企业关注消费者的购买体验，有形店铺地位弱化，是鼠标加水泥加移动网络的全渠道零售时代。全渠道零售的成因：信息技术进入社交网络和移动网络，形成了在全渠道上工作和生活的群体，导致全渠道购物崛起，一种信息传递路径就成为一种零售渠道。面对全渠道零售，实体零售商需要考虑零售业本质（售卖、娱乐和社交）和零售五流（客流、商流、信息流、资金流和物流）的变化，并根据目标消费群和营销定位进行多渠道组合策略。

全渠道具有三大特征：全程、全面、全线。

全程，即一个消费者从接触品牌到最后购买的过程。其全程有五个关键环节：搜寻、比较、下单、体验、分享。企业必须在这些关键环节上保持与消费者全程、零距离接触。

全面，即企业可以跟踪和积累消费者购物全过程的数据。在这个过程中，企业及时与消费者互动，掌握消费者在购买过程中的决策变化，向消费者提供个性化建议，提升其购买体验。

全线，即渠道的发展经历了单一渠道时代（单渠道）、分散渠道时代（多渠道）两个阶段，达到了渠道全线覆盖，形成了线上线下全渠道阶段。这个全渠道覆盖包括了实体渠道、电子商务渠道、移动电子商务渠道的线上与线下的融合。

资料来源　根据网络资料整理所得。

5.3　竞争战略

5.3.1　连锁企业竞争战略的含义

竞争战略是企业发展到一定的市场规模后，为实现企业价值最大化而同业内其他企业之间产生的市场份额和客户占有率方面的争夺策略。现代市场经济必然存在竞争，竞争是企业发展的动力。受价值规律的支配，商品生产者和经营者为了获取更多利益必须相互竞争，通过相互的竞争，可以使企业更好地提高生产率，提高适应市场需求的能力，增强企业活力。市场竞争的意义主要表现在以下几个方面：

1.最大限度地确保企业活动的自主性

企业在平等条件下参与竞争，不受任何组织指示、命令的控制，自主地开展经营活动。

2.合理分配资源

在满足一定条件的基础上，市场竞争能带来合理的资源分配。

3.充分调动经营者的积极性和主动性

优胜劣汰是市场竞争的规律，市场竞争的结果必然会产生失败者，企业要想在竞争中获胜必须付出加倍的努力。另外，竞争本身所具有的挑战性，可以激发经营者的上进心和成就意识。例如，世界著名的连锁集团沃尔玛、麦德龙等都是在激烈的市场竞争中逐步发展起来的，它们都是身经百战，经验丰富，具有自己独特的竞争优势。

5.3.2　连锁企业竞争的主要表现

美国哈佛大学的著名战略学家、研究企业竞争战略理论的专家迈克尔·波特教授，为企业分析竞争局面提供了一条清晰的思路。按照波特教授的观点，一个行业中的竞争，远不只限于原有的竞争对手，而是存在着五种竞争力量，即新加入者的威胁、现有企业的竞争、替代品的威胁、供应商的讨价还价能力和买方的讨价还价能力，这五种竞争力量之间相互影响，相互制约，形成了行业中的竞争结构。

以此作为分析竞争的框架，连锁企业竞争也面临五种竞争力量：

一是由日益深化的零售全球化导致的外资连锁企业进入中国市场所引起的竞争；二是其他行业的资本进入连锁经营领域所带来的竞争；三是随着消费市场的升级和"买方市场"地位的巩固，消费者在连锁经营领域的"话语权"力量形成的竞争；四是随着科学技术的发展和产品的升级换代，由供应商与零售商控制的对抗力量导致的竞争；五是行业内已有企业之间的竞争，包括同一业态之间的竞争和不同业态之间的竞争。

波特教授所提出的竞争力理论是一种在广泛意义上不同于市场力量间角逐的理论。从连锁经营环境的角度来看，连锁企业还面对同业竞争日趋激烈的市场环境，不仅有专业商店与百货商店、超级市场与便利店等不同业态之间的竞争，还有专业商店与专业商店、百货商店与百货商店、超级市场与超级市场等同一业态之间的竞争。此外，连锁企业也面临来自生产商、批发商和消费者自建的零售组织的竞争。一方面，生产商、批发商通过"厂家直销"或自建销售渠道向零售商挑战；另一方面，消费者也倾向于自建"消费合作社"与零售商抗衡。当然，从消费者的角度来看，连锁企业的竞争是有利于提高消费者福利，获取更高的消费剩余。但是，从连锁企业的角度来看，日益激烈的市场竞争增加了企业的经营难度，过度竞争会在更长远的时期损害消费者的利益，最终导致供需双方两败俱伤。

此外，连锁企业还面临一个更为严峻的挑战——经济全球化所带来的竞争压力。外资企业进入中国市场和零售全球化是当前中国零售业最主要的竞争力量。

5.3.3 连锁企业竞争战略的主要内容

为适应激烈的竞争环境，连锁企业产生了不同价值观支配下的不同环境、不同发展阶段、不同行业的竞争战略。

1.总成本领先战略

总成本领先战略，即追求成本优势，使企业的成本低于竞争对手的成本，在市场上以低成本取得领先地位形成优势的策略。连锁企业赢得成本优势，意味着可以获得高于行业平均水平的收益，当其他企业在竞争过程中利润为零甚至亏损时，本企业仍然可以获利。

总成本领先战略的核心是较低的经营成本或费用。这就要求企业必须确保以低价购进原材料，采用先进的技术设备，建立高效的生产经营体制，努力降低各种费用。根据木桶原理，在残酷的市场竞争中，只要有一个环节的成本降不下来，就会影响整体成本优势的发挥。因此，企业在追求成本优势时必须控制每一个环节的成本都降到最低。

2.差异化战略

差异化战略又称错位竞争战略，是指企业向顾客提供一种区别于竞争对手的、独特的产品或服务的战略，是一种追求标新立异、与众不同的战略。差异化战略并不意味企业可以忽视成本，但成本在此不是战略的根本目标，如果总成本领先战略是从企业内部建立竞争优势，那么差异化战略则是从企业外部，即根据市场需求的差异性及其在这方面的竞争情况建立企业优势。这是差异化战略意义的根本所在。

随着市场范围的不断扩大和互相渗透，连锁企业在努力降低成本和扩大利润空间的前提下，仅依靠价格竞争有时很难达到扩大销售的目的。因此，差异化战略成为企业竞争的又一战略选择。差异化战略的核心是与众不同，即人无我有，人有我优，人优我全。这种与众不同可以体现在连锁企业经营的各个环节上。例如，商品特色、服务特色、促销销售等都是赢得顾客青睐的最有效手段。

差异化战略是回避直接竞争的基本手段，其解决的主要问题是确定在哪些方面或把哪些要素差异化。实现差异化战略的具体步骤：

第一，找出可能建立的差异，如商品、服务或在其他方面的差异。找出与其他企业的不同是实现差异化的关键环节，也是建立差异的起点。

第二，对差异建立的可能性和可行性进行分析。在确定可能建立的差异之后，企业应对这些差异建立的可能性进行系统的分析和科学的论证，即所要建立的差异能否给整个连锁企业带来更多的收益，这是差异能否建立的主要标准。同时，企业还要分析建立这种差异的可行性，即以企业拥有的资源和能力能否支持这种差异的建立。

第三，确定增强差异性的强化点——差异因素。建立差异的可能性和可行性论证通过后，企业应确定影响差异的关键因素，并逐一列出，进行相关的研究和考察。

第四，制订差异性的实施计划并建立差异。上述几个步骤完成后，企业即可调动资源，制订实施计划并执行该计划，建立符合市场需求的差异。

3.目标集聚战略

目标聚集战略是指确定企业的重要目标，通过长期的、集中的资源投入实现主要目标，带动企业整个经营活动的开展。

对连锁企业来说，实施目标聚集战略可以有效地抵御来自各个方面的竞争。因为目标聚集战略不是对竞争者的所有商品和服务展开全面竞争态势，而是针对竞争者的弱势产品或弱势服务展开有的放矢的竞争，集中开发商品和服务，所以企业能够比其他竞争者更经济地、更周到地满足消费者的需求，建立一个竞争者所不能比拟的竞争点，使得企业在竞争中获得更多的主动权，在其选择的细分市场中获得较高的利润。

目标集聚战略的实施对于连锁企业的发展具有十分重要的意义。目标集聚战略使连锁企业的经营目标和范围更加集中，管理相对简单方便，可以集中使用企业的各项资源；能够深入研究与本企业产品有关的各项技术，深入了解市场上用户的具体需求；可以在一定程度上提高企业的实力，从而提高企业的经济效益。由于实行集中战略，企业还可以通过目标市场的选择，寻找现有竞争者的最薄弱环节，避免与实力强大的竞争者正面冲突，因此这种战略特别适合于中小企业。

应当指出的是，目标集聚战略并非是必胜法宝。在稳定的客观环境中，连锁企业实行目标集聚战略会获得相当大的收益。当市场、用户、技术或国家政策等外界因素发生变化而直接导致环境不稳定时，连锁企业实施目标集聚战略可能会因经营范围过窄而面临很大的危机。

如果企业能够成功地贯彻以上三种竞争战略中的一种战略，即成为产业中的低成本领先者，或者在产品或服务的某些方面取得独树一帜的经营差异性，或者集中资源在某一特定的细分市场取得成本优势或新异性，那么企业就可以获得高于行业平均利润的超额利润。

如果企业在追求多种基本竞争战略的同时能获得成本领先和差异化的竞争优势，那么企业就能获得更高的收益。因此，确定竞争战略是企业取得竞争优势的关键，通常企业必须在上述三种基本竞争战略中做出抉择。

本章小结

　　连锁企业战略是对连锁企业的谋略，是对连锁企业长远规划、标准化运营等方面的整体性、系统性、根本性问题的谋略，直接影响连锁企业能否稳定发展。连锁企业经营战略的确定是连锁企业战略管理的核心，关系到连锁企业的生死存亡，有了正确的战略定位，经营活动才有意义。经营战略决定了连锁企业如何赢得客户与市场；发展战略决定了连锁企业如何成长落实规模化经营；竞争战略决定了连锁企业战胜竞争对手的能力。

思考与实训

　　1.填空题

　　（1）连锁企业战略管理包括_____、_____、_____三种。

　　（2）连锁企业发展战略实施中主要考虑_____、_____、_____、_____四个方面。

　　2.选择题

　　（1）以下哪些项目是连锁经营战略涵盖的内容（　　）。

　　A.顾客满意战略　　　　　　　　　　B.市场化战略

　　C.规模经营战略　　　　　　　　　　D.总成本领先战略

　　（2）连锁企业主要竞争战略包括（　　）。

　　A.总成本领先战略　　　　　　　　　B.市场化战略

　　C.目标集聚战略　　　　　　　　　　D.差异化战略

　　（3）企业的密集型发展战略是在现有的业务领域内寻找未来发展各种机会的战略，不包括（　　）方式。

　　A.市场渗透　　　　　　　　　　　　B.市场拓展

　　C.零售方式的发展　　　　　　　　　D.多种经营

　　3.简答题

　　（1）简述连锁企业发展战略类型。

　　（2）简述差异化战略实施的步骤。

　　（3）简述连锁企业主要竞争战略之间的关系。

　　4.实训项目

　　上网查阅某知名连锁企业在不同发展阶段的战略特点。

案例分析

战略转型满两年　李宁的目标完成接近40%

　　2015年8月8日，成立25周年的李宁公司宣布战略方向由体育装备提供商向"互联网+运动生活体验"提供商转变，并且重新改回"一切皆有可能"的口号。2017年8月11日，李宁公司公布的2017年上半年财报显示，公司收入达39.96亿元，比同期上升11%。毛利为19.04亿元，比同期上升14%。期内经营溢利为2.02亿元，同比上升32%。权益持有人应占溢利上升至1.89亿元，同比上升67%。

战略转型满两年后，李宁公司除了实现持续盈利的目标外，还试图在其主品牌之外探索新的业务机遇。未来，李宁公司将继续围绕"互联网+运动生活体验"战略，从产品、渠道和零售运营能力等方向提升体验价值。

1.更严格的门店策略

中国运动品牌已经过了疯狂拓店的时代。截至2017年6月底，李宁公司的门店数量为6 329个，净减少了111个，这是自2015年扭亏为盈后第一次门店减少。

李宁公司解释门店减少是因为更严格的门店策略，明确店铺分类，确定以高效大店为主的销售渠道。"过去是以80～200平方米的门店为主，但其很难囊括所有品类。今后将改建更多400平方米以上规模的大店，提升单店店效和盈利能力，关闭低效亏损门店。"

从门店类别来看，李宁公司更加强调消费需求的区域化差异，整体零售流水实现高单位数增长，新品售罄率、折扣率分别上升超过4个百分点及改善1个百分点。

2.更关心消费体验

李宁公司认为，在传统批发模式中公司作为品牌商并不十分关心消费者的购买体验，而转型为专业零售商后，消费者的购买体验变得越来越重要。商家应该在零售终端展示和提供最符合当地需求的产品的同时，根据品类属性提供灵活多样的运动体验和购买体验。目前，李宁公司旗下的零售店包括专业的跑步体验店、韦德专卖店以及增加消费者互动平台的李宁品牌体验店等多种形式。

3.强化电商平台

电商也是迎合新的消费方式的手段。2017年上半年，李宁公司的电商业务收入同比增长58%，其占公司总收入的比值从去年的13%增长到19%。

李宁公司表示，电商的目的是逐步建立与完善销售趋势预测体系，并将该体系应用到商品规划与组货、供应链提速的协调与整合等项目中，进一步实现零售转型。

4.丰富产品类型

在产品上，跑步、篮球、训练、运动时尚等核心品类业务占比达到90%，这些品类也是时下运动热点。例如，随着跑步人群的增加，跑步品类的收入增长达26%；篮球品类继续整合以韦德为代表的NBA资源。2017年7月韦德中国行刚刚结束，除了借韦德拉动篮球爱好者对李宁品牌的好感，还推出了时尚的韦德悟道X和针对专业爱好者的韦德之道6等系列产品。

5.探索新业务机遇

中国体育用品销售预计从2016年的1 900亿元增至2021年的2 700亿元，在这样的机会下，李宁公司表示要合理、谨慎地运用资源，探索新业务机遇和市场潜力，实现品牌组合多样化。2016年10月18日，李宁公司宣布与艾康尼斯公司合作，独家经营Danskin品牌在中国内地及澳门地区的业务。2015年，李宁公司推出了专注时尚运动的李宁弹簧标休闲系列产品和LNG系列产品。李宁公司根据调整优化的品牌理念，在北京、上海、合肥、大连和青岛等城市开设了8个销售点。

李宁公司的另一个增长点来自童装业务。2016年，李宁公司宣布收回童装代理权，并确定于2018年1月1日正式推出其旗下自营童装品牌李宁YOUNG。为了吸引青少年，发展童装业务，李宁公司在2017年6月上市了韦德亲子系列、智能Q云童鞋等产品。李宁公司还宣布与火箭队合作青训营，其目的是销售青少年篮球装备。

资料来源 肖可. 战略转型满两年 李宁的目标完成接近40% [EB/OL]. [2017-08-28]. http://www.lingshouw.com/article-14931-1.html.

请思考：

李宁公司的战略转型具有哪些特色？

第6章

连锁企业商品管理

教学指导

学习目标

1. 熟悉商品的分类与结构；

2. 掌握商品选择定价方法；

3. 掌握连锁企业品牌管理；

4. 学习商品促销的方式。

技能要点

1. 商品构成和定价管理；

2. 商品促销的正确使用。

在连锁企业的经营过程中，商品管理扮演着重要的角色。连锁企业通过对商品的正确选择和定位，以及恰当的价格策略，使企业更好地凸显品牌在企业发展中的地位和作用，并通过合适的促销手段，为企业经营助力。本章将从商品管理、品牌建设和经营促销三个方面进行论述。

【引例】 **小业态迅速扩张：干掉大卖场的"品类杀手"？**

有一天，传统超市和大卖场可能会逐渐被小业态专业店所取代。也许这样的判断会有些武断。但事实是，传统超市和大卖场的市场份额正在被小业态专业店所蚕食。目前，小业态专业店正以惊人的复制能力迅速扩张，一场以小业态为核心的变革正席卷而来。深耕于某一行业或品类，具有专业、精细、差异化和便捷性的特征，更好地迎合消费者的需求，这正是小业态专业店制胜的法宝。

深圳百果园实业发展有限公司（以下简称"百果园"）就把商品的专业、精细做到了极致，在水果商品的管理运营上深耕细作，从产地种植、物流运输，到保鲜度和质量控制，再到零售终端的布局陈列，百果园的触角已深入到水果行业的全产业链中。

在质量控制上，百果园建立了一套自己的果品标准。水果按照"四度一味一安全"（糖酸度、新鲜度、脆爽度、细嫩度、香味、安全性）的分级标准，分为A级、B级、C级三个等级。不同的等级在采购地、价格、运输、包装、营销上都会有所区别。一般情况下，百果园销售A级果品，会有少部分的B级果品，不出售C级果品。

在损耗管控上，百果园也有自己的一套系统。从产地发运开始到最后的终端，百果园梳理出15个关键点，包括运输方式、包装、配送、陈列、营销等都跟损耗挂钩。百果园先将水果进行分类，按照耐储易损程度分为六个等级，不同易损等级的水果在货架管理、库存管理、运输管理、门店终端销售等方面相互匹配，从而降低综合损耗率。

在新鲜度管理系统中，百果园为每种商品设定可售卖时间，当时间临近时，系统会自动报警提示尽快处理商品。在订单系统中，百果园根据历史数据、库存、天气情况、节假日、近期销售等因素，主动生成门店订单，店长需做好审核工作，即使是扔掉一个苹果，店长也要及时在系统中报损。

在水果来源上，百果园在国内有100多个直采基地，且国产水果直采比例达到90%。同时，百果园指导种植基地按照百果园的种植要求生产水果，从而促使产品达到标准。2002年，百果园在江西投资建立了约1.9万亩的种植基地。2004年，百果园又在海南投资建立了蜜瓜和木瓜种植基地。同年，百果园的葡萄园落户云南，面积约1 000亩。百果园有自己的进口水果全球采购系统，可以从美国、英国、阿根廷等16个国家的44个水果公司直接采购。

商品管理是指一个零售商从分析顾客的需求入手，对商品进货、定价方法、促销活动，以及库存管理和其他经营性指标做出全面的分析和计划，通过高效的运营系统，保证在最佳的时间，将最合适的数量，按正确的价格向顾客提供商品，同时达到既定的经济效益指标。互联网时代下商业竞争日趋回归本质，B2C、C2B、O2O、F2B等电商模式虽然层出不穷，但它们的核心还是基于产品做加法。回归商业本身，依托于产品自身革新，创新商品管理成为企业竞争突围的绝佳通道。

资料来源 姜海锋. 小业态迅速扩张：干掉大卖场的"品类杀手"？［EB/OL］.［2017-07-08］. http：//www.linkshop.com.cn/web/archives/2015/328960.shtml？sf=wd_search.

6.1 品类与定价管理

6.1.1 品类管理

1.商品定位

（1）商品定位的含义和特征。商品定位是指连锁企业针对目标消费者和生产商的实际情况，动态地确定商品的经营结构，实现商品配置的最优化状态。商品定位包括对商品品种、档次、价格、服务等方面的定位。商品定位既是企业决策者对市场判断分析的结果，又是企业经营理念的体现，还是连锁企业通过商品设计树立其在消费者心目中的形象。

连锁企业的商品定位：一是提高顾客满意度，这是企业赖以生存的主要因素。二是具有长期性。企业只有长期满足目标消费者的需求，才能树立良好的企业形象。三是具有竞争性。企业只有从竞争的商品中显示出自己的独到之处，才能使消费者更容易选择并重复购买，从而使企业赢得竞争优势。

（2）商品定位的影响因素。影响商品定位的因素有以下几种：

一是业态。业态不同，商品定位就不同。例如，生鲜食品类是社区超市的主力商品，占比超过50%；而便利店以速食类和饮料类为主，生鲜食品类的占比在30%以下。因此，业态的确定会为商品观念的形成提供参考。

二是消费对象。影响消费者购买的因素很多，包括地理变数，如城市与乡村在消费水平、消费行为等方面的差别；人口变数，如消费者的年龄、性别、家庭规模、收入、职业、受教育水平、宗教、人种、国籍等因素；心理变数，如消费者的社会阶层、生活模式、个性、价值观等因素，这些变数都会影响消费者的消费行为，甚至改变消费者的消费习惯。

三是消费区域。不同区域零售商的商品定位不同。购物中心、商业中心和交通便利的繁华区域的店铺租金贵、成本高，想要获取较大的利润，零售商必须经营适合消费者需求的中高档商品，而处于街头巷尾的零星小店，则经营价格低廉的生活必需品。

四是经济发展水平。在一般情况下，由于经济发展水平不同，商品结构可分为温饱型、小康型和富裕型三种类型。虽然它们在一个区域内可交叉存在，但不同的商品结构有不同的商品主体。连锁企业的商品定位必须适应不同的经济条件对商品的不同需求。

2.商品组合

商品组合又称商品经营结构，是指企业经营的全部商品的结构，即各种商品线、商品项目和库存量的有机组合方式，是连锁企业经营的商品集合。

商品组合一般由若干个商品系列组成。所谓商品系列，是指密切相关的一组商品。此组商品能形成系列，有一定的规定性。有的商品系列是由于其中的商品均能满足消费者某种同类的需求，如替代性商品（牛肉和羊肉）；有的商品系列必须配套在一起使用或售给同一类顾客，如互补性商品（手电筒与电池）。

3.品类管理

单品是商品分类中不能进一步细分的、完整独立的商品，是零售企业商品经营管理的最基本单位。例如，200毫升的飘柔滋润去屑洗发水，就是满足头发护理要求的一个具体单品。品类是一组易于区分、能够管理的产品和服务，消费者在满足自身需求时认为该组产品和服务是相关的，或是可以相互替代的。品类管理是以消费者为中心，以品类为业务单元，以数据为依托，通过零售商与供应商的有效合作，发现并满足消费者需求，从而提高业绩的零售管理流程。

品类管理不是一次性的项目，品类管理是一个流程，该流程包括品类定义、品类角色、品类评估、品类评分表、品类策略、品类战术、品类计划实施和品类回顾八个步骤。

（1）品类定义。品类定义是对品类的结构进行分类并描述，包括大分类、中分类和小分类等。品类定义通常以消费者需求为出发点，将杂乱无章的产品和服务进行归类，让它们按照消费者的分类找到自己的归属，每个产品和服务都"有家可归"。

（2）品类角色。品类角色是零售商根据自身的战略，运用一定的方法和衡量标准决定一个品类在门店所有品类中扮演的角色。品类角色是研究如何对品类进行分工，给予其不同的角色与衡量指标，从而推动企业这个"庞然大物"不断前进。品类角色决定了零售商整体业务中不同品类的优先顺序和重要性，还决定了品类之间的资源分配。

（3）品类评估。品类评估是对品类现状的审查，是对品类机会的挖掘，充分的品类评估将促使企业的经营战略和营销活动得到全方位的改进。因此，品类评估必须全面，不能只局限于销售量、利润等财务指标，还要考虑市场发展趋势、品类发展趋势、品类相对于市场和竞争对手的表现、品类库存天数等因素。品类评估包括确定衡量指标、获取信息、信息分析、导出结论四个步骤。

（4）品类评分表。品类评分表是一个综合平台，是衡量品类管理的有效性和跟踪品类管理执行情况的重要工具，主要包括零售商和供应商双方共同关心的指标，如销售额、利润增长率等。由于零售商的营销目标不同，评分表的指标可能不同，如有些零售商当前的营销目标是增加客流量，那么渗透率便成为其所关注的指标。评分表的指标不应太多，否则便没有了重点。因为品类管理是一种科学系统的管理方法，不是速效药，不能指望它在短期内迅速地解决各种问题。

（5）品类策略。品类策略是企业为实现品类经营角色和评估目标而制定的策略。品类策略的制定要做到因地制宜，根据零售商的目标和特点，基于顾客群分析、竞争对手分析、市场分析来制定。常用的品类策略有提高客单价、增加客流量、提升利润、强化门店形象等。

（6）品类战术。品类战术是企业为实现品类策略的目标所采用的具体操作方法，主要包括商品组合、商品陈列、商品定价、商品促销四个方面，也有人将供应链管理加入进来成为第五个方面。

（7）品类计划实施。品类管理最重要的一步是品类计划实施。前面的步骤靠几个人就可以完成，但这一步需要采购、营运、后勤、财务等部门的有效协作才能完成。执行力好的项目，会很快显示出品类管理的作用；执行力差的项目，品类管理会因为执行走样而饱受挫折。

（8）品类回顾。品类回顾是品类管理流程的最后一步，也是承前启后的一步。通过品类回顾，一方面评估目标的达成率，另一方面为下一次品类评估提供借鉴，进而调整品类评分指标、品类策略和品类战术，完成新一轮的品类管理。企业应每个月跟进实施情况，追踪品类表现，每三个月对品类进行一次全面的回顾。

6.1.2　定价管理

定价管理是确保企业盈利和具有竞争力的重要一环。连锁企业有两个终极目标：一是满足消费者的需求；二是盈利。这是相互依存又相互矛盾的两个终极目标。企业需要在二者之间找一个平衡点，以维护经营者和消费者双方的合理利益。这就是连锁企业定价管理所要解决的问题，是定价管理的目标和宗旨。

1.商品定价的影响因素

连锁企业在市场竞争中牵涉到几种不同的力量：供应商、消费者、竞争者。这几种力量从不同的方面对连锁企业的定价产生影响：

一是供应商。无论是自有品牌的商品，还是其他品牌的商品，连锁企业销售的每件商品的成本都受供应商的影响。也就是说，供应商对商品的定价是成本层面的。由于原材料价格、其他费用等的变化使供应商的价格有所波动，因此连锁企业的商品采购成本会受制于供应商的生产成本及其他成本。企业在定价时需要考虑这些成本因素。

二是消费者。连锁企业需要在企业盈利和消费者利益之间求得一种平衡。尽管企业是以营利为目的的，但是消费者存在着对价格的承受力问题。另外，由于对商品的选择变得更丰富，因此消费者的议价能力或者说对价格的选择性更强了。连锁企业的目的不仅是满足消费者的需求，还要培养消费者的忠诚度。

因此，企业定价不可能不受消费者的影响，这种影响可以分为心理层面和需求层面两种。心理层面的影响是指消费者对价格的感受和敏感程度，这种感受对他们的购买选择和行为产生影响。例如，在超市买饮料和在高档场所消费同样的商品，消费者会认为价格的不同是正常的，对其有不同的承受力。需求层面是指消费者对不同价位、不同品牌、不同规格的商品的需求不同，其定价不能按照销量成比例地增减。

三是竞争者。连锁企业为了扩大销售量会从服务和价格两个方面进行竞争，消费者对某些商品和服务是价格敏感型的，企业定价要参照竞争对手的价格因素，决定本企业的商品定价，这是一种博弈关系。

无论是哪个层面的影响都不是一成不变的，需要连锁企业不断关注市场上各种力量对价格影响的变化，随时进行合理的价格调整以适应变幻莫测的市场竞争需要。定价管理原则上就是在上限与下限之间，按照市场的变化进行合理的定价。

2.商品定价的方法

考虑到定价的影响因素，商品定价可分为三种方法：

（1）成本导向定价法。它具体包括以下几种方法：

一是成本加成定价法，即成本加上预期利润来定价。其公式为：

单位商品价格=单位商品总成本×（1+加成率）

加成率是预期利润占商品总成本的百分比。不同时间、地点、市场环境的商品的加成率是不一样的。

该方法的优点是计算方便，适合在市场环境稳定的情况下采用，缺点是没有考虑竞争者和市场需求状况。

二是售价加成定价法，即以成本为基数，按售价的一定百分率来计算加成率，从而得出售价。其公式为：

单位商品价格=单位商品总成本÷（1-加成率）

该方法多为商业部门，尤其是零售部门采用。因为对零售商来说，该方法更容易计算商品销售的毛利率（加成率）；而对于消费者来说，在售价相同的情况下，用该方法计算出来的加成率较低，更容易接受。

三是分类加成定价法，即对不同的商品采用差别毛利率定价的方法。

敏感商品和其他商品选用不同的加成率进行加成定价。分类加成定价法比传统习惯上采用的统一毛利率定价法具有灵活性，更加符合市场竞争的需求，甚至能获得比统一毛利率定价法更高的利润。

（2）需求导向定价法。它具体包括以下几种方法：

一是心理定价法，是指依据不同类型的消费者在购买商品时的不同心理和不同需求来制定价格，诱导消费者增加购买，扩大企业的销售量。

①尾数定价法是指在定价时商品价格取尾数而不取整数的定价方法，使消费者购买时在心理上产生便宜的感觉。例如，一双袜子定价9.8元，比定价10元好。

②整数定价法是指在定价时将商品价格定成整数，不带尾数，使消费者产生"一分价格一分货"的感觉，以满足消费者的某种心理需求，提高商品形象。对于名优的、紧俏的商品宜采取整数定价法。

③分级定价法是指在定价时把同类商品分为几个等级，不同等级的商品其价格不同。这种定价法能使消费者产生货真价实、按质论价的感觉，因而容易被消费者接受。

④声望定价法是指在定价时将有品牌声望的商品的价格定得比一般商品要高。这是根据消费者对企业品牌信任的心理而使用的定价方法。

二是需求差异定价法。

①因地点而异。同样的饮料，在杂货店售价5元，在娱乐场所售价7元，而在高档饭店售价可达10元，同样能为顾客接受。

②因时间而异。依据销售高峰期、低潮期、旺季、淡季的需求差异制定不同价格。旺季、高峰期可将价格定得高些，而在淡季、低潮期可将价格定得低些。

③因顾客而异。顾客因职业、阶层、年龄等方面的差异会有不同的需求，门店在定价时给予不同顾客一定的优惠，可获得良好的销售效果。另外，针对顾客的求廉心理，有意将一种或几种商品价格大幅度降低，以吸引顾客进店购买商品，带动其他商品的销售。

（3）竞争导向定价法。它具体包括以下几种方法：

一是跟随市场定价法又称随行就市定价法或流行水准定价法，是指以本行业的平均价格水平为标准的定价方法，是竞争导向定价方法中广为流行的一种。这种定价法的原则是使本企业的商品价格与竞争者的商品价格保持一致。

二是跟随领导者定价法，是指以行业领导者的定价为依据，根据自身在竞争中的地位，与领导者的商品价格保持适当距离的一种定价方法。这种定价方法往往是行业的追随者采用的。企业依据与竞争对手所提供的产品和服务在外观、质量、品牌、售后服务等方面的差别来确定价格，以便于消费者区分产品，树立企业的市场地位和市场形象。

@ **精选案例6-1**

北京华联婴儿护理中心

北京华联超市在宝洁公司推动和协助下建立了婴儿护理中心（宝宝屋）。北京华联的婴儿产品原本分散在不同的品类中，如婴儿奶粉和成人奶粉放在一起，属奶制品类；婴儿纸尿片和纸巾等放在一起，属纸制品类。但调查发现，孕妇或抱着婴儿的妈妈要辛苦地走上1~2个小时才能购齐所需妇婴物品，她们最希望花较短的时间一次性购齐所需物品。于是，新的品类——妇婴用品类应运而生。

妇婴用品类又细分为婴儿喂哺类（如奶瓶、学饮杯等）、洗护类（如洗发、沐浴乳、护臀膏、爽身粉等）、离乳类（如勺子、碗、研磨器、榨汁器等）、安全类（如安全插座、安全门卡、安全桌脚等）、其他类（如温湿度计、浴盆、体温计、退热贴、驱蚊贴、吸鼻器等）、奶粉类、保健品类，还有孕期类（如防辐射服、孕妇装等）、待产类（如产妇卫生巾、一次性床褥、束缚带、骨盆带）、哺乳期类（如吸乳器、防溢乳垫、哺乳内衣等）。

1~2个月后，购物者便习惯性地步入婴儿护理中心购买妇婴用品。婴儿护理中心的设立，使北京华联妇婴用品类的销售量增长33%，利润增长63%。

资料来源　根据百度文库资料整理所得。

6.2 企业品牌管理

6.2.1 品牌规划建设

企业品牌传达的是企业的经营理念、企业文化、企业价值观及对消费者的态度，它能有效地帮助企业突破地域之间的壁垒进行跨区域的经营活动，并为各个差异性市场之间提供统一的形象、统一的承诺，使不同的产品之间形成关联，整合了产品的品牌资源。

企业品牌是在商品品牌和服务品牌的基础上衍生出的。只有与商品品牌相匹配的超值服务，即企业建立有别于竞争对手的、富有企业文化内涵的、独特的服务品牌，才能不断提升商品品牌的价值含量和提高企业的美誉度，否则企业品牌的内涵就要大打折扣。正是有形的商品品牌和无形的服务品牌相互结合，才成就了提升企业核心竞争优势的企业品牌，一个优秀的品牌成就一个优势的企业。

品牌对于企业的意义不只是为了区别于竞争对手，更重要的是为了锁定目标顾客，让一般顾客成为忠诚客户。当企业品牌深入人心之后，就会成为知名品牌，从而降低营销成本，成为企业的核心竞争力。

品牌规划建设是企业品牌战略的核心内容，关系到企业品牌未来的前途，国内很多企业在品牌经营中存在问题——从品牌诞生开始就忽视规划的重要性，即没有品牌规划意识。有的企业虽然做了规划，但在具体的执行过程中其营销行为偏离了品牌规划，即战术没有按照战略来执行。

1.品牌规划建设的意义

（1）增加企业的凝聚力。这种凝聚力不仅能使团队成员产生自豪感，增强员工对企业的认同感和归属感，还有利于提高员工素质，以适应企业发展的需要，全体员工以主人翁的态度工作，产生同舟共济、荣辱与共的思想，关注企业发展，为提升企业竞争力而奋斗。

（2）增强企业的吸引力与辐射力。优秀的企业品牌不仅使企业的投资价值提升，还能吸引人才，从而使资源得到有效集聚和合理配置。企业品牌的吸引力是一种向心力，辐射力则是一种扩散力。

（3）提高企业知名度和强化竞争力。品牌文化力是一种无形的、巨大的推动企业发展的力量。企业实力、企业活力、企业潜力以及可持续发展的能力都集中体现在竞争力上，而提高企业竞争力又同提高企业知名度密不可分，这种提高是依靠"品牌"无形的文化力来实现的。优秀的企业品牌有利于企业知名度和竞争力的提高。

（4）推动企业发展和社会进步。企业品牌不是停留在美化企业形象的层面，而是成为吸引投资、促进企业发展的巨大推动力，进而促进企业将自己像商品一样包装后拿到国内甚至国际市场上"推销"，推动了企业的发展和社会的进步。

2.品牌规划建设的内容

（1）定位的差异化。品牌规划的前提是对品牌进行科学、合理的定位。所谓定位，就是告诉别人"我是谁"，我跟别人不一样。解决了"我是谁"的问题，就解决了"卖给谁"的问题，也就解决了品牌的目标消费群定位的问题。例如，"奔驰"品牌的定位是尊贵，其目标消费群就是有身份、有地位的人士。既然是将产品卖给有身份、有地位的人士，产品价格自然不能太便宜，产品品质必定是一流的，广告传播的对象也一定是有身份、有地位的人士。"沃尔沃"品牌的定位是安全，其目标消费群就是追求安全的购车一族。连锁企业的品牌定位需要通过产品、门店形象、业态、服务等多种因素共同形成。

（2）形象的统一性。品牌定位之后需要做的工作是建立品牌视觉形象，即品牌形象是以视觉的形式把品牌定位的核心理念表现出来。例如，麦当劳的黄色 M、肯德基和蔼可亲的"肯德基爷爷"形象等都给人们留下了深刻的印象。一个品牌在定位之后，必须围绕品牌定位来确立视觉形象，必须在消费者面前把这种形象强烈的表达出来，深深地印在消费者的脑海里，才能使品牌有力地占据消费者的心智。

（3）传播的持续性。品牌定位和品牌形象建设完成后，剩下的工作就是持续不断地传播品牌定位和品牌形象。品牌定位可以以广告语的形式呈现在消费者面前。例如，麦当劳的广告语是"常常欢笑尝尝麦当劳""我就喜欢麦当劳"，其表现的是麦当劳给消费者带来的快乐和优质的服务体验。品牌传播需要持续不断地表达品牌核心理念，才能使品牌深入人心。切忌广告、公关、促销等营销行为背离品牌核心理念。

6.2.2 品牌传播推广

1.品牌文化的塑造

品牌文化的核心是文化内涵，是其蕴涵的深刻的价值内涵和情感内涵，是品牌所凝炼的价值观念、生活态度、审美情趣、个性修养、时尚品位、情感诉求等精神象征。

（1）品牌文化塑造的意义。品牌的文化内涵是品牌在经营中逐步形成的文化积淀，代表了企业和消费者的利益认知、情感归属，是品牌与传统文化以及企业形象的总和。与企业文化的内部凝聚作用不同，品牌文化突出了企业外在的宣传、整合优势，将企业品牌理念有效地传递给消费者，进而占据消费者的心智。品牌文化是凝结在品牌上的企业精华。

①品牌文化塑造，承载着企业利益和社会功能的双重作用。

一方面，品牌文化的塑造是受商业动机支配的，通过品牌文化强化品牌力，从而谋求更多的商业利润。企业在市场细分的基础上确立目标市场，并对目标消费者的文化、心态进行深入调研，将其与商品的效用联系起来，为品牌塑造典型的文化个性，达到树立企业品牌的目的。

另一方面，企业在满足消费者需求和取得企业利润的同时，也需要考虑到社会的长期整体利益。企业在宣传产品品质的同时，也要弘扬优秀的文化，倡导正确的价值观，促成社会的进步。通过塑造优秀的品牌文化，表明企业坚持积极的文化理念，这是促进社会利益的一种体现。

②品牌文化满足了目标消费者物质之外的文化需求。

品牌文化的建立能让消费者在享用商品所带来的物质利益之外，还能有一种文化需求的满足。在这种情况下，市场细分的标准需要以文化为依据。"在这个世界上，我找我自己的味道，口味很多，品味却很少，我的摩卡咖啡。"这是一则摩卡咖啡的电台广告，体现了其鲜明的目标市场：不追赶时尚、有自己品味的少数人。同时，暗示这部分人选择摩卡咖啡就是坚持这样的生活方式。

③品牌文化的塑造有助于培养忠诚的品牌消费群体，是重要的品牌壁垒。

按消费者的忠诚度，一个市场可分为坚定型、不坚定型、转移型和多变型的消费群体。其中，坚定型消费群体对企业最有价值。企业培养坚定型消费群体在买主中占很高比例的市场是最理想的，然而事实并非如此。维护、壮大品牌的忠诚消费群体是至关重要的。这对企业品牌保持竞争力是最关键的。但是，在树立、壮大品牌的过程中，企业不仅应对商品效用进行诉求，而且应始终向目标消费者灌输一种与品牌联想相吻合的、积极向上的生活理念，使消费者通过使用该品牌的产品，达到物质和精神的满足。

尤其在竞争激烈的市场中，不同品牌的同类产品之间的差异在不断缩小，要让消费者在众多的品牌中鲜明地识别一个品牌，有效的方法是让品牌具有独特的文化，即品牌的文化差异。这种文化差异一旦被目标消费者接受，对提高品牌力是十分有利的。因为对一种文化上的认同，消费者是不会轻易加以改变的。这时的品牌文化就成了对抗竞争品牌和阻止新品牌进入的重要手段。这种竞争壁垒存在时间长，不易被突破。

（2）品牌文化塑造的标准。

一是品牌文化要适合产品的特征。品牌文化要与产品特性相匹配，才能让消费者觉得自然、可接受。品牌经营者采用品牌延伸策略，即一个品牌下有许多品种的产品，这时就要抓住产品的共性。例如，西门子涉及家电、电力、医疗器械、通信等众多行业，但是西门子始终坚持一种可靠、严谨的品牌文化，让消费者认为西门子代表着德国一丝不苟的民族传统。

二是品牌文化要符合目标消费群体的特征。品牌文化要从目标消费群体中去寻找，企业只有充分考察消费群体的心态和行为方式，才能使品牌文化被目标消费群体认同，才能增强品牌的竞争力。

对于连锁企业而言，品牌文化还要注重与民族传统文化的结合。品牌文化是与民族传统文化紧紧联系在一起的，将优秀的民族传统文化融入品牌文化，更易让大众产生共鸣。在品牌文化中继承民族传统文化既要符合民族的审美情趣，也要考虑消费群体的接受能力。同时，品牌文化要注重实质，如果过分追求缺乏内涵的形式只会适得其反。一般而言，一种品牌文化应为绝大多数目标消费群体认同或追求，应尽可能与其生活相接近，甚至是其生活的某一部分。

2.品牌的传播推广

所谓品牌传播，是指企业以品牌的核心价值为原则，在品牌识别的整体框架下，选择广告、公关、销售、人际等传播方式，将特定品牌推广出去，以建立品牌形象，促进市场销售。品牌传播是企业满足消费者需要，培养消费者忠诚度的有效手段，是目前企业经营者高擎的一面大旗。

通过有效的品牌传播，可以使品牌为广大消费者和社会公众所认知，使品牌得以迅速发展，还可以实现品牌与目标市场的有效对接，为品牌及产品进占市场、拓展市场奠定宣传基础。品牌传播是诉求品牌个性的手段，也是形成品牌文化的重要组成部分。

（1）品牌传播推广的方式。

①广告传播。广告作为一种主要的品牌传播手段，是指品牌所有者以付费方式，委托广告经营单位通过传播媒介，以策划为主体、创意为中心，对目标受众所进行的以品牌名称、品牌标志、品牌定位、品牌个性等为主要内容的宣传活动。

对品牌而言，广告是最重要的传播方式，有人甚至认为，品牌=产品+广告，由此可见广告对于品牌传播的重要性。有资料显示，在美国排名前20的品牌，每个品牌的广告费用平均每年为3亿美元。社会公众了解一个品牌的信息，多数情况下是通过广告获得的，广告是提高品牌知名度、信任度、忠诚度、塑造品牌形象和个性的强有力的工具。由此可见，广告是品牌传播的重心所在。

②公关传播。公关是公共关系的简称，是企业形象、品牌、文化、技术等传播的一种有效解决方案，包括投资者关系、员工传播、事件管理以及其他非付费传播等内容。作为品牌传播的一种手段，公关传播能利用第三方的认证为品牌提供有利信息，从而教育和引导消费者。

公共关系可为企业解决以下问题：一是塑造品牌知名度，巧妙创新运用新闻点，塑造组织的形象和知名度；二是树立美誉度和忠诚度，帮助企业取得公众心理上的认同，这点是其他传播方式无法做到的；三是通过体验营销的方式，让难以衡量的公关效果具体化，普及一种消费文化或推行一种购买思想哲学；四是提升品牌的"赢"销力，促进品牌资产与社会责任增值；五是通过危机公关或标准营销化解组织和营销的压力。

③销售促进传播。销售促进传播是指企业通过鼓励消费者对产品和服务进行尝试，或是以促进销售等活动方式进行品牌传播，其主要工具有赠券、赠品、抽奖等。

尽管销售促进传播有着很长的历史，但是长期以来它并没有被人们重视，直到近20年，许多企业才开始采用这种手段进行品牌传播。

销售促进传播主要用来吸引品牌转换者。销售促进传播在短期内能产生较好的销售反应，但很难有长久的效益，尤其对品牌形象而言，大量使用销售推广会降低品牌忠诚度，增加顾客对价格的敏感，淡化品牌的质量概念，促使企业偏重短期行为和效益。不过对中小型企业的品牌形象而言，销售促进传播会带来好处，因为中小型企业负担不起与市场领导者相匹配的大笔广告费，通过销售方面的刺激，可以吸引消费者使用企业的商品，关注企业品牌。

④人际传播。人际传播是企业与消费者之间的直接沟通，主要是通过企业销售人员的咨询讲解、示范操作、服务等，使公众了解和认识企业，并形成对企业的印象和评价。人际传播将直接影响企业的品牌形象。

人际传播是形成品牌美誉度的重要途径，在品牌传播的方式中，人际传播最易被消费者接受。不过，要想取得好的人际传播效果，企业必须提高销售人员的素质，只有这样才能发挥其积极作用。

品牌传播与传播方式的选择和设计密切相关，如果传播方式选择不当、设计不合理，就不可能收到好的传播效果。因此，企业在进行品牌传播时一定要把传播方式的选择和设计放在重要的位置上。

（2）品牌传播推广的"三元论"。

"三元论"方法是以消费者对产品的情感因素为根本，采取步步为营的策略，并各有侧重，以图长久而成功地塑造、推广一个品牌。

一个成功、完整的品牌传播推广包括三个阶段：一是品牌宽度推广阶段，即建立品牌知名度；二是品牌深度推广阶段，即提升品牌美誉度、忠诚度；三是品牌维护阶段。

在品牌传播推广过程中，品牌宽度推广是基础，是品牌的第一生命；品牌深度推广是根本，是品牌的第二生命。品牌深度推广是建立在品牌宽度推广的基础之上的，主要是与消费者进行情感对话，提高品牌销售力。

①品牌宽度推广阶段。这个阶段的目的是建立品牌知名度，主要的推广策略是强势打造、强制灌输，采用的推广方法包括广告宣传活动、事件传播等。

这个阶段主要是通过一些传统的推广手法宣传、传播品牌，让广大消费者了解、知晓品牌的基本内涵，属于与消费者的初级沟通。

②品牌深度推广阶段。这个阶段的宗旨是让品牌深入人（消费者）心，主要实现提升品牌美誉度、忠诚度，提高品牌销售力的目的，采用的推广策略包括深度互动、创新传播等。

创新是策划的生命，尤其是在品牌深度推广阶段，要和消费者达成深度互动，让消费者从内心深处体验、认可、接受品牌和品牌文化，就必须独辟蹊径，大胆创新，从而提高品牌销售力。

③品牌维护阶段。这个阶段的宗旨是维护品牌高度，采取的主要策略包括宽度推广、深度推广等。

据统计，在国外一个知名品牌的推广时间至少需要3~5年，品牌达到一定知名度后，每年投入至少1 000万美元用于维护。只有这样才能永葆品牌的青春活力和市场竞争力。

总之，企业只有找"对"消费者对品牌的情感切入点，与消费者进行心灵对话，达成共鸣，才能提高品牌推广的效果，降低推广费用；企业只有从需求和动机、感觉和知觉、消费和态度上捕捉、寻找、定位、剖析客户的情感因素，才能找到一个好的品牌传播推广的方法，达到提高品牌销售力和解决问题的目的。

6.2.3 品牌管理维护

1.品牌管理维护的重要性

品牌作为企业的重要资产，其市场竞争力和品牌的价值来之不易。但是，市场不是一成不变的，因此需要企业不断地对品牌进行维护。

（1）品牌维护有利于巩固品牌的市场地位。在市场竞争中，企业品牌的知名度、美誉度下降以及销售、市场占有率降低等现象被称为品牌老化。尤其是在激烈的市场竞争中，任何品牌都存在品牌老化的可能。因此，对品牌进行维护，是避免品牌老化的重要手段。

（2）品牌维护有助于保持和增强品牌生命力。品牌的生命力取决于消费者的需求。如果品牌能够满足消费者不断变化的需求，那么这个品牌就具有旺盛的生命力。反之，就可能出现品牌老化。因此，对品牌进行维护以满足市场和消费者的需求是十分必要的。

（3）品牌维护有利于预防和化解危机。市场风云变幻，消费者的维权意识在不断提高，品牌面临来自各方面的压力。如果企业没有预测到危机的来临，或者没有应对危机的策略，品牌将面临极大的危险。品牌维护要求产品或服务的质量不断提升，以便有效地防范内部原因造成的品牌危机。同时，强化品牌的核心价值，进行理性的品牌延伸和品牌扩张，有利于降低危机发生后所波及的风险。

（4）品牌维护有利于抵御品牌竞争。在市场竞争中，品牌竞争的市场表现将直接影响到企业品牌的价值。对品牌进行维护不仅能够在市场竞争中保持品牌的竞争力，而且对于假冒品牌也会起到一定的抵御作用。

2.品牌管理维护措施

（1）品牌维护意识和机制。多数企业做不好品牌维护，其根源在于品牌维护意识较差。因此，强化品牌维护意识是做好品牌维护的第一步。企业只有真正认识到品牌维护的重要性，才能树立起最基本的品牌维护意识。

当企业品牌具备了品牌声誉后，企业应随即建立起品牌维护机制，将品牌维护提升到战略高度加以考虑和规划，并在职能结构的设置和战略、制度的制定上加以反映，以完成品牌树立到品牌维护的职能转变。

品牌的策划和树立阶段相对于品牌的整个寿命是十分短暂的，而品牌的维护阶段却是长期的。目前，多数企业都非常重视对品牌的宣传和推广，也有不少行之有效的方法使得品牌能够在短时间内获得知名度。品牌一旦拥有了知名度，就应当迅速转入品牌的维护阶段，但在这一阶段却经常出现问题。因此，在品牌维护阶段，企业应建立专门机构，明确其主要工作内容和目标。品牌维护的一般目标是保持品牌长期、健康和稳定的发展，累积品牌的声誉和影响力。企业为实现这个目标应在谋求品牌拓展、优化品牌结构和解决品牌危机等方面多下功夫。

（2）品牌结构优化。品牌在发展中通过种种尝试，势必会改变原有的品牌结构。为避免不合理的品牌结构分散企业资源、消耗企业实力，企业应对新的品牌结构进行监控和调整。品牌结构优化是在对现有品牌进行分析的基础上，对品牌的重新定位，或者是对品牌进行扩张或收缩以改善品牌结构的活力。品牌结构优化的目的是进一步优化企业资源配置，使企业现有品牌优胜劣汰，巩固品牌地位，提高企业核心竞争力。品牌的结构优化主要包括以下几个方面：

①品牌定位调整。对于市场已发生变化，现有的品牌定位已不能很好地吸引和留住消费者的品牌，企业应进行品牌的定位调整。品牌定位调整是根据已有的反馈做出的一种修改，只要客观把握并努力贴近消费者的心理定位，品牌定位调整就能获得成功。

②品牌收缩。品牌定位调整是对有偏差但问题不严重的品牌进行定位改善。而对于那些品牌已严重老化，改善余地不大，成为企业负担的品牌，为节约资源集中优势，企业只能采取收缩放弃的战略。品牌收缩的目的是摆脱不良品牌，减少损失，集中资源支持优势品牌的发展及创新品牌的成长；明确核心品牌与核心产品，加强企业的核心竞争力，从而寻求企业持续、健康的发展。

③品牌扩张。调整品牌结构的手段除了品牌收缩，还包括品牌扩张。品牌扩张是指运用品牌及其包含的资本进行发展、推广的活动。它包括了品牌的延伸、品牌资本的运作、品牌的市场扩张，以及品牌的转让、授权等内容。

（3）品牌危机预警机制。在企业的经营过程中，品牌只有经受起市场的考验才算成功。这种考验有些是突如其来的危机，对这些危机的公关便成为企业品牌能否维续的关键。品牌危机可能来自很多方面，如品牌的产品品质和服务质量、企业内部的管理、竞争对手的攻击、市场的变化、政府政策的调整等。甚至一些偶然事件也会引发品牌危机，如媒体偶然的报道、企业管理人员或销售人员的口误等。面对这些潜在的危机，企业应树立忧患意识，建立危机预警机制，防患于未然。企业还应设置专门的危机管理部门或公关部门，以便在发生危机时能够及时控制和解决。

当危机发生时，无论是不是企业的责任，消费者都希望看到一个负责的企业品牌。如果企业以勇于担当责任的形象出现，那么不仅危机能够快速、顺利地解决，这样的形象也会烙印在消费者的心中。沟通在危机中显得尤为重要，包括与消费者的沟通、与媒体的沟通、与政府相关部门的沟通。企业只有真诚、及时地与一切相关者沟通，才能得到他们的信任和支持，才能够避免负面的猜测和怀疑。

（4）品牌创新。当企业在市场中占有了一席之地以后，企业所面临的就是激烈的品牌竞争。要想在竞争中生存，企业就必须有核心的竞争力，这只能来自企业的不断创新，以品牌的创新稳固现有地位，开拓新市场，击退竞争对手。品牌创新包含多种方式，如产品创新、技术创新、营销创新、管理创新等。其中，产品创新是品牌创新的基础，是与消费者最近、市场反应最明显的一种创新。如果没有产品创新作为支持，任何的品牌创新都将成为空中楼阁。

（5）品牌延伸。维护品牌的最好办法是积极进攻。企业只有不断丰富品牌的内涵，推出新品牌和新产品，才能使品牌得到发展。发展中的品牌才是有生命力的品牌。在品牌的发展中，既可以对现有品牌的产品进行深度或宽度的调整，也可以对品牌进行延伸，这两种方式都能起到丰富品牌的作用。比如，连锁企业自有品牌的产品就是利用品牌延伸的手段增强企业的竞争力。

@ 小资料 6-1

2017年BrandZ全球最具价值品牌百强榜解读

1.腾讯名列前十成亮点

在2017年BrandZ全球最具价值品牌百强榜中，Google、Apple、Microsoft、Amazon、Facebook、AT&T、VISA、Tencent（腾讯）、IBM、McDonalds占据了十强席位。腾讯首次超过了IBM、McDonalds。BrandZ官方新闻称："中国品牌腾讯是今年排行榜的一大亮点，它首次进入榜单前十强。社交平台微信正迎来高速增长，腾讯品牌价值比去年增长27%，达到了1 083亿美元。增幅与Facebook并列第二，仅次于Amazon。"BrandZ的估值主管Elspeth Cheung感叹称："排行榜前十强过去由消费品主宰，最近几年是科技。"

2.美国上榜品牌最多

2017年百强品牌总价值达到3.64万亿美元，较2016年增长3%。价值超过1 000亿美元的品牌数量从去年的6个增至9个。按照地区划分，美国是上榜品牌最多的国家，达54个，占到百强品牌总价值的71%。价值增长最快的品牌是阿迪达斯，品牌价值83亿美元，增幅达58%；其次是茅台，品牌价值170亿美元，增幅达48%。2017年百强品牌总价值与2006年首次发布该排名时相比增长了152%，同时，百强榜中排名前十的品牌总价值（1.42万亿美元）几乎与2006年百强品牌总价值（1.44万亿美元）相等，增长率为249%，百强整体的品牌价值增长152%。

3.科技品牌贡献大

2017年BrandZ全球最具价值品牌百强榜的排名显示，市场的天平已经真正倾向于以消费者为中心的科技品牌，它们开发了可满足多种需求的技术生态系统，简化了日渐复杂的世界。2017年科技类品牌（包括电信和在线零售商）对百强品牌总价值的贡献率达到一半以上，2006年该数值为三分之一。这些科技类品牌的总价值增长了16%，非科技类品牌仅增长了4%。2017年百强榜中排名前十的品牌中有9家是科技类品牌，而新上榜的7家品牌也都是科技类品牌，它们分别是 Xfinity、YouTube、Hewlett-Packard、Salesforce、Netflix、Snapchat、Sprint。

资料来源　佚名．2017年 BrandZ 全球最具价值品牌百强榜解读［EB/OL］．［2017-08-28］．http：//www.china-10.com/news/486501.html.

6.3 商品促销管理

促销是指企业向消费者传递商品信息和企业信息，刺激或诱导消费者购买的过程。促销是门店经营过程中不可缺少的重要组成部分，其在竞争环境中促进销售业绩快速提升，改善营销问题，并与竞争对手拉开差距。

对于连锁企业来说，商品促销有以下功能：

（1）传递商品信息。通过发放宣传品、张贴宣传海报等促销手段，传达促销商品的各种信息，有利于顾客了解门店服务项目的内容、价格以及优惠方式等方面的信息。

（2）唤起顾客的购买动机和购买欲望。企业可以凭借各种促销工具、宣传用品来吸引顾客，使其对促销内容产生兴趣，形成购买动机。

（3）培养顾客的消费习惯。顾客在享受促销服务之后，如果他们觉得满意，就会再次进行消费。这时，尽管门店已经不再进行促销活动，但是顾客已经有了满意的消费体验，经过顾客的重复消费，建立起对某商品、某服务的消费习惯。

（4）有效抵制竞争对手的促销活动。当竞争对手开展大规模促销活动时，如果门店不及时采取应对措施，会将好不容易获得的顾客拱手让给竞争对手，使自己处于不利的竞争地位。

（5）塑造良好的企业形象。促销活动的设计不仅要从企业的角度去思考，还要结合顾客的需求，以达到顾客满意的效果。顾客满意的达成将带来企业形象的提升，并保持企业与顾客的良好关系。

（6）促进门店业绩提升。促销活动的成功必将对门店业绩产生极大的帮助。

6.3.1 广告促销

广告是广告主借助一定的宣传媒体将有关商品或者服务的信息传递给受众的一种有偿宣传方式。广告促销是连锁企业经常采用的手段之一，是连锁企业树立品牌、应对竞争的有力武器。

1.POP广告促销

广义的POP广告是指凡在购买场地、零售店的入口、内部以及陈设区设置的广告物。狭义的POP广告是指在购物场地、零售店内部设置的专销展柜，或在商品周围摆放、悬挂、陈设可以促进销售的广告物。随着自助式销售方式的普及、消费者流动性增大以及生产能力不断提高，POP广告得到了更广泛的推广。人们通常把能够促进销售的店内外展销广告称为POP广告。

（1）POP广告的主要功能包括新产品告知、吸引顾客进店驻足、促使最终购买、取代售货员、营造销售气氛、提升企业形象等。

（2）连锁门店使用的POP广告类型包括店头POP、悬挂POP、层面POP、货架POP、壁面POP、地面POP、招牌POP、标志POP、灯箱POP和卖场指引POP等。

（3）POP广告的设置与摆放。POP广告是一个统一的整体，门店为提高其促销效果必须将各种形式的POP广告进行有机组合，发挥其联动作用。例如，广告传单、宣传条幅、橱窗告示以及店内通道、电梯两旁的海报，摊位上的展示卡、价目卡，再加上手绘POP广告的灵活应用，从而实现综合促销的效果。

2.DM广告促销

DM是Direct Mail的省略表述，译为直接邮寄广告，即通过邮寄、赠送等形式，将宣传品送到消费者手中。

（1）DM广告的特征。

①针对性。由于DM广告直接将广告信息传递给真正的受众，具有强烈的选择性和针对性，其他媒体广告只能将促销信息笼统地传递给受众，不管受众是否是促销信息的目标对象。

②广告持续时间长。一个30秒的电视广告，它的信息在30秒后荡然无存。DM广告则明显不同，在受众做出最后决定之前，可以反复翻阅DM广告，并以此作为参照物来详尽了解产品的各项性能指标，直到最后做出购买或舍弃的决定。

③灵活性。DM广告不同于报纸杂志广告，广告主可以根据自身具体情况来任意选择版面大小，自行确定广告信息的长短，选择全色或单色的印刷形式。广告主只需考虑邮政部门的有关规定及其自身的广告预算，便可以随心所欲地制作出各种各样的DM广告。

④良好的广告效应。由于广告主将DM广告直接寄送给目标受众，因此在其付诸行动之前，可以参照人口统计、地理区域等因素选择目标受众，以确保促销信息能最大限度地被目标受众所接受。当目标受众收到DM广告时会迫不及待地了解其中的内容，不受外界干扰。基于这两点，DM广告较之其他广告更能产生良好的广告效应。

⑤可测定性。广告主在发出DM广告后，可以借助产品销售量的变化情况了解广告信息产生的效果。

⑥隐蔽性。DM广告是一种深入潜行的非轰动性广告，不易引起竞争对手的察觉和重视，是影响DM广告效果的主要因素。

（2）DM广告的设计。

①DM广告的设计要新颖别致，制作要精美，内容设计要具有吸引力和保存价值。

②主题口号一定要新颖，要能抓住消费者的眼球。好的标题是成功的一半。好的标题不仅能给人耳目一新的感觉，还会产生较强的诱惑力，引发受众的好奇心，使其不由自主地看下去，达到广告效果最大化的目的。

③纸张、规格的选取大有讲究。在选用纸张方面，一般彩页类的广告选铜版纸；文字信息类的广告选新闻纸。在纸张规格方面，新闻纸的规格最好是报纸的一个整版面积，不得小于报纸的半个版面面积；彩页类的纸张规格一般不能小于B5纸，太小了不行，因为受众拿报纸时，很容易将其抖掉。

6.3.2　营业推广

营业推广是一种适用于短期推销的促销方法，是企业为鼓励消费者购买商品、经销商销售商品而采取的除广告推销、公关推销和人员推销之外的所有营销活动的总称。营业推广旨在激发消费者的购买行为和促进经销商的营运效率。例如，展销会和许多非常规的、非经常性的销售尝试。

1.赠送促销

企业向消费者赠送样品或试用品。赠送样品是介绍新产品最有效的方法，其缺点是费用高。样品可以选择在商店或闹市区散发，或在其他产品中附送，也可以在公开广告中赠送，或入户派送。

2.折价券

消费者在购买某种商品时，持券可以免付一定金额。折价券可以通过广告或直邮的方式发送。

3.包装促销

企业以较优惠的价格提供组合包装和搭配包装的产品。

4.抽奖促销

顾客购买一定的产品之后可获得抽奖券，凭此券进行抽奖以获得奖品或奖金。抽奖可以有各种形式。

5.现场演示

企业派促销员在销售现场演示本企业的产品，向消费者介绍产品的特点、用途和使用方法等。

6.联合推广

企业与零售商联合促销，将一些能显示企业优势和特征的产品在商场集中陈列，边展示边销售。

7.参与促销

让消费者参与各种促销活动，如技能竞赛、知识比赛等活动，获取企业的奖励。

8.会议促销

在各类展销会、博览会、业务洽谈会的现场进行产品介绍、推广和销售活动。

6.3.3　活动促销

连锁企业可以利用一些事件和活动进行促销，其基本目的跟其他促销活动一样，是向消费者传递商品信息和企业信息，刺激或诱导消费者购买。活动促销是利用新店开业、周年店庆、节假日和特别的事件等，采用多种形式的促销方法，达到促销目的。

活动促销具有短时间内聚集大量客户资源进行产品快速销售的特点。主题活动促销在众多市场营销手段中最易"夺人眼球"。连锁企业应从分析目标客户类型及其内在需求着手，引进社会资源，引导商户资源，运用"借力合力"的策略进行各类主题活动促销，追求对消费群体常效、潜移默化的影响，不断放大促销推广的边际效应。

@ **精选案例6-2**

屈臣氏层出不穷的营业推广促销

屈臣氏的促销方法能让时尚白领一族以逛屈臣氏为乐趣，并在购物后仍然津津乐道，有种"淘宝"后莫名喜悦的感觉，达到了商家经营的最高境界。经常可以听到"最近比较忙，好久没逛屈臣氏了，不知最近又出了什么新玩意……"。逛屈臣氏，竟然在不知不觉中成了时尚白领一族的必修课。作为高收入代表的白领丽人，她们并不吝惜花钱，物质需求向精神享受的过渡，使她们往往陶醉于某种获得小利后的成功喜悦。屈臣氏正是捕捉到了她们这一微妙的心理细节，成功地策划了一次又一次的促销活动。以下是屈臣氏花样繁多的营业推广手段。

招数1：超值换购

在每一期的促销活动中，屈臣氏都会推出3种超值商品，当顾客一次性购物满50元时，就可以多加10元任意选购其中一种商品，这些超值商品通常是屈臣氏的自有品牌，所以能在实现低价位的同时又能保证利润。

招数2：独家优惠

这招是屈臣氏经常使用的一种促销手段。屈臣氏在寻找促销商品时，经常避开一般商家，别出心裁，给顾客更多新鲜感，提高顾客忠诚度。

招数3：买就送

买一送一、买二送一、买四送二、买大送小；送商品、送赠品、送礼品、送购物券、送抽奖券，屈臣氏的促销方式非常灵活多变。

招数4：加量不加价

这招主要是针对屈臣氏自有品牌的商品推出加量不加价的包装，用鲜明的标签标示，以加量33%或加量50%为主，主要用于面膜、橄榄油、护手霜、洗发水、润发素、化妆棉等日常用品，对顾客非常有吸引力。

招数5：优惠券

屈臣氏在促销宣传手册和报纸海报上印有剪角的优惠券，当顾客购买指定产品时，凭此优惠券可以享受一定金额的购买优惠。

招数6：套装优惠

屈臣氏向生产厂家定制专供的套装商品，以较优惠的价格向顾客销售。例如，资生堂、曼秀雷敦、旁氏、玉兰油等品牌都会做一些有赠品的套装化妆品，屈臣氏的自有品牌也会经常推出优惠的套装商品。

招数7：震撼低价

屈臣氏推出一系列的震撼低价商品，这些商品以非常优惠的价格销售，并且规定每个门店必须将其陈列在货架最显眼的位置，以吸引顾客。

招数8：购买某系列产品满88元送赠品

例如，顾客在屈臣氏购买护肤产品满88元、或购买屈臣氏自有品牌的商品满88元、或购买食品满88元，即可获得手拎袋或手帕等赠品。

招数9：销售比赛

这招也是屈臣氏一项非常成功的促销活动。屈臣氏每期指定一些参赛商品，各级别门店（屈臣氏的门店根据面积、地点等要素分为A、B、C三个级别）之间进行销售比赛，销售排名在前三的门店均可获得奖励。每次参赛商品的销售量都会速度增长，供货商非常乐意参与这样有助于销售的活动。

招数10：购物2件，额外享受9折优惠

顾客只要购买指定的同款商品2件，就可以额外享受9折优惠。例如，顾客购买一瓶营养水的花费为60元，如果购买此款营养水二瓶就可享受9折优惠，其总花费为108元。

招数11：赠送礼品

屈臣氏举办一些赠送礼品的促销活动，一种是供应商本身提供的礼品促销活动，另一种是屈臣氏自己举办的促销活动，如赠送自有品牌的试用装，或者购买某系列产品送礼品装，或者向当天消费前30名的顾客赠送礼品。

招数12：主题促销活动

例如，屈臣氏在感谢日主题促销活动中推出系列重磅特价商品，单价商品低价幅度达10%。

资料来源　根据百度文库资料整理所得。

本章小结

在连锁企业发展的过程中，尤其是随着电子商务的出现和冲击，互联网、移动互联网在零售业中的不断运用，连锁企业必须对商品的组合和分类管理进行不断的探索和改进，才能适应新形势下消费者需求的不断变化，结合正确的定价方法，扭转实体连锁门店的经营困局。

企业品牌传达的是企业的经营理念、企业文化、企业价值观及对消费者的态度等，能有效帮助企业突破地域之间的壁垒，进行跨地区的经营活动，并为各个差异性市场之间提供统一的形象、统一的承诺，使不同的产品之间形成关联，整合了产品的品牌资源。企业品牌是在商品品牌和服务品牌的基础上衍生出的。只有与商品品牌相匹配的超值服务，才能不断提升商品品牌的价值含量和提高企业的美誉度，一个优秀的品牌可以成就一个优势的企业。

连锁企业门店是直接服务于消费者的前沿阵地，丰富多彩的经营活动离不开各种形式的促销活动的助阵。促销是指企业向消费者传递商品信息和企业信息，刺激或诱导消费者购买的过程。促销是门店经营过程中不可缺少的重要组成部分，其在竞争环境中促进销售业绩快速提升，改善营销问题，并与竞争对手拉开差距。

思考与实训

1.填空题

（1）影响商品定位的主要因素有_____、_____、_____。

（2）分类加成定价法是指_____和其他商品选用不同的_____影响顾客的感觉。其关键在于选择_____。70%的顾客的购买决定是在商场随机做出的，只对价格有记忆，这部分商品称为_____。

（3）连锁企业品牌规划的主要工作是_____、_____、_____。

（4）对于连锁企业来说，门店促销的功能有_____、_____、_____、_____、_____和_____。

2. 选择题

（1）促销的一般目的是通过向（　　）传播信息，以促进销售、提高业绩。

A. 供应店和超市　　　　　　　　　　B. 超市和便利店

C. 超市和市场　　　　　　　　　　　D. 市场和消费者

（2）品牌宽度是品牌在市场上的影响程度，主要是指（　　）。

A. 品牌知名度　　　　　　　　　　　B. 品牌美誉度

C. 品牌忠诚度　　　　　　　　　　　D. 品牌认知度

（3）门店广告促销主要采用以下（　　）的方式。

A. 电视硬广告　　　　　　　　　　　B. POP 广告

C. 报刊软文广告　　　　　　　　　　D. DM 广告

3. 简答题

（1）商品定位中的核心工作是什么？

（2）如何体现品牌文化建设的核心？

（3）广告促销、营业推广和活动促销各有什么特点？

4. 实训项目

根据我国连锁企业发展的实际情况，结合自己对本地区零售行业的调研，分析连锁企业在商品结构、品牌经营和促销中存在的问题，并提出相应的解决办法。

案例分析

红星美凯龙——新型商业模式下的品牌建设和促销

自公司创始人车建新先生1992年投身家具建材流通行业以来，红星美凯龙始终以建设温馨和谐家园、提升消费者居家生活品味为己任。红星美凯龙成立至今，公司已从"渠道商"的角色转变为以搭建"商场平台"为核心，从店面租赁转为买地建商场，从最初一家地方家具专营店发展到如今的全国百城百MALL连锁规模。公司于2012年开办了第100家商场，于2014年开办了第150家商场，2016年12月31日，红星美凯龙共经营了200家商场，覆盖全国28个省、直辖市、自治区的142个城市，商场总经营面积12 692 393平方米。无论从运营规模、行业影响力，还是品牌张力，红星美凯龙都已成为了中国家装家具业的领导品牌。

1. "品牌集中展示+商场化管理"的商业模式促进企业发展

红星美凯龙在自身取得持续发展能力的同时产生良好的社会效应。它的发展初步印证了"品牌集中展示+商场化管理"的商业模式能较好地发展家居零售业。这种商业模式的本质特征是零售企业通过为入驻厂商提供有形与无形的服务，并整合价值链上更多的资源为品牌厂商提供服务，同时品牌厂商的成长会给家居零售业带来丰厚的服务回报。因此，这种家居零售企业的商业模式对家居产业的发展有促进作用，产生了较好的经济效益和社会效益，是家居零售企业未来的发展方向之一。

2. 品牌商业创造行业经营典范

红星美凯龙的商业定位是成为中国家具行业的第一品牌。在企业的日常经营中，按照品牌商业经营的原则，公司开展了各类品牌经营服务，从建筑外立面的设计、服务规范的建立、品牌的平面设计、招商商品的组合、媒体广告的投放、营销活动的组织和执行等，公司在每一个细节上都力求精益求精，在实效的基础上做到创新，形象完美，真正发挥品牌的效应，以品牌带动公司的发展，是家具零售行业的经营典范。

3.红星美凯龙门店传统促销活动

活动1：所有光临红星美凯龙商场的顾客均可参与"过关斩将、夺宝奇兵"的系列游戏活动，顺利通关者，可获得豪华大礼一份。没有完全通关的顾客只要通过一关，即可获得一份精美的小礼品。

活动2："关注微博送购物券"的活动。红星美凯龙的企划总监表示，这是公司第一次运用微博做促销，相信消费者感受到微博的优惠力度后，人气会越来越旺的。他还指出，如今的假日促销仅靠一种宣传手段肯定是不够的，只有多渠道的宣传才能使营销效果最大化。

活动3："不花钱也能抽宝马车"的活动。进口宝马车免费就能抽回家？这不是"天方夜谭"，也不是"盗梦空间"，这是红星美凯龙国庆期间推出的一项重磅促销。据商场负责人介绍，这次抽奖活动不仅货真价实，而且不用购物也能参加。活动期间只要凭报纸广告、宣传单页或活动邀约短信就能到商场免费领取一张抽奖券，无需购物免费抽宝马车。

4."互联网+"背景下创新促销

（1）2017年的"五一"促销活动，红星美凯龙一改过去的类似"××折""××底价"这样赤裸裸的促销字眼，取而代之的是"设计尖货，五一大赏"的促销口号。"设计尖货"则是这场促销战中的先锋部队。作为家居产品中有设计、有颜值的明星款，这些"设计尖货"自带流量，具备很强的带客效应。通过"设计尖货"与付费券包的组合，红星美凯龙的会员在线上抢购爆款产品的预购资格，或购买爆款产品的换购资格，从而为红星美凯龙锁定精准客户、提升蓄客量，增强付费券包转化率。

（2）APP营销与微信营销。消费者通过一码（二维码）一券（消费券）打通线上线下，实现互联，并打造营销闭环。整个引流、注册、领券和消费的过程可评估、可预测、可迭代，全程数据可跟踪、可沉淀、可循环。这不仅促进了新会员的销售转化、联单和复购（家装周期内反复到店购买不同家居商品），而且实现了通过老会员的口碑持续吸引新会员加入的目的。也就是说，既实现了"全程"营销，也实现了"全员"社交化营销。

资料来源 根据相关资料整理所得。

案例解析：红星美凯龙通过明确的客户定位、有形服务与无形服务相结合、后向价值链延伸、提升动态能力和创立多收入流模式，取得了创新的成功，树立了品牌知名度、美誉度。为了应对"互联网+"背景下网上零售商的冲击，红星美凯龙继续其创新之路，网上商城、企业APP、微信营销均取得了较大的突破。竞争环境在改变，零售本质不变，挖掘消费需求，创新服务模式。

请思考：

（1）在传统行业遭受互联网冲击的背景下，如何通过改善消费者的门店体验提高品牌影响力？

（2）从红星美凯龙发展历程的启示中，你认为实体连锁企业的出路在哪里？

第7章

连锁企业运营管理

教学指导

学习目标

1. 熟悉连锁企业运营管理系统构成；

2. 掌握连锁企业运营管理系统基本内容；

3. 掌握运营系统中各个组成部分的基本要领。

技能要点

1. 门店开发和管理运营；

2. 学会正确运营连锁门店和总部系统。

　　连锁企业无论身处哪一个行业，或者是什么业态，其组织结构都无外乎总部和门店，以及门店和总部之间的配送系统做连接。如何做好连锁企业的运营管理，让企业盈利、发展、壮大是摆在每一个连锁企业经营者面前的现实问题。信息系统、采购和配送系统、门店经营和客服系统均是解决这些问题的关键所在，本章将从这些方面分别展开介绍。

【引例】　　　　　　　　　　**沃尔玛的信息系统战略**

　　沃尔玛是一家世界性连锁企业，总部设在美国的阿肯色州本顿维，是以营业额计算的全球最大的公司，其控股人为沃尔顿家族。沃尔玛主要涉足零售业，是世界上雇员最多的企业，连续多年在美国《财富》杂志世界500强企业中居首位。沃尔玛主要有沃尔玛购物广场、山姆会员店、沃尔玛商店、沃尔玛社区店四种业态。沃尔玛于1996年进入中国市场，在深圳开设了第一家沃尔玛购物广场和山姆会员商店。

　　20世纪70年代，沃尔玛率先将卫星通信系统运用于公司的运营中。21世纪初，沃尔玛又投资90亿美元开始实施"互联网统一标准平台"的建设。凭借先发优势、科技实力，沃尔玛的店铺遍及美国，走向世界。从这个角度看，与其说它是零售企业，不如说它是科技企业。

　　1. 沃尔玛信息系统的领先投资

　　沃尔玛领先于竞争对手对零售信息系统进行积极的投资，其经典事例有：1969年，最早使用计算机跟踪存货；1974年，全面实现SKU单品级库存控制；1980年，最早使用条形码；1984年，最早使用CM品类管理软件；1985年，最早采用EDI；1988年，最早使用无线扫描枪；1989年，最早与宝洁公司等供应商实现VMI+ECR产销合作。

　　2. 大数据在沃尔玛的应用

　　沃尔玛运用PB级的大数据来优化服务，提升、定制、优化消费者购买体验。

　　（1）提升结账效率。通过大数据预测性分析，沃尔玛能分析出在特定时间的消费需求，进而调整收银员的数量。通过对这些数据的分析，沃尔玛可以对不同店铺内的结账柜台、结账方法进行个别调整。

（2）管理供应链上的步骤。沃尔玛通过模拟数据可以追踪到商品送达店铺前到底经过了多少道工序，这样就可以优化整个配送流程。同时，沃尔玛还通过数据分析货车的运输路线，规划运输时间，实现运输成本的降低。

（3）优化商品展示。通过大数据分析消费者偏好和消费特征，沃尔玛可以加速整个商品展示、货架摆放的决策流程。同时，大数据可以为新商品、自有品牌商品等提供深入的数据分析。

（4）形成个性化购买体验。大数据帮助沃尔玛了解消费者的偏好，进而为消费者提供一个连贯的、愉悦的消费体验。如果某位消费者正在购买婴儿用品，那么沃尔玛通过大数据分析为这位顾客提供"历史回滚价格"（Rollback Price，将商品价格滚回90日以内，让消费者能以更低的价格购买到商品，准确地说，就是给消费者提供折扣）。

在信息技术的支持下，沃尔玛能够以最低的成本、最优质的服务、最快速的管理反应进行全球运作。尽管信息技术并不是沃尔玛取得成功的充分条件，但却是沃尔玛成功的必要条件。这些投资使得沃尔玛可以显著降低成本，大幅提高资本生产率和劳动生产率。可以说，沃尔玛所有的成功都是建立在信息技术的基础上。

沃尔玛作为零售业的奇迹，在运营方面似乎看不出其过人之处。很多企业认为，沃尔玛的营销手段既没有什么先进之处，也没有可以模仿之处。但是，只有当连锁企业在其总部管理、门店运营和配送等各个环节发现无法降低成本，或者管理效率低下时，才能够真正理解沃尔玛的强大之处。这种强大并不在于大家所看到的，更重要的是大家没有看到的。信息管理手段的应用是沃尔玛在供应链管理、门店运营管理等方面能够低成本、高效率运作的坚实保证。这才是沃尔玛连续多年傲立巅峰的秘密所在。

资料来源　根据有关资料整理所得。

7.1 信息管理

7.1.1 连锁企业信息系统的内涵

连锁企业信息管理系统是一个以人为主导，利用计算机硬件、软件、网络通信设备以及其他办公设备进行信息的收集、加工、传输、存储、更新和维护，它以连锁企业的经营战略、经济效益和效率为目的，支持企业的高层决策、中层控制、基层执行的集成化的人机系统。对于连锁企业来说，一个完善的信息管理系统是提高其市场适应力和国际竞争力的战略选择，也是引领和改造传统企业实现跨越式发展的强大推动力，更是打开企业财富之门的金钥匙。

1.提供准确及时的信息，提高管理效率

连锁企业借助信息管理系统和现代通信网络，可以实时采集市场、销售、库存等方面的信息进行快速处理，及时传递给商品的生产者、中介批发商和消费者。这种物理信息采集、处理、传输渠道可以保证提供的信息及时性强、错误少、信息详细，使连锁企业按需进货、中介批发商及时调整库存结构、商品生产者按照市场需求生产。同时，信息管理系统的建立优化了连锁企业的运营过程，提高了整个企业的管理效率。例如，连锁企业通过销售信息系统了解各部门的销售状况，实现配送中心和各部门的信息资源共享，利用及时、准确的信息进行有效的市场营销及配送。又如，连锁企业通过条形码管理系统实现了POS机数据有效输入，实时为销售统计提供准确的数据支持，同时又简化了人工操作，便于库存盘点，减少误差。

2.提高计划和决策的可行性

连锁企业信息管理系统可以向企业经营者提供商品的进、销、存以及整个物流系统的信息，使经营者可以真正做到以销定货、以销定存，最大限度地降低商品的库存量，直至零库存。连锁企业只有运用信息管理系统，才能对成千上万种商品进行逐个跟踪管理，使单品管理得以实施，使经营计划和决策的可行性得到提高。

3.促进经营方式和观念转变

采用信息管理系统可以加速信息处理的速度，提高经营管理的效率。连锁企业信息的自动化、网络化改变了信息传递的方式，使信息采集更加及时，达到了实时的程度。如今互联网展示的网络广告、网上贸易、网上购物、网络银行等均改变了商品流通和经营的方式，也使商品经营者的观念发生了根本变化。

信息化管理是连锁企业提升管理水平的技术支持和保证。在一定程度上，企业的信息化水平代表着企业的核心竞争力，信息管理系统对企业竞争力的影响非常巨大。

7.1.2　连锁企业信息系统的构成

常见的连锁企业信息管理系统主要由总部信息管理系统、配送中心信息管理系统、门店信息管理系统、数据通信系统四个部分组成。总部、配货中心、门店各系统之间通过数据通信系统连接成为有机的一体。

1.总部信息管理系统

在整个连锁经营信息管理系统中，总部信息管理系统是灵魂，它控制和维护企业所有的基本资料，并监视各个部门（门店）的营运情况，享有最高的订货权和调价权。因此，总部信息管理系统主要是为高层管理者和业务主管提供有力的决策支持。总部信息管理系统主要包括决策管理、订货管理、进货管理、库存管理、销售管理、财务管理、报表分析、综合查询和基本资料维护等子系统。总部信息管理系统结构如图7-1所示。

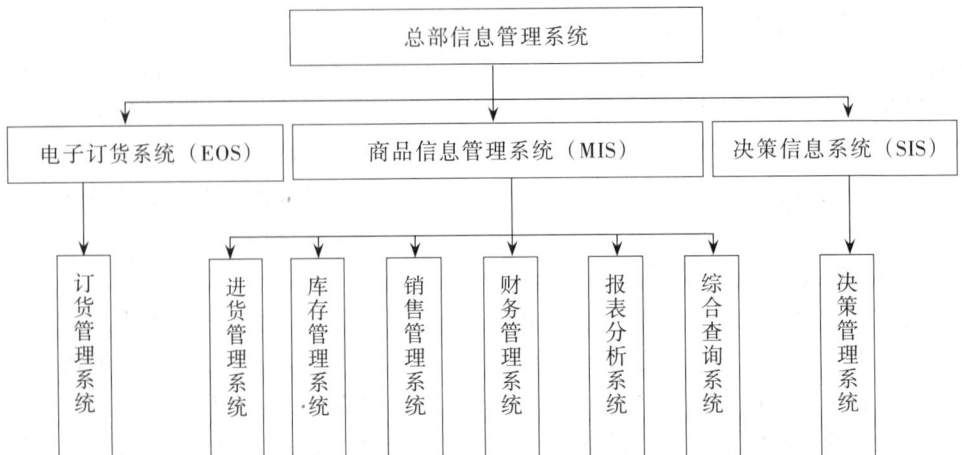

图 7-1　总部信息管理系统结构

2.配送中心信息管理系统

配送中心信息管理系统是连锁企业信息管理系统中不可缺少的部分，在整个连锁企业信息管理系统中，配送中心信息管理系统是物流枢纽。配送中心信息管理系统主要包括订货管理、入库管理、出库管理、库存管理、查询统计、配送调拨等子系统。配送中心信息管理系统结构如图7-2所示。

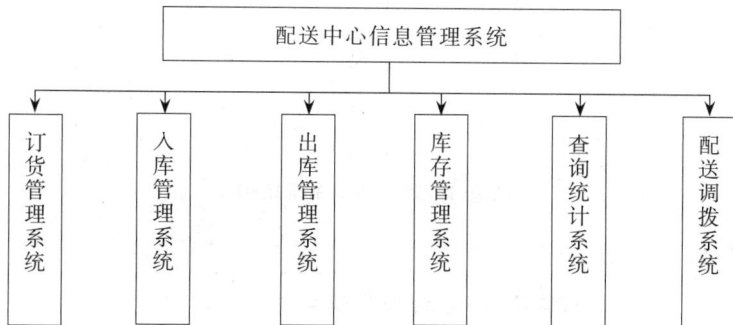

图7-2　配送中心信息管理系统结构

3.门店信息管理系统

门店信息管理系统又称POS系统，是连锁企业信息管理系统的基础，其主要功能是对整个门店经营过程中商品的销售、补货以及库存全过程信息的管理与控制，完成门店范围内的信息采集，为高层经营分析与决策奠定基础。门店信息管理系统主要包括收银管理、订货管理、盘点管理、客户服务、财务管理、销售统计和综合查询等子系统。门店信息管理系统结构如图7-3所示。

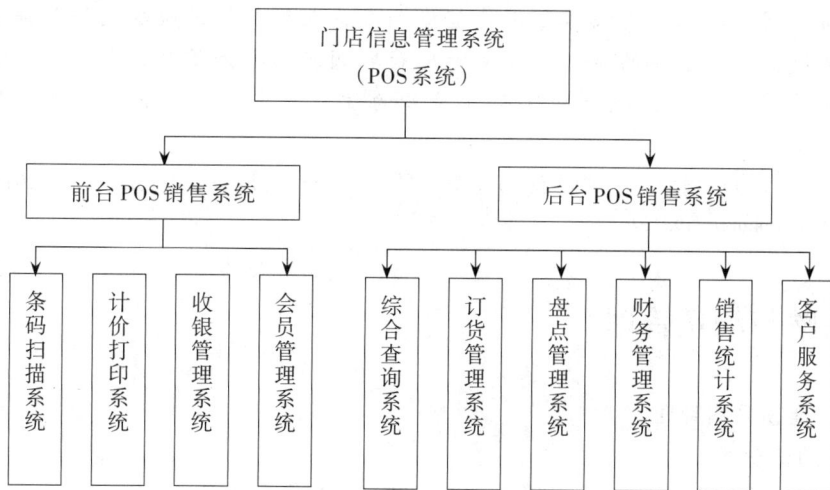

图7-3　门店信息管理系统结构

4.数据通信系统

数据通信系统承担了总部、配货中心、门店之间的信息通信任务，是整个信息管理系统的神经枢纽，其基本要求是高效性（采用数据压缩技术进行打包）、安全性（采用专线和加密）、可扩充性（根据需要增加或减少通信的数据及传送的相应指令）和一致性（实现增量及修改记录的传送）。数据通信系统主要包括系统管理、发送管理、接收管理、隶控通信和主控通信五个子系统。数据通信系统结构如图7-4所示。

图7-4　数据通信系统结构

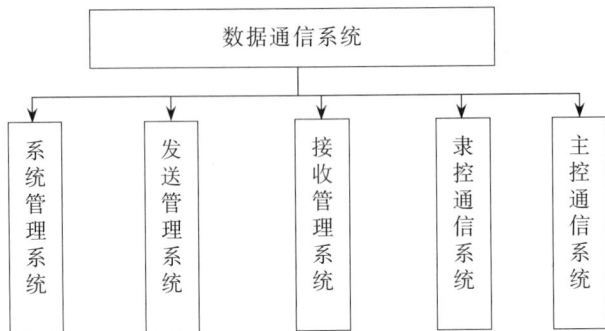

@**精选案例7-1**

伊泰特伦RFID智能货架系统助力波司登

2017年国内规模最大的羽绒服品牌波司登牵手伊泰特伦（Etagtron），在其展厅内成功部署了伊泰特伦智能货架系统，实现了智能化管理。该系统是伊泰特伦公司专门为零售行业，尤其是为服装行业研发的一款基于RFID技术以提升客户体验和提高门店管理效率为目标的软、硬件系统

伊泰特伦智能货架系统的独特之处在于，当顾客从货架上取下关注的服装时，智能货架的显示屏能够在2～3秒内显示服装的介绍信息、品牌宣传信息等，为顾客提供全新一代的购买体验；可以对货架上的服装进行实时的盘点，减少门店前台人员的服装盘点时间；还可以根据货架容量进行智能预警，及时补货，减少因暂时缺货导致销售利润的降低；更为重要的是，可以实时地获取顾客的行为信息，包括统计顾客关注最多、销量最多的产品，统计顾客关注最多的货架，将最新或热销产品安置在此货架等。

资料来源　RFID中国网. 伊泰特伦RFID智能货架系统助力波司登［EB/OL］.［2017-08-28］. http://www.rfidchina.org/y/49312/.

7.2 采购与配送管理

7.2.1 连锁采购管理

1.采购的概念

连锁企业商品采购是通过购买的途径取得商品或劳务的使用权和所有权，以满足企业销售需求。

（1）连锁企业采购是从资源市场获取资源的过程。

连锁企业采购就是帮助人们从资源市场获取所需要的各种商品。资源市场由能够提供这些资源的供应商组成，从资源市场获取这些资源都是通过采购来完成的。

（2）连锁企业采购既是一个信息流过程、商流过程，也是一个物流过程。

连锁企业采购的基本内容是将各种所需要的商品从资源市场的供应商手中转移到仓库或货架上的过程。企业在这个过程中，一是要实现对资源市场中所需信息进行收集、传递和加工处理，这个过程就是信息流过程，主要是获得有用的信息；二是要实现将商品的所有权从供应商手中转移到连锁企业，这个过程是一个商流过程，主要是通过商品交易、等价交换和租赁等方式实现商品所有权或使用权的转移；三是要实现将商品的物质实体从供应商手中转移到连锁企业，这个过程是一个物流过程，主要是通过运输、存储、包装、装卸、流通等手段实现商品空间位置的转移，使商品到达用户手中。连锁企业采购过程必须由信息流、商流、物流结合起来才能完成。

（3）连锁企业采购是一种经济活动。

连锁企业采购是经济活动的主要组成部分。企业在整个采购活动过程中，一方面，通过采购获得资源，保证企业正常销售活动的顺利进行，这是采购的效益；另一方面，在采购过程中也会发生各种费用，这是采购的成本。企业要追求采购效益的最大化，就要不断地降低采购成本，以最少的成本获取最大的效益，其关键就是要努力实现科学采购。

2.采购的流程

采购的流程包括采购组织管理、资源与需求分析管理、采购计划制订、采购计划实施、采购评估与分析、采购监督与控制等一系列工作。

（1）采购组织管理。采购组织管理是采购管理最基本的组成部分，需要一个合理的管理机制、一个精炼的采购部门和一些能干的管理人员、采购人员。

（2）资源与需求分析管理。资源分析的重点在于供应商分析和品质分析，即要弄清楚连锁企业需要采购什么品种的商品，多少数量，何时需要等问题。商品采购部门应当掌握连锁企业的商品需求情况，制订商品需求计划，从而为制订科学合理的采购计划做出充分准备。

（3）采购计划制订。制订采购计划是指根据品种需求情况和供应商情况，制订出切实可行的计划，包括选择供应商、供应品种、订货策略、运输进货策略、具体实施进度计划等。

（4）采购计划实施。采购计划实施是指把制订好的采购计划分配落实到人，根据既定的进度进行实施，包括联系供应商、进行贸易谈判、签订订货合同、运输进货、到货验收入库、支付货款以及善后处理等，通过这些具体活动完成一次完整的采购活动。

（5）采购评估与分析。采购评估是指在采购活动完成以后对其进行的评估，或对一定时期内（月末、季末、年末）的采购活动进行的总结评估。其主要目的是评估采购活动的效果，总结经验教训找出问题，提出改进办法。通过总结评估，可以肯定成绩，发现问题，采取措施改进工作，不断提高采购管理水平。

（6）采购监督与控制。采购监控是指对采购活动进行的监控活动，包括对采购有关人员、采购资金、采购事件活动的监控。

连锁企业采购流程如图7-5所示。

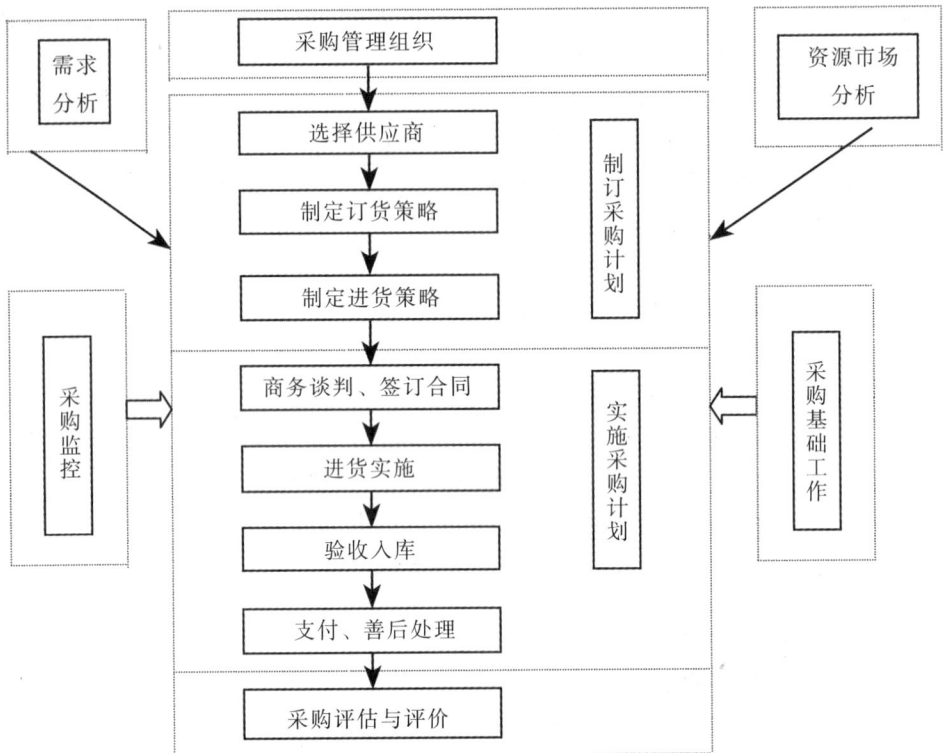

图 7-5　连锁企业采购流程

7.2.2　连锁配送管理

物流配送是连锁企业核心竞争力的一个重要组成部分，配送能力的强弱直接决定着连锁企业经营成本的高低，影响着企业盈利能力，制约连锁企业的进一步发展。因此，连锁企业必须高度重视物流配送能力的建设。企业经营者要从供应链管理的角度正确理解连锁配送的重要意义，选择适当的配送模式，重视专业人才以及管理人才的培养，提高信息化管理水平，加强物流中心建设。只有这样，才能使连锁企业在激烈的市场竞争中立于不败之地，促使其向着健康的、充满活力的方向蓬勃发展。

1.常见连锁配送模式

（1）自营配送模式。自营配送模式是指企业物流配送的各个环节由企业自身筹建并组织管理，实现对企业内部及外部货物配送的一种模式。

自营配送模式的特点是有利于连锁企业保证和保持良好的服务水平，便于对企业物流各个环节的管理和监控，更好地发挥连锁经营统一管理和分散经营；有利于迅速响应各连锁门店的需求，实现统一进货、统一配送，实现价格优势。但是，这种模式投资大、风险高，比较适合物流量大的连锁企业。连锁企业尝试自建物流中心，提供社会化服务，这不仅能分摊运营成本，还能提高配送中心的服务水平。

（2）供应商配送模式。供应商配送模式是指由供应商直接进行商品配送，各连锁门店向供应商发出订单，由供应商直接将连锁零售企业采购的商品在指定的时间范围内送到各个门店甚至上架的一种方式。

供应商配送模式的特点是可以使连锁企业与供应商的关系更加密切，由供应商直接供货可降低连锁企业的成本和运作的复杂性，有助于企业集中精力做自己的主营业务。其缺点是由于受到供应商的物流配送能力的限制，很难满足一些连锁企业多品种、小批量、高频率的配送需求，配送效果更多依赖于企业与供应商之间信息交流的效率和二者之间的地理位置。目前，这种配送方式主要用于生鲜产品、奶制品、面包等保鲜度要求较高的连锁企业。

（3）第三方配送模式。第三方配送模式是指连锁企业将其物流配送部门，或者全部物流配送业务委托给专业的第三方物流企业运营的一种模式。

第三方配送模式的特点是连锁企业通过将配送、包装、仓储、运输、送货等相关配送业务环节交由专业化的物流配送企业去完成，充分利用第三方物流高效、协调的物流网络体系，降低物流成本，增强客户弹性。第三方物流提供物流服务更专业，满足企业个性化需求。这种模式比较适用于物流配送量小、资金不充裕的中小型连锁企业。

（4）共同化配送模式。共同化配送是指多个连锁企业为实现整体的物流配送合理化，以互惠互利为原则，共同出资建立配送中心，并由出资方共同经营管理，为所有出资企业提供统一配送服务的一种协作型物流模式。

共同化配送模式的特点是多个连锁企业联合实行共同化配送，提高车辆利用率，降低物流成本，提高物流作业效率，提升物流合理化程度；可实现社会资源的共享、互补，达到资源充分有效利用。其缺点是多个连锁企业之间协调管理难度加大，不易使每个连锁企业都达到利益最大化。

2.配送的基本要素

（1）备货。备货是配送的准备工作或基础工作，包括筹集货源、订货或购货、集货、进货及有关商品的质量检查、结算、交接等。集中用户的需求进行一定规模的备货是配送的优势之一。备货是决定配送成败的初期工作，如果备货成本太高，就会降低配送的效益。

（2）储存。配送中的储存有储备和暂存两种形态。配送储备是指按一定时期的配送经营要求，形成对配送的资源保证。这种类型的储备数量较大，储备结构较完善，根据货源及到货情况，可以有计划地确定周转储备、保险储备的结构和数量。配送暂存是指在具体执行日配送时，按分拣配货要求，在理货场地所做的少量储存准备。由于总体储存效益取决于储存总量，所以这部分暂存数量只会对工作方便与否造成影响，而不会影响储存的总效益，因而在数量上控制并不严格。还有另一种形式的配送暂存，即在分拣、配货之后形成的发送配载的暂存，这种配送暂存主要调节配货与送货的节奏，暂存时间不长。

（3）分拣及配货。分拣及配货是配送系统中不同于其他物流形式的功能要素，也是配送成败的一项重要性工作。分拣是指将需要配送的物品从储位上拣取出来配备齐全，并按照配装和送货要求进行分类，送入指定发货地点堆放的活动。配货是指将拣取分类后的货品经过配货检查，再装入容器，做好标记，运到发货准备区，待装车后发送。分拣及配货方式的选择对配送效率和服务质量提升有着决定性影响。

（4）配装。配装又称配载，是指充分利用运输工具的载重量和容积，将不同门店需要配送的货物进行搭配装载。配装可以大大提高送货水平、降低送货成本，是配送系统中有现代特点的功能要素。

在单个用户配送数量不能达到车辆有效载运负荷时，配送系统存在如何集中不同用户的配送货物进行搭配装载以充分利用运能、运力的问题，这就需要配装。与一般送货不同，配装送货可以提高送货水平，降低送货成本，因此配装是配送系统中有现代特点的功能要素，也是现代配送不同于传统送货的重要之处。

（5）配送运输。配送运输是指将配好的货物按照配送计划确定的配送路线送达用户指定的地点，并与用户进行交接。配送运输属于运输中的末端运输、支线运输。与一般运输形态不同，配送运输是距离较短、规模较小、额度较高的运输形式，一般使用汽车作为运输工具。配送运输的路线选择是一般干线运输所没有的。干线运输的干线是唯一的运输路线，而配送运输由于配送用户多，一般城市交通路线又较复杂，所以如何组合成最佳路线、如何使配装和路线有效搭配等是配送运输难度较大的工作。

（6）送达服务。送达服务是指商品送达后的协调、移交、结算等相关手续及送达后的卸货、搬运等服务。送达服务是配送系统中独具的特殊业务。货物送达用户还不算配送工作的完结，因为在送达货物和用户接货时还会出现问题，使配送前功尽弃，所以要圆满地实现运到之货的移交，并快速、有效地处理相关手续和完成结算，企业还应讲究卸货地点、卸货方式等。

（7）配送加工。配送加工是指按照最后销售需求进行的流通加工，是商品从生产地到使用地的过程中根据需要进行包装、分割、计量、分拣、刷标志、贴标签、组装等简单作业的总和。在配送中，配送加工不具有普遍性，但却是具有重要作用的功能要素，即配送加工可以提高用户的满意程度。配送加工是流通加工的一种，它不同于一般的流通加工，即配送加工只取决于用户要求，其加工目的较为单一。

@ 精选案例7-2

京东配送服务模式

1．"211"限时达

当日上午11：00前提交的现货订单（部分城市为上午10：00前），以订单出库后完成拣货的时间点开始计算，当日送达；夜里11：00前提交的现货订单，以订单出库后完成拣货的时间点开始计算，次日15：00前送达。

2．次日达

在一定时间点之前提交的现货订单，以订单出库后完成拣货的时间点开始计算，将于次日送达。

3．极速达

本服务是为用户提供的一项个性化付费增值服务，如用户选择"极速达"配送服务，需通过"在线支付"方式全额成功付款或"货到付款"方式成功提交订单，并勾选"极速达"服务，京东会在服务时间内，不超过3小时将商品送至用户所留地址的一项服务。

4．夜间配

本服务是为用户提供更快速、更便利的一项增值服务，如用户需要晚间送货上门服务，请下单时在日历中选择"19：00-22：00"时段，属"夜间配"服务范围内的商品，京东会安排配送员在用户选定当日19：00-22：00给用户送货上门。

5.自提柜

京东自提柜可以提供全天不间断的自提服务，用户只需在下单时选择"自助式自提"的配送方式，所购商品则会第一时间送至自提柜，随后京东系统自动发送短信提示消费者取货。取货时，消费者仅需输入订单号和提货码，或直接扫描提货二维码，即可完成身份验证，在按提示完成POS机刷卡支付后，便可开柜取货。

7.3 门店开发与运营管理

7.3.1　门店选址与开发

门店选址是连锁企业的一项长期投资，如何选店址关系着连锁企业未来的经济效益和发展前景。不同行业的门店选址方法是有所区别的。两个同行业同规模的连锁企业，即使商品构成、服务水平、管理水平、促销手段等方面大致相同，但由于所选的门店地址不同，经营效益就可能有较大的区别，企业在门店选址时必须考虑以下几个方面的因素：

1.选择符合连锁店性质的设店区域

每一行业的连锁店其顾客对象是不同的消费群体，对于不同的设店区域和场所，经营者一定要知道自己的顾客是属于哪一类型，哪些区域能吸引消费者，做到心中有数，才不会盲目选择。下面是不同区域与消费者关系的一些分类：

（1）位于居民区的门店。该区域只能吸引狭小范围的顾客，适合经营一些消费者选择性不强而又经常需求的日常生活用品，如便利店、社区超市、食杂店等。经营这类商品和服务的门店要尽量接近顾客，以顾客步行的距离计算，一般选择半径在300米之内，步行约10~20分钟的辐射范围为宜。

（2）位于商业街的门店。由于该区域的顾客来自不同的地方，且消费者的目的性很强，其所购买的多是挑选性较强的商品，因此该区域适合经营一些较为高档的商品，如服装、电器、钟表等。

（3）位于繁华商业中心的门店。由于该区域的门店租金极贵，适宜经营一些价格较高，顾客需要考虑再三才决定购买的高档商品，如珠宝首饰、钢琴及高级家具等。

因此并不是越繁华的地方越适合开店，门店的选址取决于企业的经营性质。例如，时装店，最好设在人来人往的闹市区，因为客流量决定了门店的效益水平；相反，便利店，薄利多销，消费者多为一般家庭，没有必要设在闹市区，最好设在居民区。

2.分析潜在顾客数量和客流规律

所有的人都是消费者，也是门店的顾客，经营者在选择店址时必须了解当地的人口总数、人口密度、人口增长情况、人口年龄结构等。国外调查资料表明，现代化的超级市场有50%的顾客来自门店250米内的区域。因此，在选择超级市场的店址时，一般要求在计划区域500米半径范围内常住人口数量必须有1万人以上。

人来人往的地方，当然有利于设店，但是并非人多的地方就适宜开店。企业首先要了解过往行人的年龄和性别，因为有些过路者是儿童，他们可能是快餐店的顾客，但不会是服装店的顾客；其次要了解行人来往的高峰时间和稀少时间；最后要了解行人来往的目的和停留时间。

在商业集中的繁华区，客流一般以购物为主流，其特点是速度缓慢，停留时间长，流动时间相对分散。因此，可以将经营挑选性较强的门店设在这里，如服装店等；有些区域虽然有相当规模的客流量，但是多属于非商业因素，如车站、码头、学校、公共场所等，其客流的主要目的不是购买商品，而是以其他目的为主，购物只是顺便；还有些区域客流速度较快，停留时间短，流动时间比较集中，可以将经营挑选性不强的门店设在这里，如烟酒副食店、冷饮店、快餐店等。

3.分析交通地理条件

交通的便利性也是选址要考虑的重要因素。方便的交通要道，如接近车站、码头以及公共汽车的停车站，由于行人来往较多，客流量大，具有设店的价值；交叉路口的街角，由于交通四通八达，能见度高，也是设店的好位置。但是，有些地区的道路中间隔了一条很长的中央分向带或栏杆，限制行人、车辆穿越，则会影响设店的价值。

由于交通条件、公共场所设施、行走方向习惯、居住范围和照明条件等因素的影响，一条街道两侧的客流量往往极度不均衡，或者同一侧街道也可能因地段不同而客流量不同。因此，企业在选址时要分析街道客流量的特点，选择在客流量较多的街道一侧或地段开设门店。

坐落在上海南京路的Y安公司，其创办者郭氏兄弟当年在选择Y安公司的店址时颇下了一番功夫。1915年，郭氏兄弟携港币50万元到上海筹建Y安公司。他们在上海闹市区南京路选好地方后，却因店址建在路南还是路北而犹豫不决。于是便派两个人分别坐在路南和路北，只要各自身边走过一个人，就往口袋里放一粒豆子。结果，路南的行人多于路北，郭氏兄弟便把Y安公司的店址选在了路南。由于Y安公司的店址选得正确，至今生意兴隆。

4.分析竞争程度

如果门店是经营挑选性不强的、购买频率较高的日常用品，且在同一地区已有过多的同行在恶性竞争，争夺市场份额，则势必影响门店的经济效益，除非新设的门店有特殊的经营风格、能力或不同寻常的商品来源，否则难以成功。

但是，在某些环境中，上述情况并不完全如此。有些业态因同行集中在一起，反而会形成一个别具特色的商业街，如广州的"女人街""电器城"等。由于竞争对手相对集中，相邻而设，商品品种繁多，有利于顾客比较、挑选，能够吸引更多的远方来客，促进经营。商业街的各门店经营的商品有互补、连带关系，既便于顾客购买，又促进各自销售；若各门店经营的商品无互补、连带关系，则会产生消极影响。

因此，连锁企业在选择店址时，应详细了解在该区域附近有多少类似的门店，这些门店的规模、装修、商品品种、价格及待客态度如何，自己的加入将是增加竞争、分薄利润，还是互惠互利。

5.分析其他因素

门店地址一旦选定，一般就不会轻易迁移。因为迁移必须付出一定的代价，所以连锁企业在选址时应从长远的、发展的角度着眼，详细了解该区域的街道、治安、卫生、交通、市政、绿化、公共设施、住宅，以及其他建设和改造项目的规划，使选定的店址既符合近期环境特点，又符合长期发展规划，以避免造成损失。

城市的长远规划会对连锁企业的门店经营带来重大影响。有些区域从近期来看可能是店址的最佳选择，但是可能随着城市改造和发展，出现新的变化而不适合设店；相反，有些区域从近期来看可能并不是店址的理想选择，但从规划前景来看却很有发展前途。

此外，有些区域附近有许多空置建筑物，会令人感到景象衰落而不愿涉足；有些区域被传闻治安状况欠佳；有些区域环境质量差，如气味不良、噪声大、灰尘多等，这些都会影响客流量，降低开店的价值。

7.3.2　门店拓展管理系统

沃尔玛、家乐福、麦当劳、肯德基等跨国连锁企业经过了几十年的发展，都形成了一套十分科学、严谨的选址系统。选址系统对城市、建筑设施、周边环境、道路交通、人口密度、人口结构、购买力等做出定量分析，在此基础上进行商圈分析和开店测算。选址系统的成功率非常高，其经验值得借鉴。

1.门店拓展管理系统的作用

只有科学地构建连锁企业的选址系统，才能解决连锁企业选址和拓展的难题，提高加盟商对企业总部的忠诚度，从而使企业稳健、快速地发展。门店拓展管理系统可以在店址选择方面帮助连锁企业进行科学的分析和规划。

门店拓展管理系统的作用在于：

（1）科学地分析统计数据并进行更新。统计数据包括区域现场调查和结果分析；在线地图标识和城市/商圈经济、交通、消费、环境及周围的详细描述；自身和竞争对手的资料等。这些数据的收集、更新，为选址提供准确的数据支持。

（2）提供系统的、完整的网络规划信息。网络规划信息包括区域的面积、人口数量、交通、经济及消费指标等详细数据；商圈定义、商圈类型、商圈等级、选择合适的目标商圈；未来开店计划、竞争对手及目标客户的开店计划等。

（3）为管理层提供精准、完整、实时的报表。报表内容包括相似店铺查找、城市信息、竞争对手开店状态汇总、目标参考客户报表、关注城市的网络规划、开店状态报表、待批准店铺报表、潜在店铺报表、店铺租赁信息、店铺拓展工作进度报告、客流计数报表等。

此外，门店拓展管理系统还设计了个性设置、权限管理、网络规划样本、流程自动管理等功能，既便于操作，又为管理层提供了决策依据。

门店拓展管理系统为连锁企业在选址布局和竞争策略上提供了科学依据，并且可以提前对城市进行全面布点分析，把优质的店址纳入自己的监控范围之内，随时观察，找准时机进入，先发制人。

2.门店拓展管理系统借鉴

以肯德基为例，其选址的成功经验归纳起来有以下两个方面：

（1）建立科学的选址流程和标准。通常肯德基的选址首先从商圈的划分与商圈的选择开始，然后进行聚客点的测算与选择，包括门店前客流量的测定，最后将这些信息输入专用的计算机软件，就可以完成开店盈亏测算，以明确在此区域开店的投资额，超过该投资额就不能在此区域开店。

肯德基定位的主要目标消费群体是家庭成员，餐厅选址主要考虑地理、经济、市场和客源等要素是否符合此定位。肯德基根据这些要素的调查情况，划分出不同商圈，并在选定的商圈成熟稳定后进入。在进入商圈后，肯德基会争取在客流量最多的地方或其附近开店。在计划开店的区域内，肯德基会派专人测量该区域单位时间内有多少人经过，人流从地铁出来后会往哪个方向走等，获取一套完整的数据之后根据标准填写商圈及竞争条件表、租赁条件表、现场情况表、综合评估表等，并依据数据综合评分确定店址。

（2）选址决策两级审批制。肯德基有明确的选址原则和规划，为保证选址的成功率，选址流程要通过两个委员会的同意，一个是地方公司，另一个是总部。总部掌握选址系统软件，并积累了大量的数据和选址经验，做出准确高效的决策，有效地保护了肯德基的品牌，增强了加盟商的信心。

@ **知识拓展 7-1**

互联网+大数据选址的三个免费应用

传统的新店选址无外乎是采用人眼观察和统计网站数据等方法，这些方法不但费时、费力、费钱，而且数据可能还不精准。互联网时代当然要用大数据的方法解决这些问题，大数据选址可以在人流量、人流方向、人流时间变化、竞争业态、人群画像、购物属性等方面提供帮助。下面推荐三种利用互联网选址的工具。

1. 百度热力图

百度热力图，是以特殊高亮的形式显示访客热衷的页面区域和访客所在的地理区域总体被访问量在划定区域内占比情况的示例图。百度称其热力图每天为用户提供定位请求服务最高次数超过 150 亿次。目前，百度地图有几种产品可以用来辅助选址。

一是百度景点热力图，这款产品最大的缺点是只有城市景点的热力图；二是百度慧眼，这款产品优点是功能全，缺点是属于收费项目。

百度热力图的功能：一是可以直观清楚地看到页面上每一个区域的访客兴趣焦点，无须报告数据分析，图形化展现，无须任何页面分析经验；二是独特的"框统计"，能够框出任意区域的访问详情，如来源、搜索引擎、搜索词、关键词、浏览器等，核心区域的点击情况一目了然。

2. 微信城市服务

打开微信，按照以下路径可以进入微信城市服务：我→钱包→城市服务→城市热力图。

微信城市服务可以展示城市每个地方的人流热力图及日、周的变化趋势。与百度热力图相比，微信城市服务详尽很多，并且可以跨城市查询。这款产品的优点还体现在可以通过搜索随意查询各个地方的人流情况，有时可以用来收集竞争对手的信息。

3. 京东智圈

虽然百度热力图和微信城市服务各有其优点，但是缺少关键的商品和人群画像功能，这个问题京东智圈可以弥补。打通线上线下数据是很多企业的梦想，京东已经开始行动了。它将腾讯地图、京东销售数据、京东到家数据打通，目的是为所有人提供任意区域的人群及商业信息，帮助其开店、地推、调研等进行数据指导。

企业综合使用以上几种工具效果最佳，互联网时代一定要用互联网的方法解决问题。当然这些数据只是决策的辅助数据，在实际拓展过程中还需要实地考察。企业可以先用这些工具查看目标地段，然后进行对比筛选，最后对具体目标进行实地考察，这样才能达到高效、经济和精准的效果。

资料来源　数据化管理. 互联网+大数据选址的三个免费应用［EB/OL］.［2017-08-28］. http: //www.afenxi.com/post/4798.

7.3.3　门店运营管理

门店每天的业务繁琐复杂，迎客、销售、补货……似乎永远有忙不完的事情。但是，仔细分析门店业务，就会发现其中有70%～80%的工作是重复性的，仅有20%～30%的工作是非例行性的。因此，门店管理者要懂得采用二八法则管理好店铺，使卖场维持正常的运作，并保持一定的服务水准。80%的门店工作可以通过流程化制度进行管理，另外20%的工作重点就是对人、财、物、信息的管理。

1.人的管理

（1）顾客管理。顾客就是上帝，顾客是门店绝大部分利润的来源。因此，门店管理者必须了解顾客，如门店周围的人流量，顾客的行为、年龄、性别等。门店管理者还需要了解顾客的需求，并根据其需求进行营销，或者根据其投诉采取措施。

（2）店员管理。店员管理是门店管理者非常重要的工作。通常店员的工作安排非常紧凑，几乎每日都有人轮休，如果出现有人突然休假或者缺勤就会影响工作效率，可能会在出货、补货、服务等业务上出现问题。因此，作为门店管理者需要对店员的出勤人数、休假人数、排班表、迟到早退等情况非常清楚，才不会影响门店的整体运营。另外，门店管理者还需要清楚店员的状态、服务素质、人力费用等情况，才可以保证门店运营顺畅。

（3）供应商管理。虽然供应商派驻的业务人员（如促销员）不是门店的员工，但是对于顾客来讲，只要是门店的工作人员就是店里的人。因此，无论从形象到出勤，门店管理者都要对其进行统一管理。面对供应商的业务人员，门店管理者要有长期合作的心态，通过他们获取产品信息、品类发展情况、竞争对手的情况，同时要维系好关系，避免以甲方心态去面对他们，争取得到更多的支持。

2.财务管理

连锁门店的财务管理主要体现在现金管理，尤其是对收银台的现金管理。根据不完全统计，熟练收银员的收银差异率可控制在万分之四以内，而新进收银员的收银差异率则往往超过万分之十。这看起来是很小的数字，但是若整个收银组的误差不控制在万分之四以内，则一个月的现金差额就会很多。例如，以门店月营业额300万元计算，当收银差异率是万分之十时，则现金损失可达3 000元，一年累计可达3.6万元。

此外，收银常见的问题有伪钞、顾客欺诈、收银员作弊、亲友结账少过机等也是门店管理的重点。同时，收货单据的管理是门店管理的另一个重点。收货单据是重要的财务凭证，盖章签字后，供应商就可以凭它结款。因此，门店管理者一定要管理好收货单据，避免单据误差，确保验收正确、记录清楚、严禁压单，才能避免损失。门店管理者在日常管理中应养成每天检核单据的习惯，亲自或督促填报相关报表。

3.商品管理

（1）缺货管理。缺货是零售业最大的敌人。缺货使顾客的需求无法获得立即满足，导致顾客流失。如果门店经常缺货，顾客一定会大量流失，营业额会急剧下降。有研究表明，便利店缺货3%就会影响1%的销售额，可以想象缺货对门店业绩的影响。因此，有效地控制缺货率是门店管理者的重点工作之一。

（2）效期管理。效期管理是指门店管理者对商品新鲜度的管理，使商品在后场、卖场内均能维持恒温状态，以鲜活的状态卖给顾客，使其损耗降至最低。在门店经营的商品中生鲜食品和保鲜品均是效期管理的重点，门店管理者应严格按照先进先出的原则，严禁出现过期产品。另外，对药品的效期管理要求更高，药店经营者必须严格按照《药品经营质量管理规范》的要求对药品进行严格管理。

（3）耗损管理。由于连锁企业竞争激烈，商品耗损成为是否获利的关键性指标，是节流管理中重要的环节。耗损常因进货不实、顾客偷窃、员工处理不当、残货过多、标价错误、变价不实等原因导致，门店管理者必须采取措施预防或改善这些管理漏洞。门店管理者一定要牢记的原则——减少耗损就是增加纯利。

（4）活性化管理。活性化管理是指门店管理者配合季节主题进行促销活动，把商品的质感、量感、关联性、活性表现出来，让商品加快周转，提高门店经营水平，增加盈利。

4.信息的管理

门店信息管理是围绕人、财、物的信息化管理，包括顾客信息管理、财务信息管理、商品信息管理等。连锁企业POS系统中的各种数据为其运营提供相关信息，可以作为门店运营、管理、计划等方面的参考信息。

门店管理者应定时从POS系统中输出表单，包括营业日报表、商品销售排行表、促销效果表、顾客意见表、顾客档案表、费用明细表、盘点表、损益表等。门店管理者还可以把每天的销售额、客流量、客单价记录下来或描绘在一张图表上。门店管理者可以将一周的报表进行统计分析，就会发现很多问题或变化，如果再将其与上一年同期数据进行对比，就会知道产生这些问题或变化的原因，然后针对问题或变化的原因提出改善方案。因此，信息的管理是门店管理的重要组成部分。

7.4 客户服务管理

21世纪是服务经济时代、是知识经济时代。经济全球化是当今世界经济发展的潮流。纵观世界经济的发展过程，其中一个显著特征是服务业的迅猛发展，服务业在国民经济中的地位越来越重要。

7.4.1 建立会员服务体系

1.会员体系的功能

随着我国连锁企业的日益成熟，市场竞争也越来越激烈。一个连锁企业销售业绩的增长可能意味着另一个连锁企业市场份额的丢失。不难看出，留住客户比发展新客户更为重要。建立会员体系的宗旨是维持顾客关系，回馈忠实顾客，使其成为承载企业运营的一个常态、稳定的平台。

（1）会员体系打造忠实消费群体，建立企业稳定运营平台。零售卖场80%的购买力是来自回头客或者回头客带来的顾客，20%的购买力是来自第一次进入卖场的顾客。而会员体系能够帮助企业识别出在80%的回头客中与卖场关系更密切的50%的顾客。由此推算，连锁企业40%的营业额来自会员是稳定而科学的。可是，由于市场是不断变化的，因此消费群体的组成也是不断变化的，如果企业没有抓住这部分忠实的消费群体，该群体可能会成为其他企业的忠实顾客。因此，建立会员体系的目的就是要认识、熟悉、了解忠实的消费群体，以更多的优惠、更好的服务以及超出预期的增值，牢牢地抓住该消费群体的忠心。

（2）会员体系为企业制定市场策略提供信息和依据。会员的消费行为构成了所有消费者消费行为的一个样本。由于会员的个人购买行为表现为多次性和经常性，因此针对会员消费行为进行的市场分析将更加具有准确性和针对性。会员每次消费的时间、商品、价格等信息都被会员体系记录下来，经过长时间的积累，这些消费信息就形成了宝贵的市场资料。

从这些资料中，企业可以分析出顾客在哪个时段购买行为较集中、顾客经常性购买哪些商品、哪些商品最近比较受市场欢迎、商品价格调整对顾客购买量的影响、某次促销活动对卖场营业额的影响等。同时，企业通过对会员消费行为的分析，可以发现某些会员近期的购买行为倾向于某类商品。当购买这类商品的会员比较多时，企业可以针对性地确定促销的最佳时段、商品组合以及根据会员特点进行营销活动。

（3）会员体系为企业宣传提供有效渠道并降低宣传成本。由于广告受众的不确定性，因此企业的广告是面向某类群体发出的，该群体的特征仅仅是爱看某个电视剧，或者是经常从某地段经过，或者是订阅某类报纸，而其中可能有一半以上的人跟企业的商品一点关系都没有，也绝不会成为企业的顾客。但是，会员体系使这一切完全不同。企业通过会员体系向顾客传达商品信息和促销信息时，其浪费的资源非常少，因为每一个接收到商品信息、产品信息的人都曾经是企业的顾客或是潜在顾客，所以针对会员的广告完全是有的放矢的。更重要的是，每个会员都登记了邮箱地址、通信地址、电话、传真等联系方式，信息传达的费用非常低廉，且效果非常显著。由于企业对会员进行了全面的分析，了解其爱好和购买习惯，可以对不同的会员群体进行针对性的宣传，引发其潜在需求。

（4）会员体系为行业发展、市场变化趋势提供线索。对会员体系最有效的利用就是对会员资料、会员消费信息进行数据分析，从而了解市场。会员的数据分析将对行业发展和市场变化趋势的研究起到非常重要的作用。通过对会员数据的长期监测，可以分析出会员购买行为随着时间推移的变化规律。虽然短期内单个会员的数据只代表其自身的购买行为，但是长期内大部分会员的购买行为如果出现共性，就代表着市场在进行变化，即某个潮流正在消逝或者某种时尚正在兴起，而企业需要始终把握市场变化的趋势，从市场的变迁中获取更大的利益，成为市场潮流的引领者。

2.会员体系的建立

一个真正的会员体系不仅是前端的会员卡，更重要的是后台进行的操作、记录、分析，并采取针对性的营销策略，这样才能体现客户关系管理（CRM）的精神。因此，企业打造一个真正的会员体系要完成以下工作：

（1）会员制度的拟定。它包括会员章程拟定、会员卡设计制作、会员卡的使用和管理。

（2）会员回馈系统设计及流程制定。它包括会员享受的直接优惠、间接优惠以及会员享受这些优惠的流程和企业提供优惠的流程。这是吸引顾客成为会员的关键所在。

（3）会员服务软件管理系统开发及功能模块设计。由于每个企业的管理制度和模式不同，应针对性地开发会员管理软件，由各个直接参与部门提出管理要求，从满足会员使用方便性的角度开发系统功能模块。

（4）会员体系及流程制定。建立会员体系仅依靠一个部门是无法独立完成的，它从建立到成熟运作有一个必经的、逐渐完善的过程，在零售业中此过程涉及营运、财务、市场、售后服务、采购、信息管理等多个部门，在会员体系的设计中需体现出企业的管理思想和管理流程。

（5）会员体系市场推广规划。它包括吸纳会员的营销手段、提高会员忠诚度和参与度的营销手段、会员专享活动的规划、整个会员体系的市场推广策略的制定等。对于创造会员体系的吸引力来说，有时候直接的优惠往往比不上在会员专享活动中获得的优越感和尊贵服务，因此，这也是会员体系中非常重要的环节。

（6）建立完善的会员分析系统。它包括对会员基本资料的分析；对消费数据的短期、长期跟踪分析；对会员个人以及相似群体的交叉分析；对商品的组合、促销效果、成交率等的分析。

（7）会员卡的外延增值服务扩展。通过与异业联名、合作等方式增加会员身份的价值，这些举措将进一步提升会员身份对于顾客的吸引力，逐步增加企业会员的保有量和稳定既有会员。

7.4.2　顾客满意度管理

1.顾客满意度概念和重要性

顾客满意度是指顾客感觉状态下的一种水平，它来源于顾客对企业某种产品、服务所设想的绩效或产出与自己的期望进行的对比。也就是说，"满意"不仅是顾客对服务质量、服务态度、产品质量、价格等方面直观的满意度，更深一层的含义是顾客对企业所提供的产品、服务与其自身期望、要求的吻合程度。因而，就产生了顾客对企业的产品、服务的不同满意程度。

当今，"顾客满意"已成为每一个企业努力的目标，并深刻认识到"顾客满意"是企业综合努力的结果，这包括其品牌概念、产品和服务的质量、管理的有效性、改进和创新的能力、企业的理念和形象等。

企业深刻认识到"顾客满意"对其发展的重要性，只有不断增进顾客的满意度，才能增强企业的市场竞争力，才能有更多的忠诚顾客，才能获得更多的客户价值，才能使企业拥有生存和发展的坚实基础。所以，顾客满意度的管理概念、理念和方法已引起众多企业的关注，越来越多的企业正在努力引入"顾客满意"的新观念、新理念和新方法，这些企业已从持续的顾客满意度的管理活动中受益。"顾客满意"对提升企业的管理、提升企业的形象、提升企业的竞争力等方面产生了综合性的、持续性的效果。

做好"顾客满意"工作的重要性体现在以下几个方面：

（1）有利于测定企业目前的经营质量水平，有利于分析竞争对手与本企业之间的差距。

（2）了解顾客的想法，发现顾客的潜在要求，明确顾客的需求或期望。

（3）检查企业的期望，为提高顾客满意度制定新的质量改进目标。

（4）增强企业的盈利能力。

（5）为达到顾客满意，企业应明确经营战略或经营方向。

（6）通过对顾客满意度的衡量把握商业机会，顾客潜在的需求或期望是企业最大的商业机会。

2.顾客满意度的管理

（1）顾客服务氛围提升。顾客服务氛围是指连锁门店为顾客购物营造的氛围，"氛围"是指一种藉以影响顾客的"有意的环境设计"，包括清洁、干净的卫生，着装整洁、亲切热情的门店员工，富于吸引力的陈列布局等。连锁门店必须保持这样一种服务氛围，适合于目标市场，并能诱导顾客购买。

顾客服务氛围总体上由以下因素组成：

①视觉。连锁门店为顾客展示"视觉商品化"，从门店外观上，顾客可以看到洁净、明亮的大门，一尘不染的玻璃橱窗，清洁、干净的设施、设备等；从门店员工身上，顾客可以看到着装统一、整洁、规范的服务人员；从门店商品上，顾客可以看到陈列别致、色彩层次分明的产品。这些视觉感受组成了连锁门店的"视觉商品化"，每时每刻地吸引着进入连锁门店的顾客。总之，视觉感受是顾客产生购买欲望的一个重要因素。

②气味。连锁门店内的气味会影响氛围，如咖啡店、水果店、花店和家具店等都可使用气味营造氛围吸引顾客。水果店可巧妙地使用成熟水果的气味引发顾客的购买欲望；花店可以利用花香达到良好的氛围效果；家具店可以利用木材的气味或木制家具打蜡后的气味，使顾客产生一种豪华气派的感觉。

③声音。连锁门店播放的背景音乐也会影响氛围。关于零售店播放音乐的一项研究指出，门店的人流量会受到其播放音乐的不同而有所变化。例如，服装店播放舒缓的背景音乐，与播放激情四射的劲歌所营造出的氛围当然是大不相同的。若想营造一种安静的氛围，可以使用低天花板、厚地毯、舒缓的背景音乐以及门店员工轻声细语的服务态度，这种氛围在咖啡店、专卖店往往是必要的。若想营造一种奔放的氛围而促进销售，可以使用空旷的空间、激情的音乐等方式。

（2）顾客服务礼仪规范。顾客服务礼仪规范是指连锁门店员工在为顾客提供服务过程中所应遵守的服务礼仪，包括仪容仪表、行为规范、待客礼仪。

①仪容仪表。连锁门店员工整洁的仪容仪表是为顾客提供服务的前提条件，没有顾客会排斥一位仪容整洁、着装干净的员工为自己服务。相反，没有顾客会喜欢一位邋遢的员工为自己服务。所以，连锁门店员工应保持端庄、大方的发型，洁净、清爽的面部，统一、干净、合体的制服等，使顾客感到赏心悦目。

②行为规范。连锁门店员工的行为规范是体现连锁门店服务形象的重要内容之一。顾客在购买商品的同时也在注意着门店员工的行为，如果门店员工在服务过程中塌腰、耸肩、晃动身体、玩弄东西，甚至满口粗语，顾客一定会感到不舒服，甚至想马上离开现场。门店员工的这些行为不仅无法体现连锁门店的优秀形象，而且损害了连锁门店的形象。因此，连锁门店应规范员工的站姿、坐姿、行姿以及与顾客接触时的动作行为、礼貌用语等，向顾客展示连锁门店的优秀形象。

③待客礼仪。连锁门店员工不仅应当有整洁的仪容仪表、规范的行为动作，还应该有良好的待客礼仪。仪容仪表、行为规范带给顾客的是一种表面感受，而良好的待客礼仪带给顾客的则是更加深刻的服务体验，对顾客的满意程度产生更加重要的影响。因此，连锁企业应统一待客礼仪，如当顾客临近门口即将进入时，门店员工应该致以"欢迎光临××连锁"的问候，并应面带笑容、亲切有礼、声音清脆，语速适中；无论顾客是否购买，在其离开时都应热情相送，致以"谢谢光临"的问候。这样会给顾客一种尊重的感受。在顾客进入时，离顾客最近且不在服务中的门店员工要主动接待，不能出现顾客等待多时而无人接待的现象；所有门店员工要保持微笑，在任何情况下都不得与顾客争吵；对待顾客应有耐心，讲话语气应保持温和、亲切等，这些得体的待客礼仪能够使顾客更深刻地体会到连锁门店的优秀之处。

7.4.3　培养顾客忠诚度

培养顾客忠诚度的关键是顾客关系的维护，这对连锁门店来说是至关重要的一项顾客服务内容，尤其是一些采用会员制的连锁门店。顾客关系维护包括售后服务和顾客回访两个方面的内容。

1.售后服务

售后服务是指商品售出后继续为顾客提供的服务。由于商品的特性、质量和服务等因素导致顾客在购买商品后发生的一些问题，要求连锁门店提供进一步的服务。这类服务的目的是让顾客对连锁门店感到满意，树立良好的口碑，使其成为连锁门店的常客。售后服务包括增值（如服装店的免费剪裁、修补、清洁等服务）、退换（符合要求的合理退、换货服务）、赔偿（由于连锁门店及相关人员的行为给顾客造成损失的一种补偿服务）、解决投诉（对顾客不满或异议的处理服务）等。

2.顾客回访

为了与顾客保持长期关系，增加顾客满意度，促使顾客重复购买，连锁门店应对现有顾客进行回访，包括新顾客回访、熟客回访和流失顾客回访。出于成本方面的考虑，大多数连锁门店一般采用电话回访的方式维护顾客关系。对于新顾客，连锁门店应在其消费后进行回访，主要询问商品质量、服务建议等问题。对于常客，连锁门店应建立常客档案，在常客生日或重大节日时以电话回访的方式向其祝福或赠送小礼物。此外，连锁门店也应在新商品上市、重要信息发布时进行回访。对于流失顾客，连锁门店应了解顾客久未消费的原因，了解顾客对商品质量、价格和服务等方面的意见、建议。

总之，连锁门店销售的不仅是商品，更多的是在展示服务理念。连锁门店应以顾客为中心，做顾客的朋友，并与之建立一种友好、长期的关系。

@ **知识拓展7-2**

如何打动消费者

如何让产品打动消费者？管理心理学专家陈禹安从"能耗悖论"出发，认为要抓住消费者，就要抓住他们的三"心"二"意"。

三"心"就是三种激发消费者情感活动的情绪动机，分别是好奇心、好胜心和好善心；二"意"就是消费者所能获得的情感价值，分别是有意思和有意义。

当消费者的三"心"被激发出来时，能耗就不是衡量消费的主要标准了，消费者会不惜代价地去追求二"意"的满足。

好奇心对应的情感价值是有意思。苹果手机之所以能够吸引众多消费者，很大程度上是因为它很多创新的设计激发了人们的好奇心，新奇好玩的东西会自动引发人们去关注和探索。

好胜心对应的情感价值是既有意思又有意义。悍马汽车对于主要在都市生活的消费者并不适用，但这恰恰是它的价值所在。因为购买"中看不中用"的悍马，可以让消费者充分满足自己的好胜心。

好善心对应的情感价值是有意义。共享经济的本质是使用权大于所有权，对使用权进行分割，以满足更多人的需求，这其实打破了人类自私本性的限制。

资料来源　佚名. 如何打动消费者？请抓住他们的"三心二意"[EB/OL]. [2017-08-28]. http：// www.linkshop.com.cn/club/dispfile.aspx？rootid=819071&sf=wd_search.

🍃 本章小结

在连锁企业经营的过程中，商流、物流、资金流和信息流是四个最重要的要素，在被称为大数据时代的今天，在信息流的统一引领下，对其他要素进行有效整合，才能体现连锁企业总部的统一经营。

连锁企业信息系统是连锁企业提高其市场适应力和国际竞争力的战略选择，也是引领和改造传统企业实现跨越式发展的强大推动力，更是打开企业财富之门的金钥匙。互联网和移动互联的今天，连锁企业无论是经营管理、企业决策，还是网络营销，都需要建立一张铺设在总部、连锁门店和配送中心的信息网络，才能在竞争中取得连锁企业特有的规模优势。

物流配送是连锁企业核心竞争力的一个重要组成部分，配送能力的强弱直接决定着连锁企业经营成本的高低，影响着企业盈利的能力，制约着连锁企业的进一步发展。因此，连锁企业必须高度重视物流配送能力的建设。企业经营者要从供应链管理的角度正确理解配送的重要意义，选择适当的配送模式，重视专业人才和管理人才的培养，提高信息化管理水平，加强物流中心建设。

门店选址关系着连锁门店的经济效益和发展前景，不同行业的门店选址方法是有所区别的，两个同行业同规模的门店仅仅由于所处的地址不同，其经营效益就可能有较大的区别。此外，连锁企业必须做好门店的运营管理。门店运营管理是人力管理、财务管理、商品管理和信息管理的综合。

市场日趋成熟，竞争日益激烈，企业的竞争策略应该从价格战、广告战转换为服务战、增值战。做好客户管理就是最好的竞争手段，通过建立客户服务体系，创造跟顾客联系、沟通的机会，感动顾客；通过提高顾客满意度、培养顾客忠诚度以及让顾客养成品牌消费习惯，使其对企业品牌产生归属感。

思考与实训

1.填空题

（1）连锁企业信息系统的构成包括＿＿＿＿、＿＿＿＿、＿＿＿＿和＿＿＿＿。

（2）连锁企业在门店选址时应该考虑＿＿＿＿、＿＿＿＿、＿＿＿＿和＿＿＿＿等因素。

（3）连锁企业的物流模式主要有＿＿＿＿、＿＿＿＿、＿＿＿＿、＿＿＿＿等方式。

（4）连锁企业建立会员制度包括＿＿＿＿、＿＿＿＿、＿＿＿＿、＿＿＿＿和＿＿＿＿等方面。

2.选择题

（1）门店管理指的是除了（　　　）的其他项。

A.人的管理　　　　　　　　　　　　B.信息管理

C.直接投资、经营、管理　　　　　　D.提供物资配送并因而盈利

（2）门店商品管理的重点内容不包括（　　　）。

A.效期管理　　　　　B.缺货管理　　　　C.订货管理　　　　D.耗损管理

（3）在门店选址的各种因素中，（　　　）是最重要的。

A.符合连锁店性质的设店区域

B.潜在顾客数量和客流规律

C.分析交通地理条件

D.分析竞争程度

3.简答题

（1）连锁门店的前台POS系统有哪些主要功能？

（2）如何选择连锁企业的物流模式？

（3）简述客户忠诚度的重要性和培养方法。

4.实训项目

调查分析本地连锁企业在信息化的基础上利用大数据进行经营和O2O转型的情况，分析其存在的问题和解决办法。

案例分析

胖东来的企业运营管理秘诀

"中国最好的店"——连锁经营协会会长郭戈平在参观胖东来后给出的评价；胖东来于2012年被《世界经理人》评为人性化代表企业，其评价超越了以人性化著称的海底捞，胖东来由此也被称为零售业的"海底捞"。胖东来成立于1995年，由40平方米的烟酒店发展至今，现今是一家集购物广场、超市、百货、专卖店、便利店为一体的商业集团公司，

产业涉及服饰、珠宝、电器、医药、餐饮、影院等。胖东来经营所在地集中在许昌、新乡，均为河南的二、三线城市。在2008年，胖东来的人效、平效在中国民营零售企业中排名第一，即使跟国际大牌企业相比也具有前十的实力。胖东来曾让沃尔玛筹备六年不敢开业，让河南第一品牌来自台湾的丹尼斯和著名的世纪联华退出当地市场。

胖东来成功的运营管理秘诀是其超越经商和盈利的商道管理。

1. 胖东来开放的服务理念

美国《哈佛商业评论》发表的一项研究报告指出，公司利润的25%～85%来自再次光临的顾客，而吸引顾客再次光顾的因素首先是服务质量的好坏，其次是产品本身，最后才是价格。在商品同质化日益严重的今天，服务已成为零售企业提供给顾客附加价值，实现差异化竞争的有效手段。服务增值，即在商品之外提供更多、更好的附加服务来满足消费者的需求。

胖东来的创始人于东来带着"比别人价格便宜点、态度好点"的朴素经营理念开启了创业之旅。1999年，于东来提出了"不满意，就退货"的全新理念。结果，一下子出现了不少恶意退货的现象。例如，有的人要结婚就到胖东来买一套西装，等办完婚礼后再退货。于东来并未因此放弃，反而劝解员工们说，这种恶意退货的现象毕竟是少数，不能因为少数人的行为而取消大多数人应该享有的服务，而且这些人明明有需要，为什么还要退货？说明他们有困难，就当是帮他们一把。也是在这一年，胖东来率先推出了包括存车、打气、饮水、电话、衣服熨烫、裁缝裤边等在内的免费服务。不仅如此，顾客的电器产品不论是在哪购买的，胖东来的电器维修部均提供免费的维修服务。如果产品一时难以修好或排在等待名单靠后的位置，为了不耽误顾客的使用，胖东来准备了常用小家电让其拿回家备用。一些高端电子产品在许昌没有维修点，胖东来替消费者去郑州维修，除厂家维修点收取的维修费用，跑路费等费用胖东来分文不取。在胖东来或其他商店买不到的商品，胖东来原价代购，不加费用。这些服务抓住了顾客的心。

2. 胖东来独特的产品文化

胖东来超市的货架排排站，辅以货堆相称，合理地利用超市的购物空间。商品分区为饮食区、服装区、大众区、餐饮区、电器区等。每一个分区的各类商品都有区分，无论是从颜色，还是从种类，每一个货架上都是考究摆放，让消费者尽情地挑选。超市销售较好的商品一般摆放在顾客伸手可触的地方，总会保持货物的充足。如果顾客找不到需要的商品，超市的任何店员都会为其提供最大的帮助。

在零售业中，胖东来恐怕是第一家把商业当作文化来经营，把商品当作展品来看待的企业。它不仅在销售商品，同时也在传播商品知识和商业文化。胖东来希望把门店做成商品的博物馆和商业的卢浮宫，让顾客享受商业之美和艺术之美。在胖东来所有的电子屏幕上，播放的都是特意为顾客查找的趣味短片、新闻联播，或者是宣传胖东来企业文化的VCR，而其他的商业广告都被禁止播放。店内可用于张贴广告的墙面不允许张贴商业广告，取而代之的是相关产品知识的普及性介绍。例如，在洗衣机区域，顾客会看到一面从世界第一台洗衣机的产生到目前洗衣机在全球发展状况的"历史墙"。胖东来的时代广场还从全国各地搜集了一批被典藏起来的历史旧物供顾客参观。例如，在电子产品区域，胖东来设有手机、单反机身、镜头等展示区。在产品的摆放上，无论顾客何时去，都会让其感觉有人在喊向左向右看齐。

3.胖东来人性化的员工管理

胖东来的员工管理体现在高工资、高关怀、高成长的三高人性化管理上。胖东来有一整套完善的福利体制，除了比同行业高出数倍的工资之外，胖东来对员工的健康体贴入微。例如，上班时间允许员工坐着休息，以避免静脉曲张的职业病；每周二闭店，让员工获得充分休息；员工上班时可以上网、看书、聊天，当然前提是保证顾客的服务到位；周二闭店、春节放假以及时代广场的活动中心，这都是人性化的体现。

当然，人性化管理的核心是帮助员工和企业一起成长。胖东来对员工的考核要求也是相当高的，如无论是五星级或工匠级水平的员工，还是停车保安都会涉及英语考核，相关岗位的员工对产品的产地、原料、成本、特征等都要熟知。

4.胖东来精细的制度管理

不少企业制度制定得很详细，但执行得不到位。胖东来对制度的执行是很严格的，如员工犯错了，一般企业是处罚员工，而胖东来是各级管理层都会受到连带责任，且管理层比员工罚得重。胖东来为顾客提供更好的体验，除了上述的措施外，还规定如果顾客对其服务不满意可以投诉，且会给投诉的顾客500元奖励。这些措施促使胖东来的全体员工不断优化自己的服务，近而为顾客体验提供更好的制度保障。

资料来源　根据网络资料整理所得。

案例解析：厦大EMBA河南教学中心在品牌战略及创新经营课程中提到，品牌就是商品累积在消费者头脑中印象的总和，一个企业的品牌可以决定一个企业的成功与否。胖东来就是这样一家用真心建立的优秀民营企业品牌。胖东来的成功源自于一系列的精细化管理，包括制度管理、客户服务管理、供应链管理、员工管理、商品管理等，但其真正的成功是企业的文化、企业家的文化，以及带来的商业文化的提升，优秀社会文化的认同。

请思考：

（1）企业运营管理包括哪些内容？

（2）胖东来成功的根本原因是什么？

主要参考文献及主要参考网站

（一）主要参考文献

[1] 潘慧明. 连锁经营法规 [M]. 北京：中国人民大学出版社，2017.

[2] 李轻舟，等. 实用连锁门店选址技术 [M]. 成都：西南交通大学出版社，2017.

[3] 黄宪仁. 连锁店操作手册 [M]. 5版. 北京：电子工业出版社，2017.

[4] 郭伟. 连锁经营管理原理 [M]. 2版. 北京：电子工业出版社，2017.

[5] 郭萍. 连锁超市经营实训 [M]. 北京：机械工业出版社，2017.

[6] 蒋小龙. 连锁企业门店营运与管理 [M]. 北京：化学工业出版社，2017.

[7] 陈方丽，林瑜彬. 门店管理实务 [M]. 2版. 北京：机械工业出版社，2017.

[8] 王吉方. 连锁经营管理：理论、实务、案例 [M]. 3版. 北京：首都经济贸易大学出版社，2017.

[9] 中国连锁经营协会校企合作小组. 连锁企业品类管理 [M]. 2版. 北京：高等教育出版社，2017.

[10] 中国连锁经营协会. 2016中国连锁经营年鉴 [M]. 北京：中国商业出版社，2016.

[11] 寇长华，等. 大数据与采购安全管理 [M]. 北京：科学出版社，2016.

[12] 寇长华，等. 大数据与连锁经营管理 [M]. 北京：科学出版社，2016.

[13] 孙玮琳，等. 特许经营实务 [M]. 北京：高等教育出版社，2014.

[14] 范征. 连锁经营管理原理 [M]. 北京：人民邮电出版社，2014.

[15] 马凤棋，时应峰. 连锁经营管理原理与实务 [M]. 2版. 大连：大连理工大学出版社，2014.

[16] 操阳，章百惠. 连锁企业经营管理原理 [M]. 北京：高等教育出版社，2014.

[17] 赵明晓. 连锁企业配送实务 [M]. 北京：高等教育出版社，2014.

[18] 赵明晓. 连锁企业商品采购 [M]. 北京：清华大学出版社，2010.

（二）主要参考网站

[1] 中国联商网：www.linkshop.com.cn

[2] 新浪财经：www.finance.sina.com.cn

[3] 网易财经：money.163.com

[4] 中国连锁经营协会官网：www.ccfa.org.cn

[5] 中国商网：www.zgswcn.com

[6] 中国零售业博览会：www.chinashop.cc

[7] 价值中国网：www.chinavalue.net

[8] 销售与市场 第一营销网：www.cmmo.cn

[9] 百度文库：www.wenku.baidu.com

附　录

1.范围

本标准规定了连锁超级市场、连锁便利店的有关术语及其定义。本规范适用于连锁超级市场和便利店业态的经营。

2.定义

本标准规范了下列术语及其定义。

2.1　零售业态（Retail Format）

零售企业为满足不同的消费需求而形成的不同经营形式。

2.2　连锁经营（Chain Operation）

企业经营若干同行业或同业态的店铺，以同一商号、统一管理或授予特许经营权方式组织起来，共享规模效益的一种经营组织形式。

2.3　直营连锁（Company-own Chain，正规连锁）

连锁的门店由连锁企业全资或控股开设，在总部的直接控制下，开展统一经营。

2.4　自由连锁（Voluntary Chain，自愿连锁）

若干个门店或企业自愿组合起来，在不改变各自资产所有权关系的情况下，以共同进货为纽带开展的经营。

2.5　特许连锁（Franchising，合同连锁、加盟连锁）

加盟连锁店的门店同总部签订合同，取得使用总部商标、商号、经营技术及销售总部开发商品的特许权，经营权集中于总部。加盟连锁店的门店均为独立法人。

2.6　直营店（Chain Store，连锁店）

以同一资本直接采取连锁经营的门店。

2.7　加盟店（Franchised Outlet）

以特许连锁方式经营的门店。

2.8　超级市场（Supermarket）

采取自选销售方式，以销售生鲜商品、食品和日常必需品为主要目的的零售业态。

2.9　便利店（Convenience Store，方便店）

满足顾客便利性需求为主要目的的零售业态。

2.10　连锁企业（Chain Corporation）

连锁超市（便利店）企业应由10个以上门店组成，实行规范化管理，必须做到统一订货，集中合理化配送，统一结算，实行采购与销售职能分离。

连锁超市（便利店）企业由总部、门店和配送中心（或委托配送机构）构成。

2.11　总部（Headquarters）

总部是连锁企业经营管理的核心，它除了自身具有决策职能、监督职能外，还应具备以下基本职能：网点开发、推销配送、财务管理、质量管理、经营指导、市场调研、商品开发、促销筹划、人员招聘、人才培训、教育及物业管理等职能。

2.12　门店（Outlet）

门店是连锁经营的基础，主要职责是依照总部的指示和服务规范要求，承担日常销售业务。

2.13　配送中心（Distribution Center）

配送中心是连锁企业的物流机构，承担着商品的集货、库存保管、包装加工、分拣配货、配送、信息提供等职能。配送中心由分货配货（TC）、流通库存（DC）、生鲜加工（PC）三部分构成。

2.14　单品（Stock Keeping Unit SKU）

商品的最小分类。

2.15　单品管理（SKU Control）

单品管理是通过电脑系统，对某一单品的毛利额、进货量、退货量、库存量等进行销售信息和趋势的分析，掌握某一单品的订货、进货情况的一种管理方法。

2.16　客单价（Per Customer Transaction）

每一位顾客平均购买商品金额。

客单价=商品平均单价×每位顾客平均购买商品个数

客单价=销售额÷顾客数

2.17　ABC分析（ABC Analysis）

对重点商品或项目的管理手段。ABC分析的具体做法是：首先将商品依畅销度排名，计算出每一项商品销售额构成比及累计构成比，以累计构成比为衡量标准，即销售额的80%是由20%的商品产生的，此类商品为A类商品；销售额的15%是由40%的商品产生的，此类商品为B类商品；销售额的5%是由40%的商品产生的，此类商品为C类商品。

2.18　商圈（Trading Area）

来商店购物的顾客所居住的区域。商圈的大小主要依据有效吸引顾客到商店购物所需的时间而定。根据时间、距离、占有率等可将商圈分为第一商圈、第二商圈、第三商圈。

2.19　商品供应计划（Merchandising Supply Plan）

商品从原料开始到最终消费的全过程，即由原料筹集、产品设计、成本控制到向顾客提供商品的所有活动的总称。

2.20　自有品牌（Private Brand）

零售企业为建立商品差异化形象而选定某些合适的商品，委托制造商加工，以企业自身的品牌称之。

2.21　畅销商品（Fast Selling Merchandise）

补货、订货频度高和销售量、订货量大的商品，一般多指ABC分析中的A类商品。

2.22　交叉比率（Cross Ratio）

交叉比率=周转率×毛利率。通常以季为计算期间。交叉比率低的商品优先淘汰。

2.23　信息系统（Information System）

信息系统由营业信息系统、管理信息系统和外部关联信息系统构成。

2.24　MIS系统（Management Information System，商店管理信息系统）

企业把经营所需的信息（会计管理信息、人事管理信息、经营管理信息等）存储于电脑，按需要进行加工、分析，再将所得信息灵活运用于企业决策的一种技术方法。

2.25　POS 系统（Point-of-sale System，销售时点信息系统）

门店的时点销售数据管理系统。

2.26　EOS 系统（Electronic Order System，电子订货系统）

销售商与供应商的电脑相连接，达到正确、迅速地开展补货、订货业务的系统。

2.27　EDI 系统（Electronic Date Interchange，电子数据交换）

按照统一规定的一套通用标准格式，将标准的经济信息，通过通信网络传输，在贸易伙伴的电子计算机系统之间进行数据交换和自动处理。由于使用 EDI 能有效地减少直到最终消除贸易过程中的纸面单证，因而 EDI 也被俗称为"无纸交易"。

2.28　ECR（Efficient Consumer Response，有效客户反应）

一种分销商与供应商为消除系统中不必要的成本和费用并给客户带来更大效益而进行密切合作的供应链管理战略。

2.29　QR（Quick Response，快速反应）

通过共享信息资源建立一个快速供应体系，实现销售额增长，以达到顾客服务的最大化及库存量，商品缺货，商品风险和减价最小化的目的。

2.30　增值网（Value Added Network）

将收集的商业信息通过互联网络附加各种服务，再提供给第三者的有偿资讯信息。

2.31　店外条码（Out-store Bar Code）

在制造商生产阶段已印在产品包装上的条码，通常由供应商提出申请，产品出厂前已印好条码。店外条码适合于大量生产的产品。

2.32　店内条码（In-store Bar Code）

仅供商店自行印贴的、可在店内使用的、不能对外流通的条码。店内条码适用于非大量、规格化的产品。

2.33　POP 广告（Point of Purchase）

零售店的店内海报。

2.34　3S 原理（3S Principles）

2.34.1　标准化（Standardization）

为持续性地生产、销售预期品质的商品而设定的既合理又理想的状态、条件以及能反复运作的经营系统。

2.34.2　专业化（Specialization）

企业或个人等在某方面努力追求卓越，将工作特定化，并进一步寻求强有力的能力和开发出独具特色的技巧或系统。

2.34.3　简单化（Simplification）

为维持规定的作业，创造任何人都能轻松且快速熟悉作业的条件。

附录 2　连锁超级市场、便利店管理通用要求——总部管理规范

1.范围

本标准对连锁超级市场、连锁便利店总部的主要经营管理进行规范。

本标准适用于超级市场和便利店业态的连锁经营。

2.连锁超级市场、连锁便利店总部管理规范

2.1　连锁超级市场、连锁便利店总部的组织机构

根据企业发展规模和速度不同，连锁总部应设立相应的组织机构，其主要有发展部、人事教育部、商品（开发）采购部、商品配送中心、企业管理部、财务部、信息部以及相关的后勤部门。

2.2　总部各部门的职责

2.2.1　发展部的职责

发展部具有网点开发、选择、论证、项目谈判、签约、档案工作以及开店前后的设备管理和对外联络工作职责。

2.2.1.1　网点的选择应注意策略性和原则性

在选址上应遵循以下原则：

1）在选择网点前，要有规划地进行环境分析，如商圈发展潜力、城市规划、交通状况、人文景观变化等。

2）开展市场调查，主要调查人口结构、就业状况、人均收入、住房状况以及周边的机关团体、企业事业单位入住等。

3）对竞争店或同业态店开展调查，主要调查销售额、商店规模、客流量、商品价格、商品陈列、商品质量等。

4）分析开店的市场潜力，如分析新建城市、新居民区或新商业区的市场潜力，预测近期或将来发展潜力以及开店后达到盈亏平衡点所需时间等。根据市场潜力分析，决定门店的选址，避免在竞争激烈的地方开设门店，或是因同业态的商圈重叠造成经济损失。

5）在发展网点时，要坚持区域集中开店原则，为开展组织化、集约化经营创造基础条件。

2.2.1.2　新开门店的租金确定和投资预算

1）租赁年限和租金确定。当考虑租赁网点的租金时，应为门店每平方米销售额的3%左右为宜，同时还要考虑租赁年限。

2）投资预算。根据国际惯例，一般在2～3年内收回投资成本为宜。

2.2.1.3　新开门店卖场、仓库、办公室配置

1）合理配置营业场所、仓库、办公室的比例，尽可能增大营业面积，缩小仓库、办公室面积。

2）整个卖场布局主次通道设定、设备布局需求适量，内外装饰设计协调、玻璃透明、灯光明亮、墙壁坚固，以及地板耐久、耐脏、易清洗。

2.2.1.4　新开店工程进度控制、监督验收

1）控制好进度，在保证质量的前提下，争取早开业。

2）严格按施工标准进行监督、验收。验收不合格，一律不能交付使用，特别是水、电的配套工程。

2.2.1.5　设备采购和维修

1）设备采购：超级市场营业时间较长，采购设备必须本着牢固、耐用的原则，必需设备有敞开式货架、收银机、空调机等。

2）设备维修：定期对设备进行检查、保养、维修。

2.2.2 人事教育部的职责

人事教育部具有人员调配、提升、分配和人才培训职责。此外，还应协助其他部门研究企业发展战略。

2.2.2.1 人员的调配、提升、分配职责

企业要为每一个人创造晋升、增薪的机会。由于连锁企业网点分散，因此在用人、提升、调任方面都要有一套考核标准，严格按标准进行操作。

1）人员调配和提升：

a）管理人员，即店长、副店长和店长助理，对管理人员的基本素质（如学历等）必须有一套完整的考核标准。同时对其进行不定期的培训、考察，以确保管理人员掌握门店的各种岗位技能，使其具备领导能力和组织经营能力。

b）一般工作人员，即理货员、收银员，对一般工作人员也应有一套完整的考核标准。

2）人员的分配：

a）根据销售额、利润率等，合理地确定门店用工人数。

b）根据工作量和操作技能，合理调配各部门的用工人数。

2.2.2.2 人才培训职责

对各层次人员进行培训，包括上岗前的培训和在岗的培训。

2.2.2.3 研究企业发展方向和发展战略

人事部对企业的强项和弱项开展经常性分析研究，协助其他部门制定出企业发展的中长期经营战略。

2.2.3 商品（开发）采购部的职责

商品的采购和开发不仅要根据市场定位制订进货商品计划和开发商品计划，还要根据销售情况、竞争条件和市场变化，调整商品结构、商品定价和商品销售方法。

2.2.3.1 商品采购职责

采购人员根据各门店的进货量、销售量、退货量和库存情况，调整和制订商品采购计划、商品销售计划、商品促销计划、商品陈列计划，开展市场调查，与相关部门交流信息等。

连锁总部商品采购人员应具备以下条件：

1）商品采购的专业知识。

2）市场商品信息灵通。

3）良好的道德品质。

4）刻苦、勤奋的工作态度。

5）较高的交易谈判技巧。

6）良好的交际能力。

2.2.3.2 商品开发职责

1）商品开发的原则。根据开发创造低成本高效益的本企业商品的要求，商品开发必须符合超级市场、便利店业态的经营特点和市场定位，坚持为企业创造高毛利、高周转，树立企业形象，创造企业自有品牌，为顾客服务等原则。

2）连锁企业开发的商品，应具有以下特点：

a）居民消费的大众用品、实用品。

b）不需多程序加工，可快捷消费的商品。

c）多数人能购买的价格。

d）其他公司或商店没有的商品或商品品种。

e）独特的、简易的包装或标记。

3）连锁企业的商品开发有以下几种形式：

a）共同开发。向生产厂商提出新产品性能、规格、质量等要求，同厂商共同开发，依市场需求购进，风险由厂商承担；还可以选择没有竞争利害关系的同业者，开展联合开发。

b）独自开发。连锁企业负责原材料、设计等，委托厂商加工，产品全部收购，风险自负。

c）特色商品开发。连锁企业在掌握市场需求信息和开展充分的需求预测的前提下，为适应多样化需求和丰富商品品种，可考虑开发一些定期定量直接配送商品和适量的半加工小包装商品。

2.2.4　商品配送中心的职责

2.2.4.1　要以合理的费用将短距离、多品种、少批量的商品，按门店的补货计划要求，准确配货、按时配送。

2.2.4.2　严格把住进货关、验收关，建立健全商品进货质量检验制度，做到进出库商品单、货一致，有条件的要实行定期实物检验。

2.2.4.3　科学合理地安排库存，对库存商品实行仓卡货制度，根据商品生产日期、保质期等，做到先进先出的原则。

2.2.4.4　科学地开展库存管理，根据商品销售速度的快慢，将商品区别存放管理，以便于通过销售速度，判断或掌握进货量，促进商品周转。

2.2.4.5　与企业相关部门交流商品库存信息和销售信息，对滞销商品提出处理意见。

2.2.4.6　强化对各门店的服务意识，扩大配送份额，加强配送业务管理，设立送交货登记制度，确保门店顺利经营。

2.2.4.7　配送中心要定时提供库存商品分析，提供库存上下限报警和保质期报警。

2.2.5　企业管理部的职责

企业管理部负责各种规章制度的制定、推行和监督；各种经营活动的组织和策划，门店的经营指导和消费者的投诉处理。

2.2.5.1　负责组织、制定各部门各种制度，包括门店营业手册、各种岗位职责、员工的考核实施办法和管理细则，并监督管理各种制度的实施。

2.2.5.2　促进各门店经营目标的实现。

2.2.5.3　组织各类促销活动，设定促销目标，拟定促销计划的要素及实施方式。

2.2.5.4　开展业绩竞赛活动。业绩竞赛应该做到：

1）明确业绩竞赛要素。

2）开展公平竞争。

3）制定竞争目标。

2.2.5.5　对门店的经营指导

总部对门店的经营指导由企业管理者或专职经营指导员（督导员）来完成，经营指导员是总部和门店之间的重要桥梁，代表总部监督指导门店，把总部的指令、决策及时正确地传达到门店，把门店的需要、困难及有关经营的各种信息及时反馈给总部。经营指导员除了掌握门店的一些基本技能外，还必须掌握门店的管理要点：

1）营销分析。

2）各种报表的数据分析与对应策略。

3）商品管理与商情分析。

4）损益分析与对策。

2.2.5.6　消费者投诉处理

企业管理部门接受消费者的投诉，对投诉的处理要本着圆满解决和迅速解决的原则，其目的是最大限度地减少负面影响，增加正面效应。

2.2.6　财务部的职责及财务管理规范

连锁企业实行统一核算，财务部是企业的结算中心，财务管理必须坚持统一管理的原则。

2.2.6.1　财务部的主要职责

1）制订资金运用计划，在主管经理领导下管理和调度资金。

2）编制和分析各种财务报表、会计报表。

3）审核进出货凭证、汇总进货原始凭证、处理订货、进货及其他账务。

4）统计每日营业额。

5）负责组织各门店商品盘点。

6）负责审报缴纳税金。

7）负责编制年度决算报表。

8）辅导门店会计作业。

9）完成总经理交办的其他工作。

2.2.6.2　财务管理规范

1）财务会计汇总原始凭证时应做到：

a）审核收货单与发票开出的商品是否一致。

b）审核收货单上是否有采购主管部门的商品验收章。

c）凭合乎规定的收货单及发票做会计应付款账目。

2）归集门店营业收入时应做到：

a）各门店财务部按总部规定的时间和方式上缴营业款。

b）财务部详细登记各门店营业款上缴情况。

c）财务部要及时督促门店上缴营业款，对迟交营业款的报有关部门并协助处理。

3）门店的结算。财务部在归集门店营业收入时应核对各门店的营业收入、价格等，做到准确无误。

4）对供应商的结算，财务部应做到：

a）核对付款时间是否符合总部计划。

b）核对价格、金额是否准确。

c）核对商品与发票是否一致。

只有符合以上所有条件，财务部才能办理与供应商的结算。

5）商品盘点管理

a）准备。财务部根据本企业规模和运营情况制订计划，确定盘点区域和盘点人员。门店一般1~2个月盘点一次，配送中心1个季度盘点一次。

b）盘点实施。盘点一般进行初点，再更换盘点负责人进行复点，记录两次盘点的结果。必要时总部可派人进行盘点抽查。

c）盘点的结果处置。各门店及配送中心在盘点复审之后结算毛利，编写盘点报告，根据盘损率找出原因，采取相应的纠正措施。总部要对纠正措施执行情况进行跟踪检查。

2.2.7　信息部的职责

信息部负责管理企业信息系统，并维护计算机系统。

2.2.7.1　营业系统

1）商品管理系统包括商品采购、进货管理，商品接货、订货管理，商品物流配送管理，商品促销管理。

2）POS系统是门店的时点销售数据管理系统。

3）营业管理系统包括销售额管理以及对不同部门的利益管理。

2.2.7.2　管理系统

1）会计管理系统包括会计管理、财务会计、欠款支付、借户管理、货主管理和固定资产管理。

2）人事管理系统包括工资管理、出勤管理和人事信息管理。

3）经营信息管理系统包括预算管理和顾客管理。

2.2.7.3　外部信息管理系统

外部信息管理系统包括竞争对手的门店信息管理、客户信息管理和银行信息管理。

以上是连锁企业总部的几个主要职能部门。此外，还有后勤部门负责整个企业的后勤工作；广告部门负责整个企业的形象设计。企业在发展过程中，可根据自身的情况适度调整及增减这些职能部门和分工。

附录3　商业特许经营管理条例

（中华人民共和国国务院令第485号，2007年5月1日起施行）

第一章　总则

第一条　为规范商业特许经营活动，促进商业特许经营健康、有序发展，维护市场秩序，制定本条例。

第二条　在中华人民共和国境内从事商业特许经营活动，应当遵守本条例。

第三条　本条例所称商业特许经营（以下简称特许经营），是指拥有注册商标、企业标志、专利、专有技术等经营资源的企业（以下简称特许人），以合同形式将其拥有的经营资源许可其他经营者（以下简称被特许人）使用，被特许人按照合同约定在统一的经营模式下开展经营，并向特许人支付特许经营费用的经营活动。

企业以外的其他单位和个人不得作为特许人从事特许经营活动。

第四条　从事特许经营活动，应当遵循自愿、公平、诚实信用的原则。

第五条　国务院商务主管部门依照本条例规定，负责对全国范围内的特许经营活动实施监督管理。省、自治区、直辖市人民政府商务主管部门和设区的市级人民政府商务主管部门依照本条例规定，负责对本行政区域内的特许经营活动实施监督管理。

第六条　任何单位或者个人对违反本条例规定的行为，有权向商务主管部门举报。商务主管部门接到举报后应当依法及时处理。

第二章　特许经营活动

第七条　特许人从事特许经营活动应当拥有成熟的经营模式，并具备为被特许人持续提供经营指导、技术支持和业务培训等服务的能力。

特许人从事特许经营活动应当拥有至少2个直营店，并且经营时间超过1年。

第八条　特许人应当自首次订立特许经营合同之日起15日内，依照本条例的规定向商务主管部门备案。在省、自治区、直辖市范围内从事特许经营活动的，应当向所在地省、自治区、直辖市人民政府商务主管部门备案；跨省、自治区、直辖市范围从事特许经营活动的，应当向国务院商务主管部门备案。

特许人向商务主管部门备案，应当提交下列文件、资料：

（一）营业执照复印件或者企业登记（注册）证书复印件；

（二）特许经营合同样本；

（三）特许经营操作手册；

（四）市场计划书；

（五）表明其符合本条例第七条规定的书面承诺及相关证明材料；

（六）国务院商务主管部门规定的其他文件、资料。

特许经营的产品或者服务，依法应当经批准方可经营的，特许人还应当提交有关批准文件。

第九条　商务主管部门应当自收到特许人提交的符合本条例第八条规定的文件、资料之日起10日内予以备案，并通知特许人。特许人提交的文件、资料不完备的，商务主管部门可以要求其在7日内补充提交文件、资料。

第十条　商务主管部门应当将备案的特许人名单在政府网站上公布，并及时更新。

第十一条　从事特许经营活动，特许人和被特许人应当采用书面形式订立特许经营合同。

特许经营合同应当包括下列主要内容：

（一）特许人、被特许人的基本情况；

（二）特许经营的内容、期限；

（三）特许经营费用的种类、金额及其支付方式；

（四）经营指导、技术支持以及业务培训等服务的具体内容和提供方式；

（五）产品或者服务的质量、标准要求和保证措施；

（六）产品或者服务的促销与广告宣传；

（七）特许经营中的消费者权益保护和赔偿责任的承担；

（八）特许经营合同的变更、解除和终止；

（九）违约责任；

（十）争议的解决方式；

（十一）特许人与被特许人约定的其他事项。

第十二条　特许人和被特许人应当在特许经营合同中约定，被特许人在特许经营合同订立后一定期限内，可以单方解除合同。

第十三条　特许经营合同约定的特许经营期限应当不少于3年。但是，被特许人同意的除外。

特许人和被特许人续签特许经营合同的，不适用前款规定。

第十四条　特许人应当向被特许人提供特许经营操作手册，并按照约定的内容和方式为被特许人持续提供经营指导、技术支持、业务培训等服务。

第十五条　特许经营的产品或者服务的质量、标准应当符合法律、行政法规和国家有关规定的要求。

第十六条　特许人要求被特许人在订立特许经营合同前支付费用的，应当以书面形式向被特许人说明该部分费用的用途以及退还的条件、方式。

第十七条　特许人向被特许人收取的推广、宣传费用，应当按照合同约定的用途使用。推广、宣传费用的使用情况应当及时向被特许人披露。

特许人在推广、宣传活动中，不得有欺骗、误导的行为，其发布的广告中不得含有宣传被特许人从事特许经营活动收益的内容。

第十八条　未经特许人同意，被特许人不得向他人转让特许经营权。

被特许人不得向他人泄露或者允许他人使用其所掌握的特许人的商业秘密。

第十九条　特许人应当在每年第一季度将其上一年度订立特许经营合同的情况向商务主管部门报告。

第三章　信息披露

第二十条　特许人应当依照国务院商务主管部门的规定，建立并实行完备的信息披露制度。

第二十一条　特许人应当在订立特许经营合同之日前至少30日，以书面形式向被特许人提供本条例第二十二条规定的信息，并提供特许经营合同文本。

第二十二条　特许人应当向被特许人提供以下信息：

（一）特许人的名称、住所、法定代表人、注册资本额、经营范围以及从事特许经营活动的基本情况；

（二）特许人的注册商标、企业标志、专利、专有技术和经营模式的基本情况；

（三）特许经营费用的种类、金额和支付方式（包括是否收取保证金以及保证金的返还条件和返还方式）；

（四）向被特许人提供产品、服务、设备的价格和条件；

（五）为被特许人持续提供经营指导、技术支持、业务培训等服务的具体内容、提供方式和实施计划；

（六）对被特许人的经营活动进行指导、监督的具体办法；

（七）特许经营网点投资预算；

（八）在中国境内现有的被特许人的数量、分布地域以及经营状况评估；

（九）最近2年的经会计师事务所审计的财务会计报告摘要和审计报告摘要；

（十）最近5年内与特许经营相关的诉讼和仲裁情况；

（十一）特许人及其法定代表人是否有重大违法经营记录；

（十二）国务院商务主管部门规定的其他信息。

第二十三条　特许人向被特许人提供的信息应当真实、准确、完整，不得隐瞒有关信息，或者提供虚假信息。

特许人向被特许人提供的信息发生重大变更的，应当及时通知被特许人。

特许人隐瞒有关信息或者提供虚假信息的，被特许人可以解除特许经营合同。

第四章　法律责任

第二十四条　特许人不具备本条例第七条第二款规定的条件，从事特许经营活动的，由商务主管部门责令改正，没收违法所得，处10万元以上50万元以下的罚款，并予以公告。

企业以外的其他单位和个人作为特许人从事特许经营活动的，由商务主管部门责令停止非法经营活动，没收违法所得，并处10万元以上50万元以下的罚款。

第二十五条　特许人未依照本条例第八条的规定向商务主管部门备案的，由商务主管部门责令限期备案，处1万元以上5万元以下的罚款；逾期仍不备案的，处5万元以上10万元以下的罚款，并予以公告。

第二十六条　特许人违反本条例第十六条、第十九条规定的，由商务主管部门责令改正，可以处1万元以下的罚款；情节严重的，处1万元以上5万元以下的罚款，并予以公告。

第二十七条　特许人违反本条例第十七条第二款规定的，由工商行政管理部门责令改正，处3万元以上10万元以下的罚款；情节严重的，处10万元以上30万元以下的罚款，并予以公告；构成犯罪的，依法追究刑事责任。

特许人利用广告实施欺骗、误导行为的，依照广告法的有关规定予以处罚。

第二十八条　特许人违反本条例第二十一条、第二十三条规定，被特许人向商务主管部门举报并经查实的，由商务主管部门责令改正，处1万元以上5万元以下的罚款；情节严重的，处5万元以上10万元以下的罚款，并予以公告。

第二十九条　以特许经营名义骗取他人财物，构成犯罪的，依法追究刑事责任；尚不构成犯罪的，由公安机关依照《中华人民共和国治安管理处罚法》的规定予以处罚。

以特许经营名义从事传销行为的，依照《禁止传销条例》的有关规定予以处罚。

第三十条　商务主管部门的工作人员滥用职权、玩忽职守、徇私舞弊，构成犯罪的，依法追究刑事责任；尚不构成犯罪的，依法给予处分。

第五章　附则

第三十一条　特许经营活动中涉及商标许可、专利许可的，依照有关商标、专利的法律、行政法规的规定办理。

第三十二条　有关协会组织在国务院商务主管部门指导下，依照本条例的规定制定特许经营活动规范，加强行业自律，为特许经营活动当事人提供相关服务。

　　第三十三条　本条例施行前已经从事特许经营活动的特许人，应当自本条例施行之日起1年内，依照本条例的规定向商务主管部门备案；逾期不备案的，依照本条例第二十五条的规定处罚。

　　前款规定的特许人，不适用本条例第七条第二款的规定。

　　第三十四条　本条例自2007年5月1日起施行。